# Naturgärten

Jutta Korz

# Naturgärten

## Wirkungsvoll gestalten und richtig pflegen

# Inhalt

**Vorwort** —— 6

**Was ist ein Naturgarten?** —— 8
*Versuch einer Definition* —— 10

Unterschiede: Garten, Natur- und
Wildgarten, Wildnis —— 12
Planungsfaktoren —— 14
Boden —— 16
Geländeform —— 18
Klima —— 18
Grenzen —— 19
Bauliche Teile —— 20
Pflanzen —— 24
Gestaltung —— 28

**Pflanzen für den Naturgarten** —— 32
*Bäume, Sträucher & Co.* —— 34

Bäume und Sträucher —— 36
Stauden —— 40
Kletterpflanzen —— 46

**Pflanzenpraxis** —— 48
*Die wichtigsten Arbeiten* —— 50

Pflanzarbeiten —— 52
Pflegearbeiten —— 56
Vermehrung von Gehölzen —— 58
Vermehrung von Stauden und
Kleingehölzen —— 60

## Pflanzengemeinschaften — 62
*Pflanzen leben gern zusammen* — 64

Bäume und ihr Unterwuchs — 67
Sträucher und Hecken mit
Staudensaum — 72
Wiesen und Kräuterrasen — 80
Feuchtgebiete – Wasser im Garten — 88
Trockene Standorte und
Ruderalflächen — 94

## Gartenelemente — 100
*Gestaltungsbeispiele von Gartenteilen* — 102

Aller Anfang ist schwer: neue Gärten — 104
Umsetzen von Gartenplänen
in die Praxis — 104
Frei stehende Trockenmauer — 106
Nutzgarten naturnah — 112
Obstgarten mit Blumenwiese — 118
Wildsträucher- und Baumgarten — 124
Wildrosenhecke mit Staudensaum — 130
Ein prächtiger Vorgarten — 136
Ein alter Garten bekommt „Unterbau" — 142
Zäune und Sichtschutzelemente — 148
Feuchte Gräben und Mulden in
bunten Farben — 154
Dachbegrünung — 160

## Gartenanlagen — 166
*Gestaltungsbeispiele von Gartenanlagen* — 168

Ein Garten im schattigen Hinterhof — 170
Der Hundert-Quadratmeter-Garten — 176

Der Eckgarten — 182
Ein Garten für Sonnenhungrige — 188
Terrassengarten mit Duft-, Gewürz-
und Heilpflanzen — 194
Eine große Gartenanlage mit
verschiedenen Gartenräumen — 202
Ein Familiengarten — 210

## Gärten im Wandel — 218
*Mit der Zeit . . .* — 220

Vom Spiel- zum Hobbygarten — 222
Von der Kunst, mit der Natur zu leben — 224
Der liebe Nachbar — 226

## Adressen — 232

## Register — 234

# Vorwort

Je mehr ich entdecke,
desto mehr wundere ich mich.

Je mehr ich mich wundere,
desto mehr verbeuge ich mich.

Je mehr ich mich verbeuge,
desto mehr entdecke ich.

*Albert Einstein*

Diese Worte haben mich tief berührt, weil sie das ausdrücken, was sich in meiner 20jährigen Tätigkeit mit Pflanzen und Gärten gezeigt hat. Wie oft glaubte ich zu wissen: Genau so wächst eine Pflanze, genau diese Pflegemaßnahmen braucht sie. So steht es in Anleitungen geschrieben, so entwickelt sich die Natur. Bis ich dann, zufälligerweise, dieselbe Pflanze auch in anderer Form und unter völlig anderen Bedingungen wachsen sah.

Besonders während meiner Tätigkeit als Gartenberaterin erteilte mir die Natur so manche überraschende Lektion. Da gibt es Gärten, die mit viel Aufwand für eine Gestaltung und anschließende Bepflanzung vorbereitet werden. Besonders schöne und ausgesuchte Einzelpflanzen bekommen ein passendes Plätzchen. Die Pflege ist optimal, und alles gedeiht wie gewünscht. Das ist die eine Seite der Gartengestaltung, die von jedem angestrebt wird. Es scheint von Anfang an alles perfekt zu sein.

Und es gibt Gärten, bei denen ich innerlich immer wieder den Ausruf: „Das gibt es doch gar nicht!" getan habe. Gärten, in denen Schattenpflanzen sogar in sonnigeren Ecken gediehen, in denen der Teich viel zu groß im Verhältnis zu dem kleinen Gärtchen wirkte und Pflanzen so eng standen, daß jede ihren Platz verteidigen mußte. Und obwohl Gestaltungsregeln mißachtet und nicht passende Pflanzengesellschaften vermischt wurden, hatte manch ein Garten seinen eigenen Reiz, ja er war sogar schön. Die Schönheit kam von der Liebe der Gartenbesitzer, die sich um fast jeden Grashalm bemühten und ihren persönlichen Stil auch im Garten offen zum Ausdruck brachten. Obwohl er vielleicht für manche Gärtner und Gartenliebhaber/innen viel zu kitschig oder zu unordentlich oder einfach unpassend wirkte. Auch Freunde von Natur- und Wildgärten werden vielleicht mit dieser Einstellung konfrontiert werden.

Ein großes Lob meinerseits denen, die den Mut haben, ihren ganz eigenen Gartenstil zu entdecken und umzusetzen. Eine Verbeugung vor denen, die dabei die „wilde Natur" und deren Eigenleben liebevoll mit einbeziehen und sich so auf ein Zusammenspiel und dessen – manchmal überraschendes – Resultat einlassen.

Und eine besondere Verbeugung vor denen, die Gärten nicht dogmatisch sehen, sondern die die phantasievolle Freiheit im Hinblick auf Gärten auch ihren jeweiligen Nachbarn, Freunden und Verwandten zugestehen, Menschen, die immer offen bleiben für ganz andere Garten-„Ansichten".

In diesem Buch möchte ich Ihnen, liebe Leserin, lieber Leser, nur einige Beispiele und Anregungen für das Gärtnern mit der Natur geben. Angefangen von einzelnen Pflanzen bis hin zu großen Gartenanlagen, paßt davon vielleicht

Die sonnenhungrige Kornblume ziert viele Getreidefelder und Wegränder mit ihren blau-violetten Blüten

einiges auch in Ihren Garten. Oder es regt einfach nur Ihr Interesse an. Sollten Sie etwas davon umsetzen, wird das gewiß nur der Anfang sein. Mit den Jahren entwickeln Sie zusammen mit der Natur Ihre ganz eigene „Gartengeschichte".

Ich wünsche Ihnen dazu schon jetzt alles Gute und möchte Sie anregen, dabei ruhig Ihren eigenen Stil zum Ausdruck zu bringen.

Ein besonderes Dankeschön geht zum Schluß noch an meinen Mann, der mir mit seiner Sichtweise des Themas Garten immer neue Anregungen gegeben hat und ohne dessen Unterstützung ich dieses Buch nicht hätte verwirklichen können.

Birstein, *Jutta Korz*

# *Versuch einer Definition*

Das Hauptanliegen dieses Buches ist die Vorstellung von Gärten, die einerseits noch als Gartenanlagen erkennbar sind und andererseits dem Anspruch der Naturnähe gerecht werden.

Jeder Naturliebhaber und jede Naturgärtnerin ist damit vor ein Problem gestellt, das am Ende die persönliche Entscheidung verlangt. Es ist nun einmal nicht allgemeingültig festgelegt, was denn nun ein Naturgarten oder ein Wildgarten wirklich ist und wie er aussehen muß.

Eines von vielen Merkmalen ist die Auswahl vor allem heimischer Pflanzen, wie sie auch in diesem Buch vorgestellt werden. Heimisch bedeutet, daß die Pflanzen möglichst aus dem europäischen Raum stammen und sich ohne unser weiteres Zutun aus eigener Kraft behaupten oder sogar vermehren. Eine andere Pflanzengruppe, die Eingebürgerten, kann man auch dazu rechnen. Sie kommen ursprünglich nicht aus dem europäischen Raum, haben hier aber durch Anpflanzungen Fuß gefaßt und können ohne menschliches Eingreifen bestehen

*Bild links:*
**Die heimische Tripmadam ist eine Spezialistin für trockene, steinige oder sandige Böden**
*Bild rechts:*
**Obwohl der Flieder bei uns nicht heimisch ist, wollen viele Naturgärtner nicht auf diese prächtige Pflanze verzichten**

und sich vermehren. Beispiele sind die Herkulesstaude und der Sommerflieder. Den Einbürgerungsgrad einer Pflanze kann man nur nach zeitlichen Kriterien bestimmen. Eine einjährige Art kann schon nach ca. 25 Jahren selbständigen Bestehens als eingebürgert gelten, Bäume brauchen dafür entsprechend länger. Unter Fachleuten gibt es zum Thema „Heimische Pflanzen" noch andere Gesichtspunkte. Standorttypisch und regional ansässig sollen demnach die heimischen Pflanzen sein. Außerdem sollte eine naturnahe Gartenanlage nicht zur Florenverfälschung beitragen, also keine fremden Pflanzen in ein Gebiet einschleppen.

## *Unterschiede: Garten, Natur- und Wildgarten, Wildnis*

Unter einem Garten versteht man zunächst meistens ein irgendwie begrenztes Stück Land, das von Menschenhand angelegt wurde und von Zeit zu Zeit der Pflege bedarf. Der Unterschied zwischen einem „normalen Garten" und einem naturnahen Garten (Natur- und Wildgarten) besteht in der Pflanzenauswahl und in der Haltung der Gärtner zu den natürlichen Wachstums- und Entwicklungsprozessen. In jedem Garten wird eine gewisse Ordnung sichtbar werden, die von den Besitzern durch Anlage, Gestaltung und Pflege zum Ausdruck gebracht wird. In naturnahen Anlagen greift der Mensch nun etwas zurückhaltender ein, und die für den Standort typischen Pflanzen breiten sich ihren Anlagen entsprechend aus. Die äußerst schwierige Abgrenzung zwischen den Polen „normaler Garten" und „naturnaher Garten" bleibt aber letztlich jedem selbst überlassen.

Wie viele ordnende Eingriffe hält man für nötig? Ab wann erscheint einem der Garten als Wildnis? Wildnis bedeutet ja nichts anderes, als der Natur ihren freien Lauf zu lassen, wie es häufig in Naturschutzgebieten möglich ist. Da aber nur wenige Gärten einsam und alleine in der Landschaft liegen, wird man mit seinen Gartenvorstellungen sicherlich auch von den umliegenden Anlagen beeinflußt – und schnell an die Grenzen des Machbaren stoßen.

Fazit: Am Ende wird ein Natur- oder Wild-

## Was ist ein Naturgarten?
*Versuch einer Definition*

Ansichtssache: Nur wenige Gärtner dulden den Löwenzahn im eigenen Garten

garten stets Ausdruck der Lebensanschauung der Besitzer sein, die ihn so naturnah gestalten, wie es ihren Vorstellungen von Natur und Ordnung entspricht. Natürlich spielen auch die Einflüsse der unmittelbaren Umgebung (Landschaft, Nachbarn) eine Rolle.

Abgesehen davon muß ja nicht gleich der ganze Garten dem Prädikat „naturnah" entsprechen. Wer statt einer Magnolie einen Apfelbaum oder statt hochgezüchteter Edelrosen ein Staudenbeet mit heimischen Arten einplant, der hat schon ein paar Schritte in Richtung Naturnähe getan.

Vielleicht ist es auch nicht immer im Sinne der Natur, wenn zum Beispiel alte Baumbestände wie Edeltannen und Blaufichten nur deshalb entfernt werden, weil sie so gar nicht „naturnah" und „heimisch" sind. Auf solchen Gehölzen können zum Beispiel Eulen nisten, die durch die Umgestaltung ihren Lebensraum verlören. Es ist also nicht alles „schlecht", was zu den gezüchteten und ausländischen Pflanzen zählt. Und wer weiß, was in einigen hundert Jahren bei uns heimisch sein wird, vielleicht sogar Bambus!

Zum Schluß noch ein paar Worte zum Spannungsverhältnis der Begriffe „Ordnung" und „Naturgarten". Sicherlich wird kaum jemand ein Gelände als Naturgarten bezeichnen, auf dem beispielsweise nur wilde Brombeeren wachsen. Die Struktur der meisten Naturgärten ergibt sich dadurch, daß viele verschiedene Naturgartenelemente in einer Anlage integriert werden, zum Beispiel Blumenwiesen, Trockenmauern, Teiche etc. Um einen solchen Garten zu planen und später auch zu erhalten, ist allerdings die ordnende Hand eines Gärtners notwendig. Man sollte sich in diesem Punkt nie durch den schönen, „wilden" Eindruck täuschen lassen, den solch ein Garten im Sommer macht.

> **TIPS & HINWEISE**
>
> **Begriffsklärung**
> Es wurden in diesem Buch die Begriffe „naturnaher Garten", „Naturgarten" und „Wildgarten" unter dem Begriff „Naturgarten" zusammengefaßt, um die Sache zu vereinfachen.

# Planungsfaktoren

Natürlich bestimmen vor allem die **Pflanzen** das Bild des Naturgartens. Die hier vorgestellten Pflanzen sind heimische oder eingebürgerte Arten, und gelegentlich tauchen auch mal gezüchtete oder fremde Gewächse auf. Diese sind dann allerdings extra gekennzeichnet.

Die Bepflanzung soll den Garten möglichst auf Dauer schmücken. Damit sich die Gewächse gut entwickeln können, müssen sie jeweils die richtigen Standortbedingungen vorfinden. Dabei sind wir gefragt, die wir die Pflanzen auswählen, pflanzen, pflegen und regulieren. Welches Gärtnerherz schlägt nicht höher, wenn diese Aufgabe gelingt und der Garten uns mit üppigem Wachstum, bunten Blüten und prächtigen Früchten belohnt?

Kaum beeinflußbar und doch für jeden Garten prägend sind die **Geländefaktoren,** also alles das, was man auf dem vorhandenen Grundstück vorfindet: Untergrund und Boden, Geländeform (zum Beispiel Hügel, Ebenen, Hänge), Besonderheiten des Kleinklimas, wie Wind, Sonneneinstrahlung, Schattenwirkungen und Niederschlagsmengen, und der vorhandene Bewuchs mit alten Pflanzen. Auch was in der Nähe des Gartenareals wächst, ist wichtig. So grenzen viele Gärten direkt an den Wald. Nicht zu vergessen sind die bestehenden Grenzen zu Nachbarn, Straßen und Wegen und die gängigen Grenzbebauungen wie Zäune, Hecken oder Mauern.

Auf dem eigenen Grundstück kann man auch mit **baulichen Maßnahmen** wirkungsvoll gestalten. Bauliche Teile sind Wege, Sitzplätze, Treppen, Trockenmauern, Pergolen und Sichtschutzbauten. Der Bau von Gartenhäuschen, Geräteschuppen und Spielplätzen gehört ebenso dazu. In diesem Zusammenhang werden oft auch Bodenstruktur und Geländeform beeinflußt. Beim Bau von Teichen und Wassergräben, der Anlage von Hügeln und Wällen wird viel Boden bewegt, und neue Flächen entstehen.

Alle genannten Elemente, wie Pflanzen, Geländefaktoren und bauliche Maßnahmen, ergeben dann den Garten. Selbstverständlich ist jede Gartenanlage mehr als die simple Summe ihrer Teile. Erst ein stimmiges **Gestaltungskonzept**, also zum Beispiel die reizvolle Zusammenstellung von Formen und Farben, verleiht dem Garten einen eigenen Charakter.

Im folgenden sollen nun die wichtigsten Aspekte einer erfolgreichen Gartenplanung im einzelnen vorgestellt werden.

**Üppiges Pflanzenwachstum hängt in einem hohen Maße vom richtigen Standort ab. Das nebenstehende Bild zeigt eine typische Gehölzrandpflanzung von ihrer farbenprächtigen Seite**

## Boden

Der Boden ist die Lebensgrundlage allen Wachstums. Er besteht aus dem Untergrund, der in den tieferen Schichten bis zum Gestein führt, und dem Oberboden, den wir in der Abgrenzung nach unten meist durch die dunklere Farbe erkennen. Der Oberboden beziehungsweise Mutterboden ist unterschiedlich dick. Eine Schicht von 20–30 cm ist für das Wachstum der Pflanzen und das Bodenleben recht günstig. Im ganzen Komplex Boden finden ständig Umsetzungsprozesse statt, und in der luftführenden oberen Schicht befinden sich die meisten Keinstlebewesen. Durch die Mineralien des Gesteins werden für die Pflanzen wichtige Nährstoffe frei.

Um den Boden im eigenen Garten richtig kennenzulernen, ermittelt man zunächst am besten die Bodenart.

### Leichte Böden

Bei dieser Bodenart ist es unmöglich, aus einer Handvoll Erde eine Kugel zu formen. Die Erde rieselt einfach durch die Finger. Der leichte Boden enthält grobkörnige Sandanteile, bindige Tonteilchen sind kaum vorhanden. Seine Eigenschaften: Er erwärmt sich im Frühling schnell, ist ganzjährig gut zu bearbeiten, hält aber Wasser und Nährstoffe weniger gut. Diese leichten Sandböden oder sandigen Lehmböden können durch die Zugabe von Lehm, Tonmehlen und bindigem Kompost verbessert werden. Gegen das Austrocknen hilft Mulchen, also das Abdekken der oberen Bodenschicht mit verrottbarem Material.

### Mittelschwere Böden

Sie sind am häufigsten anzutreffen. Aus einer Handvoll Erde kann man mühelos eine Kugel formen. Wenn man diese dann zu einer Wurst rollen möchte, bricht die Erde in kleinen Klumpen auseinander. Nimmt man etwas Erde zwischen die Finger und zerreibt sie, bleiben in den Fingerrillen feine Tonpartikel hängen. Mittelschwere Böden bezeichnet man allgemein als Lehmböden. Sie setzen sich aus Sand, Ton und sogenannten Schluffpartikeln zusammen. Die Eigenschaften: Ein mittelschwerer Boden erwärmt sich langsamer als Sandboden, hält dafür aber besser Wasser und Nährstoffe. Bearbeitet wird er am besten in abgetrocknetem Zustand. Verbessern kann man ihn durch die Zugabe von Kompost.

### Was ist ein Naturgarten?
*Versuch einer Definition*

Zeigerpflanzen geben ersten Aufschluß über den Standort. Kriechgünsel zum Beispiel deutet auf einen eher feuchten Boden hin

### *Schwere Böden*

Schwere Böden fühlen sich in der Hand schmierig, seifig oder klebrig an, lassen sich gut zu einer Kugel formen und sogar zu einer längeren Wurst. Diese Bindigkeit kommt von einem höheren Tonanteil im Boden. Der Vorteil dieser Bodenart ist die gute Speicherung von Wasser und Nährstoffen.

Nachteilig sind die schwierige Bearbeitung und die Wartezeit, bis der Boden soweit abgetrocknet ist, daß man ihn hacken, graben oder einebnen kann. Schwere Böden können ab und zu mit Kalk und mit Sand verbessert werden.

### *Boden und Bepflanzung*

Die Bodenart und der Kalkgehalt, den man einfach messen kann, bestimmen die Auswahl der Pflanzen im Naturgarten. Man möchte dort, ohne große Bodenveränderungen vorzunehmen, standorttypische, heimische Pflanzen ansiedeln, die sich auf Dauer wohlfühlen. Und kein Boden ist „besser" oder „schlechter", sondern er stellt einfach eine natürliche Voraussetzung dar, auf die man Rücksicht nehmen sollte. Hinweise auf die Bodenverhältnisse am jeweiligen Standort geben auch verschiedene Wildkräuter, die manchmal in größeren Mengen an bestimmten Plätzen wachsen. Eine Reihe dieser sogenannten „Zeigerpflanzen" sind in der Tabelle auf Seite 19 zusammengestellt.

Die Bepflanzung von in der Nähe liegenden Gärten kann ebenfalls wertvolle Hinweise liefern. Ein Beispiel: An einem geschützten Südhang können noch mit Erfolg Pfirsiche angebaut werden, in bodenfeuchten Lagen mit hohem Grundwasserstand fühlen sich Pfirsich, Süß- und Sauerkirsche gar nicht wohl, dafür aber Zwetschge, Mirabelle und Reneklode.

## Geländeform

Jeder Garten zeigt ein bestimmtes Geländeprofil. Es gibt Hänge, Mulden, Hügel oder eine bestimmte Höhenstaffelung. Diese Vorgaben können bei der Gestaltung und Anlage hervorgehoben und sinnvoll genutzt werden. An einem Südhang lassen sich schöne Trockenmauern errichten, in einer wasserhaltenden Mulde kann ein kleines Feuchtgebiet einen Platz bekommen. Beim Bau von Teichen, Wegen und Plätzen fällt meist Erdmaterial an, das dann in Form von Hügeln oder Wällen eingeplant werden kann.

Es bleibt aber stets die Frage, ob im Naturgarten solch große Erdverschiebungen sinnvoll sind, vor allem dann, wenn der Boden gut eingewachsen ist. Obwohl man heute ohne große Probleme Mutterboden (Oberboden) verschieben, anfahren und auffüllen kann, braucht es viele Jahre, bis sich die vom Menschen aufgesetzten Bodenschichten durchwachsen und wieder eine lebendige Einheit bilden. Boden ist mehr als nur „Dreck und Matsch". Er bildet vielmehr einen regelrechten Lebensraum, mit Mineralien, Kornfraktionen und vielen Millionen Kleinstlebewesen.

## Klima

Die Bepflanzung eines Gartens hängt auch stark vom Klima ab. So gedeihen zum Beispiel in Küstennähe Grasdächer als Dachbegrünung hervorragend. Im kontinentalen Klima des Binnenlandes würde ein solcher Dachbewuchs Probleme machen. Ursache hierfür sind die sehr unterschiedlichen Niederschlagswerte.

Auch die Planung bestimmter Gestaltungselemente kann von klimatischen Faktoren beeinflußt werden. So wird man an besonders windigen Stellen sinnvollerweise eine Hecke setzen, um einen natürlichen Windschutz zu bekommen.

Um die Bewertung der klimatischen Situation bei der Gartenplanung systematisch angehen zu können, arbeitet man am besten mit den Begriffen „Großklima" und „Kleinklima". Zum Großklima gehören zunächst die Jahresdurchschnittstemperatur, die Niederschlagsmengen und deren Verteilung im Jahreslauf. Die milden Lagen entlang der großen Flußtäler bieten den Naturgärtnern ganz andere Möglichkeiten als rauhe, windige Mittelgebirgsregionen.

Die kleinklimatischen Verhältnisse können sich dagegen von Garten zu Garten ändern. So wird man einen nordwestlich gelegenen Garten ganz anders gestalten als eine von der Sonne verwöhnte Anlage in südlicher Lage.

# Grenzen

Ein Garten wird in der Regel von Gebäuden, Straßen, Wegen, Zäunen oder Mauern begrenzt. Diese Faktoren bestimmen natürlich auch ganz wesentlich die Gestaltung. Ganz häufig begegnet man dem Wunsch, einen Sichtschutz oder einen Lärmschutz mit einzuplanen. Gegen zu tiefe Einblicke werden dann Hecken oder berankte Zäune eingesetzt. Gehölzanlagen auf Wällen und Mauern sind Möglichkeiten, den Lärm etwas zu reduzieren. Folgende Pflanzen können mit ihrem Laubkleid besonders gut Lärm filtern: Bergahorn, Gewöhnlicher und Immergrüner Schneeball, Hainbuche, Flieder und Stechpalme. Wichtig ist es, gegen die Schallquelle einen möglichst geschlossenen Laubschirm aus Sträuchern oder Bäumen einzusetzen.

Auch die Planung und Gestaltung von Sitzplätzen hängt oft von den Grenzverhältnissen im Garten ab. Je nachdem, wo der Sitzplatz des Nachbarn liegt, bewirkt vielleicht der Wunsch nach Ruhe und Abgeschiedenheit eine ganz spezielle Lösung. Dies dürfte jedoch eher auf etwas ältere Gartenanlagen zutreffen, wo sich bestimmte Gewohnheiten schon eingespielt haben. In ganz neu angelegten Gärten hat man diese Erfahrungswerte nicht. Man wird dort den Sitzplatz mehr nach Gefühl anlegen.

Vor allem in kleinen Gartenanlagen bietet es sich an, Grenzen gemeinsam zu gestalten. So genügt zum Beispiel eine einzige Hecke, um zwei Grundstücke zu trennen. Wenn man die Grundstücksgrenze als Feuchtgraben gestaltet, wirken die beiden getrennten Grundstücke jeweils größer, weil der Feuchtgraben keine Blickbarriere bildet.

| Zeigerpflanzen | | | | | |
|---|---|---|---|---|---|
| Deutscher, botanischer Name | trockener Boden | feuchter Boden | kalkreicher Boden | kalkarmer Boden | nährstoff-reicher Boden |
| Schafgarbe (Achillea millefolium) | ◆ | | | | |
| Kriechgünsel (Ajuga reptans) | | ◆ | | | |
| Hundskamille (Anthemis cotula) | ◆ | | | | |
| Zittergras (Briza media) | ◆ | | | | |
| Zaunrübe (Bryonia dioica) | | | ◆ | | ◆ |
| Ackerkratzdistel (Cirsium arvense) | | | | | ◆ |
| Ackerwinde (Convolvulus arvensis) | | | | | ◆ |
| Ackerschachtelhalm (Equisetum arvense) | | ◆ | | | |
| Klettenlabkraut (Galium aparine) | | | | | ◆ |
| Kleines Löwenmaul (Linaria vulgaris) | ◆ | | | | |
| Kuckuckslichtnelke (Lychnis flos-cuculi) | | ◆ | | | |
| Blutweiderich (Lythrum salicaria) | | ◆ | | | |
| Sauerklee (Oxalis fontana) | | ◆ | | ◆ | |
| Klatschmohn (Papaver rhoeas) | | | ◆ | | |
| Spitzwegerich (Plantago lanceolata) | | | | | ◆ |
| Schlangenknöterich (Polygonum bistorta) | | ◆ | | | |
| Kleine Brennessel (Urtica urens) | | | | | ◆ |

# Bauliche Teile

In fast jedem Garten sind Gebäude in größerer oder kleinerer Ausführung zu finden. Dies können das Wohnhaus, die Garage und zum Beispiel ein Gartenschuppen sein. Diese Bauten sollen in dem einen Fall mit dem Garten harmonisch verbunden werden oder in dem anderen Fall möglichst „verschwinden". Es gibt aber noch eine Fülle anderer Bauten und Anlagen, die den Garten prägen können.

Dazu zählen:

- Terrassen am Haus
- Sitzplätze
- Plätze zum Spielen, Grillen etc.
- Abstellplätze für Autos, Fahrräder und Mülltonnen
- Lauben
- Pergolen
- Sichtschutzmauern
- Trockenmauern
- Wege
- Stufen und Treppen
- Randbefestigungen
- Wasserbecken und Teiche
- Brunnen, Sprudelbecken, Wasserspiele und künstliche Bachläufe
- Regenwasserzisternen
- Zäune
- Tore, Türen und Durchgänge
- Arbeitsflächen
- Kleingewächshäuser

Zumindest ein Teil der hier vorgestellten Baulichkeiten wird in fast jeder Gartenanlage zu finden sein.

Bevor man mit deren Errichtung beginnt, müssen die entsprechenden Vorhaben in das Gesamtkonzept der Gartenanlage integriert werden. Dabei sollte man zumindest eine Antwort auf die wesentlichen Fragen wissen: Welcher Platz ist der günstigste, wenn man die übrigen Gestaltungselemente mit einbezieht? Bleiben alle wichtigen Wege und Durchgänge frei? Ein typisches Alltagsbeispiel sind die Abstellplätze für Autos, Fahrräder und Mülltonnen. Sie liegen praktischerweise immer in der Nähe des Hauseingangs. Bei Gestaltungselementen wie Sitzplätzen, Spielplätzen, Teichen und Wasserspielen gibt es dagegen immer eine Vielzahl von möglichen Orten, sei es nun in Hausnähe, an einem gut sichtbaren oder an einem abgeschirmten Platz.

Wege, zusammen mit Stufen und Treppen, verbinden die Gartenteile miteinander und sind ein wesentliches Element der Gestaltung. Auf besonders oft benutzten Flächen wird man befestigte Wege vorziehen, ansonsten genügen Pfade im Gras oder einfache Schotterwege.

Eines haben alle baulichen Teile gemeinsam: Sie gliedern und ordnen den Garten, sie schaffen Räume und setzen Grenzen; sie bilden sozusagen das Gerüst jeder Gartenanlage.

## TIPS & HINWEISE

**Auf die Reihenfolge kommt es an!**

Bauliche Gartenelemente müssen stets vor der Bepflanzung einer Anlage fertiggestellt werden. Dies gilt vor allem für Wege, Terrassen, Treppen, Pergolen, Sichtschutzwände, Abstellplätze und große Teichanlagen.

Ein Trittplattenweg über den Gartenteich wird am besten schon bei der Teichanlage mit eingeplant

## *Mauern*

Mauern werden im Garten als Sichtschutz, zur Befestigung, zum Beispiel von Hängen, oder zur Abstufung von Terrassen eingesetzt. Je nach Größe beeinflussen sie das Gartenbild sehr stark. Kleinere Mauern wie die Trockenmauer, die ohne Mörtel gebaut wird, können auch vom Hobbygärtner verwirklicht werden. Da Trockenmauern maximal 1,30 m hoch werden sollen und meistens frei stehen, ist die Standsicherheit bei einem Fundament von ca. 30 cm Tiefe meist ausreichend.

Ansonsten läßt man Mauern, besonders wenn sie höher werden, am besten von einem Fachmann bauen. Das Fundament und eine Drainage sind dabei ebenso wichtig wie witterungsverträgliche Materialien und eine gute Verarbeitung des Mauerhuts beziehungsweise der Mauerkrone. Als Baumaterialien kommen Natursteine (behauen oder unbehauen), Ziegel, Betonsteine, Beton und Schiefer in Betracht. Bei den Materialien, den Farben der Steine, bei Steingrößen und Fugengestaltung sind der Phantasie keine Grenzen gesetzt.

Im Naturgarten wird man in der Regel bemüht sein, Materialien aus der unmittelbaren Umgebung einzusetzen. Man sollte in diesem Punkt allerdings nicht dogmatisch sein, da man ansonsten auf viele reizvolle Gestaltungsmöglichkeiten verzichten müßte.

*Pflaster und Beläge*
Auf stark beanspruchten Flächen kommt am besten ein widerstandsfähiger Wegebelag zum Einsatz. Das Material muß frostbeständig sein, den ständigen Belastungen standhalten, und es darf bei Feuchtigkeit nicht rutschig werden. Heute werden von vielen Ländern und Gemeinden zum Teil schon relativ hohe Abgaben für versiegelte Flächen verlangt. Deshalb wird man als Gartenbesitzer nur dort mit Wegebelägen arbeiten, wo es unbedingt erforderlich ist.

In den letzten Jahren werden zunehmend Pflaster angeboten, die Wasser einsickern lassen. Außerdem besteht noch die Möglichkeit, das Pflastermaterial, wie zum Beispiel Natursteine, mit größeren Fugenbreiten zu verlegen.

**Die Trockenmauer präsentiert sich als sehr reizvolles Gartenelement**

Der Unterbau einer Pflasterung ist wesentlich für deren Dauerhaftigkeit und Stabilität. Stark benutzte Flächen brauchen einen entsprechend vielschichtigen Unterbau und sollten vom Fachmann verlegt werden. Die Auswahl des Belages ist nicht immer ganz einfach. Vor allem Natursteine, Granitpflaster, Ziegel, Klinker und Betonsteine sind häufig anzutreffen. Holz, Kies und Splitt sind damit gut kombinierbar.

Je kleiner ein Garten ist, um so mehr wird man sich für nur ein einziges Material entscheiden. Es sollte farblich zu den anderen baulichen Teilen passen. Manchmal genügt es schon, mit Mustern und Farben desselben Materials zu variieren. Für weniger stark frequentierte Wege und für Randbereiche eignen sich folgende Lösungen: einfache Kiesflächen, Schritt- beziehungsweise Trittplatten und dicke Schichten von Rindenmulch oder Holzhäcksel. In jedem Fall sind auch hier „bodenständige" und nicht zu exotische Materialien gefragt.

## Pergolen

Ursprünglich bezeichnete der Begriff Pergola einen Laubengang. Mittlerweile nennt man jede Konstruktion so, bei der vertikale Ständer horizontale Balken tragen.

Pergolen begleiten Wege, überdachen Terrassen oder reizvolle Sitzplätze. Höhe, Größe und Ausführung des Klettergerüstes sollten mit den angrenzenden Gebäuden abgestimmt sein. Auf jeden Fall muß die Konstruktion das Gewicht der Kletterpflanzen tragen können. Als Gestaltungselement sind Pergolen sehr interessant. Geschickt plaziert, ermöglichen sie Aus- und Durchblicke, werfen schöne Schatten und erzeugen faszinierende Lichteffekte.

## Stufen und Treppen

Rein technisch gesehen, dienen Treppen und Stufen nur dem Ausgleich von Höhenunterschieden. Sie stellen aber sicherlich auch vielseitig einsetzbare Gestaltungselemente dar. Schon bei der Materialauswahl für Tritt- und Setzstufen kann man reizvolle optische Akzente setzen. Außerdem muß ja nicht jede Treppe geradewegs zum Ziel führen. Ein „Umweg" kann

sich aus optischen Gründen durchaus bezahlt machen.

Nicht aus dem Auge verlieren sollte man dabei die praktischen Anforderungen an die Treppe. Die Stufen müssen bequem begehbar sein, das Wasser muß gut ablaufen können, und das Material sollte rutschfest sein.

## Zäune und Spaliere

Wenn eine Mauer zu wuchtig wäre, man aber trotzdem nicht auf Sichtschutz und Windschutz verzichten möchte, sind Zäune die richtige Lösung. Je dichter ein Zaun, um so mehr ergibt sich ein geschlossener Gartenraum. Ein passendes Tor oder eine Tür lenkt den Blick auf das Grundstück dahinter. Die zunächst oft etwas kalte Erscheinung eines neu gesetzten Zauns kann relativ schnell durch rankende Pflanzen gemildert werden. Im Naturgarten greift man meist auf Holz- oder Metallzäune zurück. Wer nicht behandelte Staketenzäune mit Rindenteilen verwendet, bietet sogar noch Insekten einen wertvollen Unterschlupf. Denn Totholz ist in freier Natur oft Mangelware. Ein Zaunersatz kann auch mit Hecken oder zum Beispiel mit gestapelten Stammteilen geschaffen werden.

Spaliere müssen stabil sein, um langjährig Bestand zu haben. Sie stellen eine pragmatische Lösung dar, wenn zum Beispiel kurzfristig ein Sichtschutz erforderlich ist, bis die neu gesetzten Pflanzen ihre volle Höhe erreicht haben. Rankgerüste können auch an Fassaden befestigt werden. Auch als Bestandteil von Zaunkonstruktionen sind Spaliere denkbar, wenn sie stabil genug gebaut sind, um Kletterpflanzen zu tragen.

# Pflanzen

Nachdem die baulichen Maßnahmen abgeschlossen sind, wird der Boden gelockert und vorbereitet. Nun ist es Zeit für die Pflanzung. Mit den Pflanzen bestimmt man einen weiteren wichtigen Aspekt des Gartens, sozusagen seinen Charakter. Es ist nicht die Menge, die wirkt, sondern vielmehr die Zusammensetzung der Pflanzen und Pflanzengruppen. Man ist allzu leicht verführt, zunächst Pflanzen zu kaufen, deren Reiz man spontan erliegt, wenn man sie in Gartenmärkten, Gärtnereien oder im Katalog sieht. Sie müssen später aber in den Gesamtrahmen des Gartens passen. Deshalb sollte man viel Arbeit in die Planungsphase stecken, um dann mit einem regelrechten Einkaufszettel die Pflanzen besorgen zu können.

Im Naturgarten verwendet man vor allem einheimische und eingebürgerte Pflanzen. Die Gewächse sollen außerdem zu Standort und Boden passen. Erst dann entfalten sie ihre optische Wirkung. Wenn man die verschiedenen Gestaltungsvorstellungen der Gartenbesitzer berücksichtigt, wird man allerdings nicht immer ausschließlich heimische Arten verwenden können. Sollen zum Beispiel schöne Rosen während des ganzen Sommers in einem Gartenteil blühen, wird man im Juni zwar heimische Arten, aber ansonsten nur die Kartoffelrose als eingebürgerte Art zur Verfügung haben. Ergänzend können dann rustikale Bodendeckerrosen und vielleicht Englische Rosen und Strauchrosen dazukommen. Wesentlich ist allerdings das Gesamtbild. Heimische und nicht heimische Pflanzen müssen stets zusammenpassen.

Die Pflanzenauswahl sollte auch zum Charakter der Umgebung passen und sich dort harmonisch einfügen. Ein großer Vorteil bei der Verwendung heimischer Pflanzen ist der Nutzen für die Tierwelt. An Weiden laben sich zum Beispiel viele Schmetterlinge: der Große Fuchs, das Abendpfauenauge, das Rote Nachtpfauenauge, der Große Schillerfalter und der Trauermantel. Für viele Gartenbesitzer sind die heimischen Arten auf der anderen Seite erst gewöhnungsbedürftig. Das Gesamtbild eines Naturgartens ist anders als das eines klassischen Ziergartens. Der dekorative Wert ist gegenüber einem Garten mit gezüchteten Ziersträuchern geringer, die Einzelblüten verschiedener Pflanzen sind unscheinbarer. Andererseits ist die Wuchskraft von heimischen Büschen oft stärker als die von dekorativen Ziersträuchern. Deshalb sollte man Naturgewächsen wirklich Platz zur Entfaltung und Ausbreitung geben.

Im Naturgarten brauchen die eher „wild wachsenden" Pflanzen ganz besonders einen optischen Halt. Man erreicht das durch klar abgegrenzte Räume und Flächen. Wer nicht gleich den ganzen Garten als Naturgarten anlegen möchte, kann auf bestimmten Flächen einzelne Elemente einfügen, wie zum Beispiel eine Hecke oder eine Trockenmauer.

**Im Spätsommer zieren leuchtend rote Beeren die Eberesche. Hier ein recht stattliches Exemplar zusammen mit Birken**

*Was kann man pflanzen?*

Nach Größe und Ausbreitung kann man die Pflanzen in folgende Gruppen einteilen:
- Bäume
- Sträucher und Hecken
- Kletterpflanzen
- Bodendeckende Pflanzen
- Stauden und Blumen
- Rasen- und Wiesenflora

Im Garten wird man bei der Planung den meisten Gruppen eine bestimmte Fläche zuordnen. Um die Flächen wirkungsvoll zu gestalten, sucht man jeweils die Fixpunkte beziehungsweise die auffälligsten Plätze heraus und ordnet diesen besonders attraktive oder auffällige Pflanzen zu. Solche Fixpunkte können auch untereinander in Beziehung stehen. Pflanzen für solche Punkte nennt man auch gerüstbildende Arten. Sie heben sich durch ihre Größe und ihr Aussehen aus dem Gesamtbild hervor. Das können große Buchsbäume in einem Wildstaudenbeet sein oder zwei nebeneinander stehende Sandbirken in einem größeren Garten, die sich mit ihrer Rinde und dem zarten Laub über die darunter gesetzten Büsche erheben. Neben Pflanzen besonderer Art können auch dekorative Elemente wie frostfeste Vasen, Skulpturen, Sitzmöbel oder Bogen und Tore verschiedene Fixpunkte bilden.

In den meisten Fällen beginnt man mit der Gestaltung dieser Punkte zuerst und fügt später entsprechende Pflanzen und untergeordnete Gruppen dazu.

Wie in der Gesamtanlage kann auch in kleinen Beeten und Pflanzenanlagen mit dieser

Was so schön „wild" aussieht, ist oft das Ergebnis sorgfältiger Planung

Reihenfolge gearbeitet werden: erst die gerüstbildenden Pflanzen einzeln oder in kleinen Gruppen, dann die Gruppenpflanzen mit drei bis acht Pflanzen einer Art und am Ende die bodendeckenden Vertreter in größeren Verbänden. Nur bei Blumenwiesen, Trockenmauern und bei geschnittenen Hecken wird dieses Prinzip nicht angewendet. Hier steht die Einheitlichkeit im Vordergrund.

den. Es sollte farblich zu den anderen baulichen Teilen passen. Manchmal genügt es schon, mit Mustern und Farben desselben Materials zu variieren. Für weniger stark frequentierte Wege und für Randbereiche eignen sich folgende Lösungen: einfache Kiesflächen, Schritt- beziehungsweise Trittplatten und dicke Schichten von Rindenmulch oder Holzhäcksel. In jedem Fall sind auch hier „bodenständige" und nicht zu exotische Materialien gefragt.

## Pergolen

Ursprünglich bezeichnete der Begriff Pergola einen Laubengang. Mittlerweile nennt man jede Konstruktion so, bei der vertikale Ständer horizontale Balken tragen.

Pergolen begleiten Wege, überdachen Terrassen oder reizvolle Sitzplätze. Höhe, Größe und Ausführung des Klettergerüstes sollten mit den angrenzenden Gebäuden abgestimmt sein. Auf jeden Fall muß die Konstruktion das Gewicht der Kletterpflanzen tragen können. Als Gestaltungselement sind Pergolen sehr interessant. Geschickt plaziert, ermöglichen sie Aus- und Durchblicke, werfen schöne Schatten und erzeugen faszinierende Lichteffekte.

## Stufen und Treppen

Rein technisch gesehen, dienen Treppen und Stufen nur dem Ausgleich von Höhenunterschieden. Sie stellen aber sicherlich auch vielseitig einsetzbare Gestaltungselemente dar. Schon bei der Materialauswahl für Tritt- und Setzstufen kann man reizvolle optische Akzente setzen. Außerdem muß ja nicht jede Treppe geradewegs zum Ziel führen. Ein „Umweg" kann

sich aus optischen Gründen durchaus bezahlt machen.

Nicht aus dem Auge verlieren sollte man dabei die praktischen Anforderungen an die Treppe. Die Stufen müssen bequem begehbar sein, das Wasser muß gut ablaufen können, und das Material sollte rutschfest sein.

## Zäune und Spaliere

Wenn eine Mauer zu wuchtig wäre, man aber trotzdem nicht auf Sichtschutz und Windschutz verzichten möchte, sind Zäune die richtige Lösung. Je dichter ein Zaun, um so mehr ergibt sich ein geschlossener Gartenraum. Ein passendes Tor oder eine Tür lenkt den Blick auf das Grundstück dahinter. Die zunächst oft etwas kalte Erscheinung eines neu gesetzten Zauns kann relativ schnell durch rankende Pflanzen gemildert werden. Im Naturgarten greift man meist auf Holz- oder Metallzäune zurück. Wer nicht behandelte Staketenzäune mit Rindenteilen verwendet, bietet sogar noch Insekten einen wertvollen Unterschlupf. Denn Totholz ist in freier Natur oft Mangelware. Ein Zaunersatz kann auch mit Hecken oder zum Beispiel mit gestapelten Stammteilen geschaffen werden.

Spaliere müssen stabil sein, um langjährig Bestand zu haben. Sie stellen eine pragmatische Lösung dar, wenn zum Beispiel kurzfristig ein Sichtschutz erforderlich ist, bis die neu gesetzten Pflanzen ihre volle Höhe erreicht haben. Rankgerüste können auch an Fassaden befestigt werden. Auch als Bestandteil von Zaunkonstruktionen sind Spaliere denkbar, wenn sie stabil genug gebaut sind, um Kletterpflanzen zu tragen.

# Pflanzen

Nachdem die baulichen Maßnahmen abgeschlossen sind, wird der Boden gelockert und vorbereitet. Nun ist es Zeit für die Pflanzung. Mit den Pflanzen bestimmt man einen weiteren wichtigen Aspekt des Gartens, sozusagen seinen Charakter. Es ist nicht die Menge, die wirkt, sondern vielmehr die Zusammensetzung der Pflanzen und Pflanzengruppen. Man ist allzu leicht verführt, zunächst Pflanzen zu kaufen, deren Reiz man spontan erliegt, wenn man sie in Gartenmärkten, Gärtnereien oder im Katalog sieht. Sie müssen später aber in den Gesamtrahmen des Gartens passen. Deshalb sollte man viel Arbeit in die Planungsphase stecken, um dann mit einem regelrechten Einkaufszettel die Pflanzen besorgen zu können.

Im Naturgarten verwendet man vor allem einheimische und eingebürgerte Pflanzen. Die Gewächse sollen außerdem zu Standort und Boden passen. Erst dann entfalten sie ihre optische Wirkung. Wenn man die verschiedenen Gestaltungsvorstellungen der Gartenbesitzer berücksichtigt, wird man allerdings nicht immer ausschließlich heimische Arten verwenden können. Sollen zum Beispiel schöne Rosen während des ganzen Sommers in einem Gartenteil blühen, wird man im Juni zwar heimische Arten, aber ansonsten nur die Kartoffelrose als eingebürgerte Art zur Verfügung haben. Ergänzend können dann rustikale Bodendeckerrosen und vielleicht Englische Rosen und Strauchrosen dazukommen. Wesentlich ist allerdings das Gesamtbild. Heimische und nicht heimische Pflanzen müssen stets zusammenpassen.

Die Pflanzenauswahl sollte auch zum Charakter der Umgebung passen und sich dort harmonisch einfügen. Ein großer Vorteil bei der Verwendung heimischer Pflanzen ist der Nutzen für die Tierwelt. An Weiden laben sich zum Beispiel viele Schmetterlinge: der Große Fuchs, das Abendpfauenauge, das Rote Nachtpfauenauge, der Große Schillerfalter und der Trauermantel. Für viele Gartenbesitzer sind die heimischen Arten auf der anderen Seite erst gewöhnungsbedürftig. Das Gesamtbild eines Naturgartens ist anders als das eines klassischen Ziergartens. Der dekorative Wert ist gegenüber einem Garten mit gezüchteten Ziersträuchern geringer, die Einzelblüten verschiedener Pflanzen sind unscheinbarer. Andererseits ist die Wuchskraft von heimischen Büschen oft stärker als die von dekorativen Ziersträuchern. Deshalb sollte man Naturgewächsen wirklich Platz zur Entfaltung und Ausbreitung geben.

Im Naturgarten brauchen die eher „wild wachsenden" Pflanzen ganz besonders einen optischen Halt. Man erreicht das durch klar abgegrenzte Räume und Flächen. Wer nicht gleich den ganzen Garten als Naturgarten anlegen möchte, kann auf bestimmten Flächen einzelne Elemente einfügen, wie zum Beispiel eine Hecke oder eine Trockenmauer.

**Im Spätsommer zieren leuchtend rote Beeren die Eberesche. Hier ein recht stattliches Exemplar zusammen mit Birken**

Ein reizvoller Mauerdurchblick, flankiert von zwei Formgehölzen

Strecke 5 cm. Man kann auch eine Länge beliebig vorgeben und die zweite Strecke in das besagte Verhältnis umrechnen. Damit hat man eine harmonische Verbindung vom Hauptpunkt zu den zwei Endpunkten der Linien. Diese drei Fixpunkte können nun im späteren Garten mit baulichen, dekorativen oder pflanzlichen Elementen hervorgehoben werden. Neben großen Gartenanlagen kann man auch Teilflächen nach diesem Prinzip gestalten.

*Ausblicke und Durchblicke*

Ab einer gewissen Gartengröße überblickt man die ganze Anlage nicht mehr, da Bäume, Hekken, Sträucher oder bauliche Teile Unterteilungen und verschiedene Gartenräume schaffen. Ein attraktives Gartenbild wird dann durch sogenannte Achsen gefördert. Damit sind Sichtachsen gemeint, die von einer viel benutzten Stelle im Garten (Sitzplatz, Terrasse etc.) einen linearen Durchblick auf einen am anderen Gartenende liegenden Punkt zulassen. Das kann eine Skulptur, eine schöne Strauchgruppe oder ein Einzelbaum sein. Oft entfalten die Achsen eine besondere Wirkung, wenn die verbundenen Flächen zueinander im Kontrast stehen.

Auch Eingänge sind reizvolle Endpunkte für Sichtachsen. So kann zum Beispiel hinter einer Treppe ein kurz geschnittener Kräuterrasenstreifen zu dem in einiger Entfernung liegenden schmiedeeisernen Gartentor führen.

Wer an einer Grundstücksgrenze eine schöne Aussicht auf Felder und Wiesen oder einen alten Baum genießen kann, sollte sich diesen Ausblick nicht gänzlich mit einer Hecke versperren. Auch wenn ein Sicht- und Windschutz gewünscht ist, kann ein kurzer Heckenstreifen durch einen rustikalen Zaun unterbrochen werden, der einen ungehinderten Blick ins Freie gewährt. Dieser Blick sollte wiederum an möglichst vielen Punkten im Garten möglich sein.

Wichtig erscheinen in diesem Zusammenhang noch die Größenverhältnisse von Garten und dahinter liegender Landschaft. Es gilt, eine Balance zwischen den Höhenverhältnissen beider Teile zu schaffen und auch daran zu denken, daß es, je weiter der Blick nach hinten rückt, auch im Garten immer landschaftsähnlicher und natürlicher werden darf. Das funktioniert leider nur in großen Gartenanlagen.

Die Blickachsen in kleinen Gärten werden dagegen nur selten auf interessante und schöne Landschaften verweisen. Die Bezugspunkte der jeweiligen Achsen liegen überwiegend innerhalb des Gartengeländes. Trotz der für kleine Gärten typischen Einschränkungen – hohe Zäune und Sichtschutzhecken – gibt es auch hier viele Möglichkeiten. So kann man von der Terrasse zu einem zweiten Sitzplatz oder von einer Bank zu einer fast eingewachsenen Skulptur reizvolle Sichtverbindungen schaffen.

## *Gartenstil und Gestaltung*

Bevor man sich mit Stilfragen auseinandersetzt, sollte man sich darüber im klaren sein, wie stark der Einfluß der Umgebung auf jeden Garten ist. Das Haus, die Landschaft und angrenzende Gebäude schränken die stilistischen Möglichkeiten von vorneherein ein. Und trotzdem: Würde man hundert verschiedenen Gartenbesitzern den gleichen Garten überlassen, ergäbe das sicherlich ebenso viele verschiedene Gartenanlagen. Es gibt also trotz der Einschränkungen immer noch eine beachtliche Bandbreite an Stilrichtungen. Selbst im Naturgarten, der schon eine bestimmte Ausrichtung auf heimische Pflanzen und naturnahe Gestaltungselemente hat, sind noch viele Variationen möglich: ländlich, romantisch, modern, formal, klassisch, mediterran etc.

So wie jeder seine Wohnung im persönlichen Stil einrichtet, so hat auch jeder Garten eine individuelle Note. Wir suchen aus, was uns gefällt. Es gibt nur einen großen Unterschied: Die einmal angeschafften Möbel verändern sich nicht mehr, im Garten aber wachsen die kleinen Pflanzen weiter, die Jahreszeiten verändern Gestalt und Farbe der Pflanzen, und somit entwickelt sich im Garten ein ständiges Werden und Vergehen. Daher ist es wichtig, wenigstens die statischen Gartenelemente mit Bedacht auszuwählen. Sie sind es vor allem, die den Gartenstil beeinflussen.

Ein Anhänger formaler Stilrichtungen wird im Garten klare Sichtachsen anordnen, Pflasterflächen in eckigen oder runden Formen wählen und die Pflanzen in größeren Gruppen setzen. Wahrscheinlich werden auch eher Pastelltöne anstatt dem bunten Vielerlei gefragt sein. Wer dagegen romantisch veranlagt ist, wird den Garten eher in geschwungenen Linien und Buchten anlegen, in Nischen Sitzplätze und Skulpturen einplanen und die Pflanzflächen mit vielen roten und blauen Blüten übersäen.

## Farben im Garten

Farben spielen eine wesentliche Rolle für unser Empfinden. Neben der unbestrittenen Hauptfarbe Grün wirken im Garten auch die Farben von Gebäuden, Pflasterflächen, Wegbelägen und Treppen. Je heller dabei das Material ist, um so „leichter" wird es erscheinen. Vor allem in Schattenpartien und dunkleren Gartenteilen erweisen sich helle Farben im Kontrast zu den eher in Grün und zarteren Farben gehaltenen Pflanzenarten als günstig.

■ **Farbe und Struktur**
**von grünen Pflanzenteilen**

Da wir es im Garten mit so vielen Grüntönen zu tun haben, muß man bei der Gestaltung außer den Farben auch noch Blattstruktur, -oberfläche und -form einbeziehen. Neben großblättrigen Arten wirken kleinblättrige zart und duftig, zum Beispiel ein Tafelblatt neben Storchschnabel. Schmale Irisblätter passen im Kontrast gut zum duftigen Schleierkraut.

■ **Kontraste**

Geht man von der Farbenlehre aus, so bieten sich mehrere Möglichkeiten, mit verschiedenen Farbkontrasten zu gestalten. Am bekanntesten ist der Komplementärkontrast. Beim Farbkreis stehen sich solche Farben direkt gegenüber. Im Garten wird der Rot-Grün-Kontrast am häufigsten vorkommen. Dieser lebhafte Farbgegen-

satz ziert viele rot blühende Pflanzen, zum Beispiel Rosen.

Einen weiteren Farbkontrast stellen die sogenannten Farbdreiklänge dar. Häufige Zusammenstellungen im Garten sind Rot, Blau, Gelb und Grün, Orange, Violett. Schon wenige Farbtupfer blühender Pflanzen erzeugen so ein intensives Farberlebnis.

Im Garten kann man Kontraste aber nicht nur durch gleichzeitig blühende Pflanzen schaffen. Kontraste erzeugen auch kompakt wachsende grüne Pflanzenarten wie zum Beispiel Buchsbaum und Eibe, wenn man sie in die Nähe von verspielteren Wuchsformen wie Rosen oder Ginster setzt. Besonders im Winter kommen noch einige sehr reizvolle Kontrasteffekte dazu. Da wirkt die weiße Birkenrinde von weitem ausnehmend schön, und eine Kiefer im Hintergrund läßt die roten Triebe des Hartriegels erst richtig aufleuchten. Anhand der Tabellenidee von Seite 27 kann man für jede Jahreszeit Pflanzenzusammenstellungen wählen, die die verschiedensten Kontrasteffekte bieten.

■ **Farbharmonien**

Farbharmonien bringen etwas Leichtes, Feines und Beruhigendes in den Garten. Dasselbe vermögen auch Pflanzen, die zarte und feine Blätter oder insgesamt ein filigranes Aussehen haben. Farbharmonien, auch Farbverläufe genannt, entstehen, wenn man Farbnuancen ein und derselben Farbe kombiniert. Deshalb wird eine Farbharmonie stets vom Charakter der in ihr enthaltenen Grundfarbe dominiert. So strahlt zum Beispiel ein Pflanzenensemble in verschiedenen Blautönen eine gewisse Kühle und Eleganz aus.

# Pflanzen
## für den
## Naturgarten

# Bäume, Sträucher & Co.

Will man im Naturgarten sinnvolle Pflanzengemeinschaften ansiedeln, dann sind gewisse Pflanzenkenntnisse unerläßlich. Im folgenden werden deshalb die wichtigsten Pflanzengruppen und verschiedene Lebensbereiche vorgestellt. Gartenpflanzen teilt man in der Regel wie folgt ein:

- Bäume
- Sträucher
- Kletterpflanzen
- Stauden (inklusive Zwiebelpflanzen, Gräser und Farne)
- Sommerblumen (ein- und zweijährig)

Im Naturgarten wählt man bevorzugt heimische oder eingebürgerte Arten aus den genannten Gruppen aus.

Die Reihenfolge der oben aufgezählten Pflanzengruppen entspricht ungefähr der Vorgehensweise bei der Gartenplanung und -bepflanzung. Da die Bäume den größten Raum einnehmen, werden sie zuerst auf angemessen große Flächen gesetzt.

Als nächstgrößere Gruppe folgen die Sträucher, die man zusammen mit den eventuell eingeplanten Hecken pflanzt.

Auch Kletterpflanzen erreichen mitunter beachtliche Größen und können deshalb zeitgleich mit den Sträuchern gesetzt werden.

Dann schließen sich die niedriger wachsenden Stauden, Zwiebelblumen, Farne und Gräser an. Sie bekommen in Beeten, in einem Saum oder auf vergleichbaren Flächen ihren angemessenen Platz. Im Unterschied zu Bäumen und Sträuchern ziehen Stauden im Winter ein, um im Frühling aus Überwinterungsknospen neu auszutreiben. Rasen, Kräuterrasen und Wiesen werden meist flächig angelegt. Die in ihnen vertretenen Pflanzen zählen überwiegend auch zur Gruppe der Stauden.

**Die mehrjährige Staudenwicke eignet sich hervorragend zum Abschirmen verschiedener Gartenbereiche**

**Pflanzen für den Naturgarten**
*Bäume, Sträucher & Co.*

# Bäume und Sträucher

Ganz allgemein kann man Bäume und Sträucher auch Gehölze nennen. Damit ist im Namen schon angedeutet, daß diese Pflanzen in den oberirdischen Teilen verholzen. Aus den vormals jungen, grünen und weichen Trieben werden feste und holzige, die auf diese Weise die winterliche Jahreszeit auch bei Frost überdauern können. Vor allem bei laubabwerfenden Arten ist dieses deutliche Kennzeichen sichtbar, wenn nämlich die verholzten Triebe, Zweige und Äste im Winter sozusagen als Gerüst stehen bleiben.

Geht man von dem Verholzungskriterium aus, dann zählt Salbei zum Beispiel zu den Sträuchern, Liebstöckel und Goldrute dagegen nicht. Letztere überdauern den Winter nicht mit ihren oberirdischen Teilen und gehören zu den Stauden.

## Was ist ein Baum?

Als Baum bezeichnet man eine verholzende Pflanze, die in der Regel einen Stamm ausbildet, selten auch mehrere. Dieser Stamm ist meist gerade und bei Laubbäumen im unteren Bereich unverzweigt. Unter dem Begriff „Großbäume" versteht man Arten ab ca. 20 m

❶ Kätzchen der Sandbirke
(Betula pendula)
❷ Kupfer-Felsenbirne
(Amelanchier canadensis)
❸ Europäische Lärche
(Larix decidua)

Höhe (Beispiel: Sommerlinde); zu den „Bäumen" zählen Exemplare mit ca. 12 bis 20 m Höhe (Beispiel: Walnuß). „Kleine Bäume" reichen von ca. 7 bis 12 m Höhe (Beispiel: Eberesche).

Bäume entwickeln sich mit den Jahren zu prächtigen Erscheinungen und können einem Garten einen sehr interessanten Charakter geben. Es wird leider häufig der Fehler gemacht, den beim Setzen noch so kleinen Bäumen nicht genügend Platz einzuräumen. In den ersten zehn Jahren sieht ein Walnußbaum in einem kleinen Garten auch noch ansprechend aus. Dann aber beginnt er meist, sich zu seiner eigentlichen Größe von 12 bis ca. 20 m Höhe zu entfalten. Da die Walnuß auch ganz schön in die Breite gehen kann, wird es in dem kleinen Garten Probleme geben. Die simple Idee, den Baum durch Schnittmaßnahmen zu bremsen, verträgt die Walnuß nicht so gut wie andere Pflanzen, und manche Eigentümer müssen sie schließlich schweren Herzens entfernen. Daher sind Bäume, die einem Garten einen bestimmten Charakter vermitteln sollen, mit einem umsichtigen Blick in die Zukunft auszuwählen.

In einem größeren Garten kann man einem Baum viel Platz zur Entfaltung lassen. In einer kleineren Gartenanlage wählt man dagegen besser schnittverträgliche Arten wie zum Beispiel Feldahorn, oder man entscheidet sich für einen kleinen Baum wie die Eberesche. Auch Großsträucher kommen in Frage, so zum Beispiel Flieder und Felsenbirne.

### Nadelgehölze und Immergrüne

Im Naturgarten haben Nadelgehölze keine sehr große Bedeutung. Es handelt sich dabei um Bäume und Sträucher, die im Unterschied zu den laubtragenden Arten dauerhafte Nadeln oder nadelähnliche Teile wie zum Beispiel Blattschuppen tragen. Außer Eibe, Fichte, Kiefer und dem Wacholder gibt es nur wenige direkt heimische Nadelgehölze. Die Nadeln sind zwar mehrjährig, werden aber von Zeit zu Zeit sukzessive ersetzt. Nur die Lärche verliert ihr zartes Nadelkleid wie die Laubbäume auch. Im Naturgarten wählt man bevorzugt züchterisch unveränderte Arten. Hier und da kann man aber durchaus einmal auf schwach wachsende Züchtungen ausweichen, um bestimmte Gestaltungswünsche zu verwirklichen. Immergrüne Gehölze wie Stechpalme, Liguster oder Buchsbaum behalten in der Regel ihre Blätter auch im Winter und wachsen eher strauchartig. Sowohl Nadelgehölze als auch Immergrüne assimilieren auch im Winter und brauchen daher immer mal wieder Wassergaben (nicht bei Dauerfrost).

**Feldahorn**
**(Acer campestre)**

## Was ist ein Strauch?

Sträucher sind verholzende Pflanzen, die sich im Gegensatz zu den Bäumen direkt von unten an verzweigen. Sie bilden also von Grund auf mehrere dünne Stämme oder Äste aus. Obwohl Sträucher von Natur aus keinen säulenförmigen Stamm entwickeln können, gibt es die Möglichkeit, sie baumartig zu erziehen. Ein klassisches Beispiel hierfür ist der Flieder.
Unter den Sträuchern gibt es vier Größenordnungen.
„Großsträucher" wachsen ca. 3–8 m hoch (Beispiele: Felsenbirne, Flieder, Schwarzer Holunder, Haselnuß).

„Sträucher" werden ca. 1,50–3 m hoch und teilweise ebenso breit. Die meisten unserer Gartensträucher fallen unter diese Gruppe, wie Heckenkirsche, Korkflügelstrauch, Schmetterlingsstrauch, Schlehe und Strauchrosen.
„Kleinsträucher" bleiben ungefähr 0,50–1,50 m groß und werden gern als Unterpflanzung oder in relativ kleinen Vorgärten gesetzt. Dazu gehören zum Beispiel Arten wie Seidelbast, Zwergrosen, Ginster und Strauchefeu.
„Zwergsträucher" sind leicht mit den Stauden zu verwechseln. Sie bleiben aber im Unterschied zu diesen das ganze Jahr über als Strauch erkennbar. Die oberirdischen Teile sterben nicht ab. Die wichtigste Gruppe stellen hier die Heidekräuter dar. Lavendel, Salbei und Kriechweide gehören auch zu den Zwergsträuchern.

> **TIPS & HINWEISE**
> **Gehölze und Recht**
> Beim Setzen von Bäumen und Sträuchern gilt es, je nach Bundesland Grenzabstände zu beachten. In der Regel sollte man bei Bäumen ca. 4 m Abstand zur Grundstücksgrenze lassen, bei durchschnittlich großen Sträuchern ca. 2 m. Genaue Angaben sind im letzten Kapitel nachzulesen.

## Auswahl von Bäumen und Sträuchern für Naturgärten

| Deutscher, botanischer Name | Baum (B) Strauch (S) | Höhe (m) | Laubgehölz (L) Nadelgehölz (N) Immergrün (I) | Bemerkungen |
|---|---|---|---|---|
| **Feldahorn** (Acer campestre) | B | 3–20 | L | auch als Hecke, schnittverträglich |
| **Grünerle** (Alnus viridis) | S–B | 2–6 | L | mehr breit als hoch |
| **Felsenbirne** (Amelanchier ovalis) | S | 1–4 | L | schöne Herbstfärbung |
| **Berberitze** (Berberis vulgaris) | S | 1–3 | L | schöne Herbstfärbung |
| **Zwergbirke** (Betula nana) | S | 0,20–0,60 | L | bodendeckend |
| **Schmetterlingsstrauch** (Buddleja davidii) | S | 1–3 | L | Blüten interessant |
| **Buchsbaum** (Buxus sempervirens) | S–B | 0,40–3,00 | L, I | im Alter baumartig |
| **Heidekraut, Sommerheide** (Calluna vulgaris) | S | 0,20–0,50 | L | braucht Rückschnitt |
| **Hainbuche** (Carpinus betulus) | B | 2–25 | L | gut als Heckenpflanze, schnittverträglich |
| **Blasenstrauch** (Colutea arborescens) | S | 1–3 | L | – |
| **Kornelkirsche** (Cornus mas) | S–B | 3–8 | L | schöne Blüten und Früchte |
| **Roter Hartriegel** (Cornus sanguinea) | S | 1–5 | L | einjährige Zweige rot |
| **Felsenmispel** (Cotoneaster integerrimus) | S | 0,50–1,50 | L | schöne Beeren |
| **Zweigriffeliger Weißdorn** (Crataegus laevigata) | S–B | 2–5 | L | Blüten weiß |
| **Schwarzer Ginster** (Cytisus nigricans) | S | 0,30–1,50 | L | schöne Blüten in Gelb |
| **Seidelbast** (Daphne mezereum) | S | 0,50–1,00 | L | giftig, vor allem Beeren |
| **Schneeheide** (Erica carnea) | S | 0,10–0,30 | L, I | Winterblüte |
| **Pfaffenhütchen** (Euonymus europaea) | S | 1,50–6,00 | L | schöne Beeren, giftig |
| **Faulbaum** (Frangula alnus) | S | 2–5 | L | schnell wachsend |
| **Esche** (Fraxinus excelsior) | B | 20–40 | L | gut durch Schnitt kleinzuhalten |
| **Färberginster** (Genista tinctoria) | S | 0,30–0,80 | L | Blüte gelb |
| **Sanddorn** (Hippophaë rhamnoides) | B, S | 1–5 | L | Früchte orangefarben |
| **Stechpalme** (Ilex aquifolium) | B, S | 2–5 | L, I | rote Beeren im Winter |
| **Walnuß** (Juglans regia) | B | 20 | L | Wildarten sehr wüchsig und groß |
| **Gewöhnlicher Wacholder** (Juniperus communis) | B, S | 1–5 | N, I | braucht Wärme |
| **Lärche** (Larix decidua) | B | 25–30 | N | nur in großen Gärten |
| **Liguster** (Ligustrum vulgare) | S | 2–5 | L, I | Beeren schwach giftig |
| **Heckenkirsche** (Lonicera xylosteum) | S | 1–2 | L | rote Beeren |
| **Mispel** (Mespilus germanica) | S–B | 3–6 | L | Früchte eßbar |
| **Latsche, Kiefer** (Pinus mugo) | S–B | 2–10 | N | Sorten und Arten in verschiedenen Höhen |
| **Waldkiefer** (Pinus sylvestris) | B | 10–30 | N, I | nur in großen Anlagen |
| **Traubenkirsche** (Prunus padus) | S–B | 3–10 | L | Blüten weiß |
| **Schlehe** (Prunus spinosa) | S | 1–4 | L | Beeren gekocht verwertbar |
| **Schwarze Johannisbeere** (Ribes nigrum) | S | 1–2 | L | eßbare Beeren |
| **Wildrosen** (Rosa-Arten) | S | 0,20–5,00 | L | viele Arten |
| **Salweide** (Salix caprea) | S–B | 3–10 | L | erstes Blütengehölz im Frühling |
| **Kriechweide** (Salix repens) | S | 0,30–1,00 | L | als Bodendecker |
| **Eibe** (Taxus baccata) | S–B | 0,50–10 | N, I | viele Arten und Sorten, giftig |
| **Wolliger Schneeball** (Viburnum lantana) | S | 1–5 | I, L | schöne Blüten und Beeren |
| **Gewöhnlicher Schneeball** (Viburnum opulus) | S | 1–4 | L | schöne Blüten und Beeren |

## Pflanzen für den Naturgarten
### Bäume, Sträucher & Co.

**Hecken**

Sträucher werden sehr häufig in Heckenform kultiviert. Bei einer streng geschnittenen Hecke setzt man die Pflanzen in einer Reihe dicht nebeneinander. Die Heckenpflanzung braucht von Anfang an einen Schnitt, damit sie sich von unten her verzweigt.

Diesen leichten Schnitt erfährt sie so lange, bis die endgültige Höhe erreicht ist. Dann wird die Hecke in ihrer gewünschten Form einmal oder mehrmals im Jahr geschnitten. Wer mehr Platz hat, kann auch verschiedene Büsche in einer Reihe pflanzen, die dann zusammen eine lockere Strauchhecke ergeben. Sie kann geschnitten oder ungeschnitten bleiben.

Die dritte Heckenform besteht aus mehrreihigen Pflanzungen von Sträuchern. Sie kommt allerdings nur für größere Anlagen in Frage. Eine genaue Beschreibung finden Sie ab Seite 72.

Und wenn man gar keinen Platz hat, dann kann womöglich ein berankter Zaun weiterhelfen. Er hat im Prinzip die gleiche Funktion wie eine Hecke. Interessante Beispiele dazu auf Seite 148/149.

❶ Korkflügelstrauch
   (Euonymus alata)
❷ Schlehenblüte
   (Prunus spinosa)
❸ Seidelbast
   (Daphne mezereum)
❹ Liguster
   (Ligustrum vulgare)
❺ Buchsbaum
   (Buxus sempervirens)
❻ Heckenkirsche
   (Lonicera xylosteum)

# Stauden

Unter dem Begriff „Staude" versteht man ausdauernde, im Gegensatz zu den Gehölzen jedoch krautige Pflanzen, die im Frühling aus Überwinterungsknospen neu austreiben. Diese Knospen können sich über oder direkt am Boden wie auch unter der Erdoberfläche befinden. Häufig haben Stauden kräftig ausgebildete Speicherorgane, mit deren Hilfe sie den Winter überdauern: Zwiebeln, Sproßknollen, Rhizome, fleischige Wurzeln oder Pfahlwurzeln.

Nur wenige Stauden sind auch im Winter grün (zum Beispiel Immergrün). Deren Triebe und Blätter sterben erst zu einem späteren Zeitpunkt ab und erneuern sich dann ebenfalls.

Zu den Stauden zählen also die mehrjährigen Blumen und Kräuter wie zum Beispiel Margerite und Goldrute. Aber auch Farne, Gräser und Blumenzwiebeln beziehungsweise -knollen gehören in diese Gruppe.

Die gestalterischen Funktionen und Eigenschaften der Stauden bilden die Grundlage ihrer Einteilung. Man unterscheidet zum Beispiel Polster- und Duftstauden, Schnitt- und Wasserstauden. Darüber hinaus gibt es noch andere ordnende Begriffe. Eine Beetstaude ist beispielsweise eine meist züchterisch bearbeitete Art, die im Un-

❶ Roter Fingerhut
(Digitalis purpurea)

❷ Maiglöckchen, dazwischen Waldmeister
(Convallaria majalis, Galium odoratum)

❸ Buschwindröschen
(Anemone nemorosa)

❹ Salomonssiegel
(Polygonatum odoratum)

❺ Geißbart
(Aruncus dioicus)

❻ Lerchensporn
(Corydalis cava)

terschied zur Wildstaude in der Regel auch einen höheren Pflegeaufwand erfordert.

## Lebensbereiche

Die Lebensbereiche beschreiben diejenigen Lebensbedingungen, unter denen sich die jeweilige Staudenart am besten entfalten kann.

Prof. Dr. Sieber, Prof. Dr. Hansen und H. Müssel haben sieben verschiedene Lebensbereiche definiert und beschrieben und darüber hinaus die unzähligen Stauden den einzelnen Bereichen zugewiesen. Den Lebensbereichen wurden zunächst Buchstaben oder Ziffern zugeordnet.

### TIPS & HINWEISE

**Lebensbereiche**

| | | |
|---|---|---|
| Gehölz | G | 1 |
| Gehölzrand | GR | 2 |
| Freifläche | Fr | 3 |
| Beet | B | 4 |
| Steinanlagen | FS, M, SF | 5 |
| Wasserrand | WR | 6 |
| Wasser | W | 7 |

Innerhalb der einzelnen Lebensbereiche gibt es noch Abstufungen. Im Bereich Freifläche zum Beispiel solche mit Steppenheidencharakter (SH), mit trockenem, kalkreichem Boden, und die Freifläche mit Heidecharakter, mit sandigem, nährstoff- und kalkarmem Boden. In der Gruppe der Steinanlagen gibt es Felssteppen (FS) mit schotter- und kiesreichen steinigen Böden. Die Matten (M) sind flachgründige Böden auf Stein, und die Steinfugen (SF) sind für Felsspaltenbewohner. Eine Sonderform stellt das Alpinum (A) dar, das für Liebhaber der alpinen Pflanzenwelt vorbehalten ist.

## Die Arbeit mit Lebensbereichen und Kennziffern

Jede Staude kann in das vorgestellte Lebensbereiche-Schema eingeordnet werden. Man hat damit zuverlässige Angaben über die erforderlichen Bodenverhältnisse, mögliche Pflanzengemeinschaften und die richtige Pflege. Wer bei der Planung eines Beetes darauf Rücksicht nehmen möchte, kann sich an Büchern orientieren oder sich in Staudengärtnereien Kataloge besorgen, die auf diesem Schema aufgebaut sind.

Besonders in naturnahen Anlagen ist die Arbeit mit den Lebensbereichen eine große Hilfe. Voraussetzung ist allerdings eine genaue Standortbestimmung unter folgenden Gesichtspunkten: Bodenart, Bodenfeuchtigkeit, Kalkgehalt, Nährstoffgehalt, Besonnung und eventuell vorhandene Pflanzennachbarn. Damit ergibt sich meistens schon automatisch, welche Lebensbereiche und damit verbundenen Pflanzengruppen passen, ohne daß große Veränderungen vorzunehmen sind. Manche Fachbetriebe halten für die vorgestellten Lebensbereiche spezielle Pflanzensortimente bereit.

## Staudenbeet nach Farben und Jahreszeiten

Ausgehend von der für einen bestimmten Standort möglichen Staudenauswahl, kann man nun unter Berücksichtigung von Blütezeit und -farbe reizvolle Farbbeete entstehen lassen, die im Jahreslauf die verschiedensten Farbeffekte zeigen. Hilfreich ist dabei die oben bereits erwähnte Tabelle – linke Seite: Blütenmonate, Tabellenkopf: Blütenfarben –, die es einem erlaubt, die jeweiligen Farbwirkungen genau durchzuplanen.

Bei einem genügend großen Staudenbeet kann das Farbenfeuerwerk durchaus über die gesamte Vegetationsperiode hinweg anhalten.

## Auswahl der Stauden und Pflanzung

Mit der Entscheidung für den passenden Lebensbereich und der darauf folgenden Pflanzenauswahl ist man bei der Umsetzung einer Staudenanlage schon ein gutes Stück voran gekommen. Jetzt geht es darum, die Pflanzen nach Geselligkeitsstufen einzuordnen und die Pflanzung selbst vorzunehmen. Um ein Gleichgewicht von großen und kleinen, von wuchtigen und zierlichen Staudenarten zu bekommen, kann man sie in sogenannte Geselligkeitsstufen einteilen. In der Rangfolge von Groß nach Klein werden sie auch anschließend gepflanzt.

### Leit- und Gerüststauden

Leitstauden sind die tragenden Säulen einer Pflanzung. Es sind große, auffällige Arten, die nur allein oder in sehr kleinen Gruppen eingesetzt werden. Man rechnet 1–2 Stück pro Quadratmeter. Beispiele sind Schilf, große Gräser, Waldgeißbart, Mädesüß und Eselsdistel.

### Gruppenstauden

Gruppenstauden sind mehr oder weniger groß und wirken nicht so beherrschend wie die Leitstauden. Sie können flächig angeordnet werden. Man sollte ca. 3–5 Stück einer Art zusammenfassen. Je nach Größe passen sie dann auf eine 1–2 Quadratmeter große Fläche. Margerite, Sonnenhut, Große Schafgarbe, Goldrute und Hoher Ehrenpreis zählen zu den Gruppenstauden. Sie können zwar einzeln durchaus groß werden, wirken aber doch in Gruppen am besten.

### Kleingruppenstauden, Füllstauden und bodendeckende Stauden

Den Abschluß einer Pflanzung bilden meist Kleingruppenstauden, Füllstauden und bodendeckende Stauden. Wie es die Namen schon sagen, bedecken sie eher den Boden und breiten sich mehr flächig aus. Sie wirken nur in größeren Gruppen von 5–9 Pflanzen pro Quadratmeter. Die kleinen Blumenzwiebeln wie Schneeglöckchen, Traubenhyazinthen und Wildtulpen gehören ebenso in diese Gruppe wie Immergrün, Fetthennenarten, Pfennigkraut, Primeln und Feldthymian.

### Anordnung auf der Fläche

Bei der Anordnung auf einer Fläche muß man die wenigen Leitstauden nicht immer nur in den Hintergrund setzen. Sie können genauso gut auch einmal im mittleren Bereich stehen. Die Gruppenstauden setzt man in Gruppen in die Nähe der Gerüststauden, wobei sie sowohl hinten wie in der Mitte einen Platz finden können. Ein paar dürfen sogar ganz nach vorne.

❶ Die bodendeckenden Pflanzen dieser Feuchtwiese werden von der Farbe Blau dominiert

❷ Die 30–50 cm hohe Berg-Kronwicke eignet sich gut als Gruppenstaude

❸ Mit rund 100 cm Wuchshöhe ist die Kugeldistel als Leitstaude einsetzbar

### TIPS & HINWEISE

Vor dem Einsetzen der Pflanzen ist es günstig, den Boden gut zu lockern und von Wildkräutern aller Art zu befreien. Besonders Wurzelkräuter wie Giersch, Quecke, Ackerschachtelhalm und Zaunwinde überwachsen die neu gesetzten Pflanzen sonst in kürzester Zeit.

Die Kleingruppenstauden kommen in die verbleibenden Flächen. Dadurch steigt die Pflanzung nicht monoton von vorne nach hinten an, sondern wirkt mit ihren unterschiedlichen Höhen angenehm aufgelockert.

Sind in einer Pflanzung alle Stauden niedrig, wie zum Beispiel in Steinanlagen, können die Funktion der Leitstauden auch Zwerg- oder Kleingehölze übernehmen.

## Lebensbereiche im einzelnen

Wie schon erwähnt, berücksichtigen die nun im einzelnen vorgestellten Lebensbereiche den natürlichen Standort der Pflanzen und dessen Besonderheiten. Da im Natur- und Wildgarten besonders Wildstauden verwendet werden, sind die Kenntnisse der Lebensbereiche besonders wichtig. Der Be-

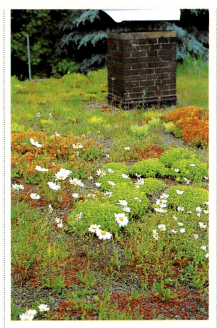

**Auf dem Dachgarten sind überwiegend flächendeckende Pflanzen gefragt**

griff „Wildstaude" meint nicht, daß diese Pflanzen der Natur entnommen sind. Es sind vielmehr solche Stauden, die nicht oder nur wenig züchterisch bearbeitet wurden. Dagegen wurden viele der sogenannten „Beetstauden" seit vielen Jahren züchterisch weiterentwickelt. Sie entfalten mit ihren prachtvollen Blüten meistens eine stärkere Wirkung als die Wildstauden.

### Lebensbereich Gehölz

Unter großen Bäumen mit mehr oder weniger Schatten gedeihen spezielle Stauden des Gehölzes. Es sind Waldstauden, die in enger Beziehung zu den Gehölzen stehen. Sie erobern sich ihren Platz trotz Wurzelkonkurrenz, Fallaub und den oft spärlichen Lichtverhältnissen. Ist es allerdings zu dunkel, wie unter großen Nadelbäumen, müssen auch Waldstauden passen. Manche Gehölzstauden sind immergrün wie das Immergrün, viele blühen im Frühling wie Gedenkemein, Golderdbeere und Waldmeister. Die meisten Waldstauden sind kleinere Gruppenstauden. Nur wenige wie Waldgeißbart, Farne und Hohe Glockenblumen kommen über einen Meter Höhe hinaus. Allen Arten bekommt eine regelmäßige Wasserversorgung und höhere Luftfeuchtigkeit recht gut. Im Garten können Waldstauden auch an schattigen Plätzen, zum Beispiel neben Mauern, gepflanzt werden.

### TIPS & HINWEISE

Pflanzungen mit Wildstauden sind einfach zu handhaben, wenn folgende Dinge beachtet werden:

- Gute Bodenvorbereitung
- Passende Pflanzenauswahl nach Standort und Lebensbereichen
- Sorgfältige Planung der Pflanzengemeinschaften unter Berücksichtigung von Blütenfarben und Blütezeiten
- Optimale Pflanzzeiten und danach gute Pflege bis zum Einwachsen der Pflanzen

### Lebensbereich Gehölzrand

Die Randbereiche von Baum- und Gehölzgruppen sind für Stauden aus dem Bereich Gehölzrand ideale Standorte. Sie halten dem Wurzeldruck und einem nicht allzu großen Laubfall stand. Manche Arten lieben eher den warmen und sonnigen Rand von Büschen und Bäumen (Gelber Fingerhut, Pfirsichblättrige Glockenblume). Andere dagegen wollen gerne, wie ihre Artgenossen des Lebensbereiches Gehölz, einen bodenfrischen, wechselsonnigen und kühleren Platz (Eisenhut, Storchschnabel, Akelei).

### Lebensbereich Freifläche

Die Stauden dieses Lebensbereiches wachsen gerne auf offenen und freien Flächen ohne Konkurrenz von Bäumen und Büschen. Daher sind Freiflächen meistens auch voll besonnt. Im Unterschied zum Staudenbeet sollen Anlagen dieser Art komplett zuwachsen. Sie wirken daher manchmal nicht so dekorativ wie Beete.

Freiflächen erfordern genaue Kenntnisse über Boden und Standortbedingungen, sie werden anfangs genau geplant und nach dem Einwachsen nur noch erhaltend gepflegt. Eine Dachgartenbegrünung ist ein gutes Beispiel für den Lebensbereich Freifläche. Im weitesten Sinne gehören auch die unterschiedlichen Blumenwiesenar-

Sumpfpflanzen:
① Seesimse
(Scirpus lacustris)
② Sumpfschwertlilie
(Iris pseudacorus)

Teichuferpflanzen:
③ Blutweiderich
(Lythrum salicaria)
④ Gauklerblume
(Mimulus luteus)

Pflanzen für trockene Standorte:
⑤ Wegerich-Grasnelke
(Armeria alliacea)
⑥ Spinnweben-Hauswurz
(Sempervivum arachnoideum)

ten in diese Gruppe. Freiflächen-stauden sind häufig reine Wildstau-den oder Wildstauden mit Beet-staudencharakter. Letztere sind Mischformen, die dekorativer und blühwilliger sind.

Im Lebensbereich Freifläche unter-scheidet man:

- Arten für warme Standorte mit durchlässigem, trockenem Boden
- Arten für mäßig trockenen bis frischen Boden
- Arten für ausreichend feuchte Böden
- Steppenheidepflanzen für sehr warme, sonnige Flächen mit trockenem und kalkhaltigem Boden
- Heidepflanzen für nährstoff-armen und wenig kalkhaltigen Boden

### Lebensbereich Beet

Beete mit Stauden, die vor allem sehr dekorativ sein sollen, trifft man in Gärten am häufigsten an. Die entsprechenden Stauden sind meistens züchterisch bearbeitet und benötigen auch nach dem Pflanzen regelmäßige Pflegemaß-nahmen, wie Bodenverbesserung, etwas Düngung, Gießen, Hacken und im Abstand von einigen Jahren auch das Teilen der Pflanzen. Im Naturgarten ist dieser Lebensbe-reich nur recht selten anzutreffen. Pflanzenbeispiele sind Rittersporn, Phlox und Türkenmohn.

### Lebensbereich Steinanlagen

Auf Steinen, in Fugen und Ritzen fühlen sich die sogenannten Stein-gartenpflanzen wohl. Im Grunde sind sie mit den Freiflächenpflan-zen eng verwandt, da es auch hier offene, besonnte Flächen sind, die für sie in Frage kommen. Aller-dings wachsen Steingartenpflanzen eher niedrig und oft polsterförmig. Felssteppen sind Standorte, die ei-nen lockeren, steinigen Boden ha-ben, der gut wasserdurchlässig ist. Ein Dachgarten mit Lavasplitt ist ein gutes Beispiel. Die wichtigste Pflegemaßnahme ist dort ein abso-lut wasserdurchlässiger Boden, da-mit die Pflanzen in regenreichen Zeiten nicht faulen.

In flachen Bodenschichten über Gestein wachsen Pflanzen der Mat-ten (Frühlingsaster, Thymian). Und in die Ritzen von Trockenmauern passen die sogenannten Fugen-pflanzen wie Steinkraut, Steinbrech und Schleifenblume.

Eine Besonderheit der Steinanlage ist das Alpinum. Es stellt hohe An-forderungen an Aufbau, Steinaus-wahl, Pflanzen und Pflege und wird in den meisten Fällen für den Naturgarten ausscheiden. Diese Liebhaberei ist manchmal in bota-nischen Gärten zu bewundern.

### Lebensbereich Wasserrand

Stauden, die den Wasserrand be-vorzugen, brauchen eine ausrei-chende Bodenfeuchtigkeit. Der Be-griff „Wasserrand" bezeichnet keine Grenze, sondern vielmehr eine feuchte bis sumpfige Zone.

Es gibt Sumpfstauden für feuchte bis nasse Böden, die durchaus auch etwas trockener stehen dürfen. Eine andere Pflanzengruppe möchte dagegen dauernd nasse Füße bis 20 cm Wassertiefe. Eine dritte Gruppe liebt wiederum gleichmäßig feuchte Stellen. Wasserrandbewohner sind in den Gärten in feuchten Gräben und vor allem an Teichrändern zu finden.

### Lebensbereich Wasser

Für Wasserbecken und Teiche gibt es verschiedene Wasserpflanzen, die sich vor allem durch ihr Wachs-tum unterscheiden. Außerdem sind die Wassertiefen zu bedenken.

Man unterscheidet drei Gruppen:

- Untergetaucht lebende Pflan-zen, sogenannte Unterwasser-pflanzen
- Mit den Blättern auf der Was-seroberfläche liegende Ge-wächse, sogenannte Schwimm-blattpflanzen
- Amphibische Pflanzen, deren untere Bereiche noch im Wasser stehen, während die oberen Pflanzenteile den Wasserspiegel überragen.

Bei der letzten Gruppe ist es bereits schwierig, eine klare Trenn-linie zu den Wasserrand-Pflanzen zu ziehen.

# Kletterpflanzen

Kletterpflanzen zählen meist zu den Gehölzen und können bei der Fassadenbegrünung und zum Beranken von Zäunen, Pergolen und Spalieren eingesetzt werden. Begrünte Wände sind ein guter Schutz vor Regen, Wind, Kälte und starker Besonnung. Für einen ganzjährigen Schutz sind vor allem die Immergrünen geeignet, wie zum Beispiel Efeu und die langsam wachsende Kletterspindel. Voraussetzung für jede Art der Fassadenbegrünung ist ein einwandfreier Untergrund. Dies gilt besonders für Kletterpflanzen, die selbst haften (Kletterspindel, Efeu, Kletterhortensie, Wilder Wein). Andere Arten gehören zu den Schlingern

und benötigen Rankgerüste. Sehr schnell wachsen hier Baumwürger, Blauregen, Knöterich, Hopfen und Pfeifenwinde, schwächer die Geißblattarten. Als Rankhilfe dienen am besten Seile, Drähte, Stäbe, Stützen oder Spaliere. Mit ihren Sprossen halten sich Echter Wein und Zierwein an den Rankhilfen fest. Die Klematis nutzt dafür ihre Blattstiele. Das Material für die entsprechenden Rankgerüste darf nicht zu dick sein.

Spreizklimmer wie Winterjasmin, Rosen und Brombeeren bilden nur lange, oft biegsame Triebe aus. An diesen entwickeln sich widerhakenähnliche Seitensprossen, Stacheln oder Dornen. In diesem Fall bringen waagrecht oder schräg angebrachte Kletterhilfen den besten

Halt. Für den Anfang brauchen alle Kletterpflanzen eine Rankhilfe. Ein Spalier an einer Hauswand sollte 5–10 cm von der Wand entfernt angebracht werden, damit die Pflanzen noch ausreichend Wuchsraum haben. Kletterhilfen wie zum Beispiel Seile, Drähte oder Holzkonstruktionen müssen von der Stabilität her auf das Gewicht der jeweiligen Kletterpflanze abgestimmt sein. Für eine Klematis genügen dünne Stäbe oder Drähte. Einer Kletterrose oder einem Knöterich wird man dagegen stärkere Konstruktionen anbieten müssen. Hinter den so entstehenden Pflanzvorhängen suchen viele Tiere eine Zufluchtsstätte. Vögel wie Amseln und Spatzen nisten dort. Außerdem bieten Kletterpflanzen für viele

| Mehrjährige Kletterpflanzen | | | | | |
|---|---|---|---|---|---|
| Deutscher, botanischer Name | Höhe bzw. Länge (m) | Blütezeit | Blütenfarbe | Früchte | Bemerkungen |
| **Baumwürger** (Celastrus orbiculatus) | 5–10 | VI | blaßgrün | orangefarben | nicht an lebenden Pflanzen, schnürt ein! |
| **Klematis** (Clematis alpina) | 2–3 | V–VI | hellblau | – | gut an Zäunen und Eingängen |
| **Klematis** (Clematis vitalba) | bis 10 | VII–VIII | weiß | weiß | stark wachsend bis wuchernd |
| **Klematis** (Clematis viticella) | bis 4 | VI–VII | violett/rosa | – | Blüten glockenartig |
| **Kletterspindel** (Euonymus fortunei) | 2–3 | VI–VII | grünlich | orangefarben | wächst langsam, immergrün, selbsthaftend |
| **Knöterich** (Fallopia aubertii) | bis 20 | VII–X | weiß | – | stark wuchernd |
| **Efeu** (Hedera helix) | bis 10 | IX | grünlich | schwarz | immergrün, selbsthaftend, viele Sorten |
| **Hopfen** (Humulus lupulus) | bis 15 | V–VI | grünlich | hellbraun | stark wuchernd, evtl. Rückschnitt |
| **Geißblatt** (Lonicera caprifolium) | 3–8 | V–VI | rötlichweiß | – | stark duftend, rote Beeren giftig |
| **Geißblatt** (Lonicera periclymenum) | 2–5 | VI–VII | gelbweiß | – | stark duftend, rote Beeren giftig |
| **Wilder Wein** (Parthenocissus quinquefolia) | bis 15 | V–VI | gelbgrün | schwarz | selbsthaftend, schöne Herbstfärbung |
| **Wilder Wein** (Parthenocissus tricuspidata) | bis 15 | V–VI | gelbgrün | schwarz | selbsthaftend, schöne Herbstfärbung |
| **Brombeere** (Rubus fruticosus) | bis 3 | VI | hellrosa | eßbar | braucht volle Sonne, Rückschnitt erforderlich |
| **Weinrebe** (Vitis vinifera) | bis 8 | VI–VII | gelbgrün | eßbar | braucht volle Sonne, gut für Pergolen |

## Pflanzen für den Naturgarten
### Bäume, Sträucher & Co.

Insekten einen wertvollen Lebensraum.

Der Einsatz von Kletterpflanzen ist an fast jedem Standort möglich. Sehr wuchsstarke Arten müssen eventuell öfter beschnitten werden und erfordern daher einen höheren Pflegeaufwand. Für sonnige Standorte eignen sich Kletterrosen oder Wildrosen mit langen Trieben, Brombeeren, Spalierobst, Wilder Wein, Hopfen, Baumwürger, Kletterspindel, Knöterich und Echter Wein.

Nicht so sonnige Plätze bevorzugen Klematisarten, Efeu, Geißblattarten und Kletterhortensien.

Außer Wänden lassen sich auch Geräteschuppen, Lauben, Spaliere und Zäune mit einem grünen Kleid versehen. Wenn es darum geht, in sehr kurzer Zeit größere Flächen überwachsen zu lassen, dann sind Wilder Wein, Efeu, Hopfen, Blauregen, Knöterich und Pfeifenwinde geeignet. Sehr langsam und weniger hoch wachsen dagegen Kletterspindel und Kletterhortensie.

Viele Klematisarten sind sogenannte Hybridzüchtungen, die im Naturgarten nur in Ausnahmefällen berücksichtigt werden.

❶ Geißblatt
  (Lonicera caprifolium)
❷ Wilder Wein
  (Parthenocissus quinquefolia)
❸ Efeu
  (Hedera helix)
❹ Baumwürger
  (Celastrus orbiculatus)
❺ Klematis
  (Clematis alpina)
❻ Hopfen
  (Humulus lupulus)

# Pflanzen-praxis

# Die wichtigsten Arbeiten

In diesem Kapitel geht es vor allem um die praktischen Arbeiten an der Bepflanzung. Dazu gehören zunächst vorbereitende Tätigkeiten, die sich auf die endgültige Pflanzenauswahl auswirken. An erster Stelle stehen hier Bodeneinschätzung und -vorbereitung. Erst danach kommen Bäume, Sträucher, Stauden und Zwiebelblumen an ihre Standorte.

Nach der Einwachsphase, während der die Pflanzen noch besonders viel Aufmerksamkeit erfordern, folgt die Phase der regelmäßigen Pflegearbeiten. Selbst wenn ein Naturgarten in der Regel zu den pflegeleichten Gartentypen zählt, geht es auch hier nicht ohne. Andernfalls würde aus dem Garten schnell ein allzu „wildes" Stück Natur.

Auch im Naturgarten sollten Kräuterrasen und Blumenwiesen regelmäßig gemäht werden. Weitere typische Arbeitsgänge sind der gelegentliche Rückschnitt von Bäumen und Sträuchern, das Mulchen von Pflanzflächen, die Bodenverbesserung mit Kompost und das Teilen von überalterten Stauden. Stärkere Eingriffe stellen das Entfernen von umgestürzten oder kranken Bäumen und der radikale Rückschnitt einer alten Hecke dar. Wer Lust hat, die Pflanzen selbst zu vermehren, kann sich aus Pflanzenteilen oder durch Aussaat neue Pflänzlein heranziehen. Es ist allgemein bekannt, daß Gärtner und Gärtnerinnen zu ihren eigenen „Zöglingen" ein ganz besonderes Verhältnis haben.

**Bei der Gartengestaltung sollten auch die praktischen Aspekte des Gärtnerns nicht zu kurz kommen**

**Pflanzenpraxis**
*Die wichtigsten Arbeiten*

# Pflanzarbeiten

Die obersten Erdschichten mit ihren mineralischen und organischen Bestandteilen sind ein vielfältiges System, das vom tiefer liegenden Untergrund, der Witterung und den verschiedenen Umsetzungsprozessen bestimmt wird. Hobbygärtner beschäftigen sich meistens nur bei unmittelbar bevorstehenden Pflanzmaßnahmen mit dem Boden und ergründen dann in der Regel nur die oberste Schicht, den sogenannten Mutterboden. Pflanzenwurzeln reichen aber häufig viel tiefer, als wir es ihnen zutrauen würden. Schon ein gesäter Salatkopf kann in einem leichten und tiefgründigen Boden 100 cm tief wurzeln. Ein gepflanzter Salat kommt immerhin noch auf die Hälfte, also 40–50 cm. Bei Bäumen und Sträuchern kann man demzufolge noch mit ganz anderen Wurzeltiefen rechnen. Die Faustregel, eine Pflanze habe etwa gleichviel Masse an oberirdischen und unterirdischen Teilen, stimmt leider nicht immer. Häufig ist die Wurzelausbreitung weitaus größer.

## Bodenproben

Vor der Bepflanzung ist es ratsam, sich seinen Boden genauer anzusehen. Dabei ist es am einfachsten, zunächst einmal die Mutter-

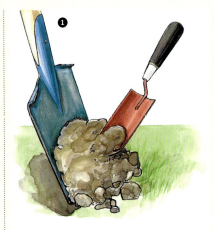

Entnahme von Bodenproben:
❶ An etwa 10 Gartenstellen kleinere Erdmengen entnehmen
❷ Die einzelnen Proben in einem Eimer gut durchmischen
❸ Etwa 500 g dieses Gemischs in eine Tüte füllen, mit Adresse versehen und möglichst noch am selben Tag ans Labor schicken

Bearbeitung schwerer Böden:
❹ Stark tonhaltige Böden im Herbst spatentief abstechen und die Scholle wenden
❺ Im Frühjahr den abgetrockneten Boden mit der Grabgabel lockern. Die Oberfläche mit dem Rechen fein zerkrümeln und dann glätten

bodenschicht, das heißt die oberen 20 cm, mit dem Spaten zu lockern. Gibt man mehrere Schaufeln davon in einen Eimer, kann man zunächst mit den Händen in etwa die Bodenart ermitteln:

- Sandboden: Der Boden „rinnt" durch die Finger. Die Formung einer Kugel ist unmöglich.
- Lehmboden: Man kann eine Kugel formen, aber der Versuch, eine Wurst zu modellieren, schlägt fehl.
- Tonboden: Sowohl Kugeln als auch Würste können modelliert werden.
  (Genauere Bodeninfos ab Seite 16).

Die übrigen Bodenwerte wie Nährstoffgehalte und pH-Wert läßt man am besten per Bodenanalyse ermitteln. Dazu sucht man sich ein einheitlich genutztes Gartenstück aus (zum Beispiel Heckenanlage oder Vorgarten). An etwa 10 Stellen dieser Fläche entnimmt man mit dem Spaten Erdproben aus den obersten 20–30 cm. Die gesammelten Proben werden in einem Eimer gut gemischt. Dann füllt man 300–500 g davon in eine Plastiktüte, beschriftet diese und schickt sie möglichst noch am selben Tag an ein Untersuchungslabor. Von dort bekommt man eine Mitteilung über die Bodenart, den Gehalt an Einzelnährstoffen und den pH-Wert. Häufig werden zu-

sätzlich Düngeempfehlungen gegeben. Es gibt private Labors und staatliche Untersuchungsanstalten, die diese Arbeiten durchführen. Anläßlich von Sonderaktionen gibt es ab und an die Möglichkeit, kostenlos Bodenproben bei Gartencentern analysieren zu lassen. Wer die Ergebnisse sehr schnell braucht, kann die Einzeluntersuchungen auch selbst mit Hilfe von Testsets durchführen. Es gibt sie für die Bestimmung des Kalk-, Stickstoff-, Kali- und Phosphatgehaltes im gut sortierten Fachhandel. Anhand der Ergebnisse kann man feststellen, ob im Boden noch Nährstoffe vorhanden sind. Manchmal kann dann zum Beispiel das Nachdüngen im Frühjahr entfallen. Bei der Anlage einer Blumenwiese wird es stark von der Nährstoffbilanz abhängen, welche Blumenauswahl getroffen werden kann. Der Kalkgehalt eines Bodens gibt Auskunft darüber, ob nun eher kalkliebende oder kalkfliehende Sträucher und Stauden geeignet sind.

## Bodenvorbereitung

Nachdem nun Bodeneigenschaften und Pflanzenauswahl feststehen, beginnt man am besten mit der Vorbereitung des Bodens für die Pflanzung. Dabei wird man schwere Böden in der Regel spa-

tentief abstechen, eine Arbeit, die am besten im Herbst erledigt wird. In jedem Fall sollte der Boden vor der Pflanzung mit der Grabgabel gelockert werden. Anschließend glättet man die Oberfläche mit dem Rechen. Das Ganze funktioniert aber nur bei leicht abgetrockneten Böden.

Vor allem kleine Sträucher und Stauden begnügen sich mit dieser Bodenvorbereitung. In jedem Fall sollten alle Wurzelwildkräuter sorgfältig herausgelesen werden. In Strauch- und Staudenanlagen, die relativ viel Nährstoffe brauchen, kann immer wieder mal gute Komposterde aufgestreut werden. Am besten ist es, dies im Frühling und Frühsommer zu tun, wenn die Pflanzen die Nährstoffe gut verwerten können.

## Pflanzeneinkauf und Pflanztermine

Die gängigen Pflanzenarten sind inzwischen fast überall erhältlich. Je mehr allerdings eine Beratung oder ganz bestimmte Pflanzenarten gewünscht sind, um so mehr wird man nur in Fachbetrieben Erfolg haben. Spezielle Naturgartenpflanzen wie Wildgehölze und Wildstauden bekommt man dort am besten.

Stauden werden fast immer in Plastiktöpfen, sogenannten Containern, angeboten. Sie sind ganzjährig im Handel. Die beste Pflanzzeit ist im Frühling und im Herbst. Stauden werden beim Pflanzvorgang einfach ausgetopft und so tief wie sie vorher im Topf standen in die gut gelockerte Erde gesetzt. Sträucher und Bäume gibt es in verschiedenen Formen zu kaufen. Ware ohne Wurzelballen (Wildsträucher, Sträucher und Heckenpflanzen) ist oft günstig im Preis und sollte im unbelaubtem Zustand in frostfreien Boden kommen. Für Ballenpflanzen gilt etwa dieselbe Pflanzzeit. Containerpflanzen können zwar während der ganzen Vegetationszeit gesetzt werden, benötigen im Sommer aber viel Wasser.

Noch ein Wort zu Größen und Qualitäten: Unter der Bezeichnung „Solitär" bekommt man zweimal

verpflanzte Sträucher mit Ballen, die entsprechend groß und schön gewachsen sind. Normale Sträucher besitzen nämlich in der Regel nur drei gute Triebe. Bei Hecken kann man statt Fertigware auch Jungpflanzen bestellen, die günstiger, aber auch kleiner sind.

## Pflanzung von Bäumen und Sträuchern

Zunächst hebt man ein Pflanzloch aus, das mindestens doppelt so groß wie der Ballen ist. Die Grube wird am Boden gut gelockert, etwas guter Mutterboden, eventuell gemischt mit Komposterde, kommt dazu. Darauf wird dann die Pflanze gesetzt. Sie soll genauso hoch wie vorher stehen. Hier gibt es allerdings zwei Ausnahmen:

Obstbäume etwas höher und veredelte Rosen etwas tiefer setzen. Bei Bäumen wird zuvor im Pflanzloch ein Pfahl eingeschlagen, der später in die Krone hineinragen soll. Unmittelbar unter der Krone befestigt man den Baumstamm am Pfahl. Dabei hat sich ein zu einer Acht geformter Strick gut bewährt. Containerware muß man beim Einpflanzen nur austopfen, Pflanzen in Ballen setzt man samt Ballen hinein und knotet diesen dann erst auf. Draht- oder Kunststoffballen müssen in der Regel aufgeschnitten werden, sofern das ohne große Wurzelbeschädigung möglich ist. Wurzelnackte Sträucher oder Bäume sollten vor dem Pflanzen einige Stunden mit den Wurzeln im Wasser oder besser noch in einem nassen Lehmbrei stehen. Dort können sie sich gut vollsau-

| Pflanzzeiten von Stauden und Gehölzen | | | | |
|---|---|---|---|---|
| Pflanzmonate | März – April | Mai – August | September | Oktober – Dezember* |
| **STAUDEN** | | | | |
| Frühlingsblühende Arten | | | ◆ | |
| Herbstblühende Arten | ◆ | | | |
| Gräser | ◆ | | | |
| Farne | ◆ | | | |
| Frühlingsblumenzwiebeln | | | ◆ | ◆ |
| **BÄUME, STRÄUCHER UND HECKEN** | | | | |
| Bäume und Sträucher ohne Ballen | ◆ | | | ◆ |
| Bäume und Sträucher mit Ballen | ◆ | | ◆ | ◆ |
| Bäume und Sträucher im Container | ◆ | ◆ | ◆ | ◆ |
| Nadelgehölze und Immergrüne | ◆ | | ◆ | |
| Heckenpflanzen ohne Ballen | ◆ | | | ◆ |
| Heckenpflanzen mit Ballen | ◆ | | ◆ | ◆ |
| Bodendeckende Kleingehölze | ◆ | | ◆ | ◆ |

* solange der Boden offen ist

54

gen. Direkt vor dem Pflanzen ist es empfehlenswert, einen Wurzel- und Kronenschnitt durchzuführen. Beides kann auch schon beim Kauf vom Fachmann erledigt werden. Dabei kürzt man meistens die Wurzeln und die oberirdischen Teile jeweils um ein Drittel ein. Steht die Pflanze im Pflanzloch, füllt man im nächsten Arbeitsschritt die restliche Erde auf, tritt die Pflanze wegen des Bodenschlusses mit der Hacke etwa zwei- bis dreimal kurz an und kann, wie auf der Abbildung zu sehen ist, noch einen Gießrand formen. Zum Schluß wird noch einmal kräftig angegossen.

## Pflanzen von Hecken

Die Heckenpflanzen werden wie Büsche und Bäume in einer oder mehreren Reihen und in dichterem Abstand in ein vorbereitetes Pflanzloch beziehungsweise einen Pflanzgraben gesetzt. Sehr kleine Arten brauchen nur einen spatentiefen Graben. Ein regelmäßiger Schnitt von Anfang an läßt eine schöne, dichte Hecke entstehen. Besonders Pflanzen, die sich nicht so gern von unten an verzweigen, wie Fichte, Hainbuche und Feldahorn, profitieren von dieser Maßnahme.

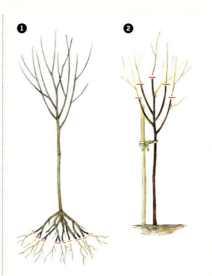

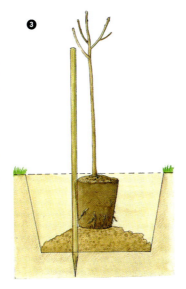

**Pflanzschnitt bei ballenlosen Gehölzen:**

❶ Nach dem Wässern die Wurzeln um etwa ein Drittel einkürzen

❷ Auch die Krone wird um ein Drittel zurückgenommen, damit die verkürzten Wurzeln die oberirdischen Teile weiterhin versorgen können.

**Pflanzung von Container-Gehölzen:**

❸ Die Pflanze wird in der genügend großen Pflanzgrube so ausgerichtet, daß die Pflanztiefe unverändert bleibt. Bei Bedarf Erde auffüllen. Der Stützpfahl liegt direkt am Erdballen an

❹ Mit einem zu einer Acht geformten Strick befestigt man den Stamm am Pfahl. Nach dem Auffüllen der Erde wird ein Gießrand geformt. Das frisch gepflanzte Gehölz gründlich wässern

**Heckenpflanzung:**

❺ Nach dem Einsetzen Ballentuch oben lösen und Erde auffüllen

# Pflegearbeiten

Auch im Naturgarten ist die Pflege von Sträuchern, Bäumen, Immergrünen, Stauden, Kräuterrasen und Blumenwiesen erforderlich. Da meist heimische Arten Verwendung finden, kann man in der Regel auf eine zusätzliche Bewässerung verzichten. Die Beete und Sträucher werden nur mit Hilfe von Naturdüngern und Kompostgaben gedüngt.

Wenn Pflanzenkrankheiten oder tierische Schädlinge auftreten, wird der Naturgärtner höchstens mit schonenden biologischen Mitteln arbeiten. Bei manchen Pflanzen wirkt eine Standortveränderung schon Wunder. Krankheiten und Schädlinge sind häufig ein Zeichen für ungünstige Wuchsbedingungen. Einen Großteil der regelmäßigen Pflegearbeiten machen die verschiedenen Schnitttätigkeiten aus, seien es nun der Rückschnitt von Bäumen, Sträuchern, Hecken, Kletterpflanzen und Stauden oder das Mähen von Kräuterrasen und Blumenwiesen.

Schließlich sei noch erwähnt, daß es auch im Naturgarten einige unerwünschte Wildkräuter gibt, die man regelmäßig entfernen muß, wenn sich die geplante Bepflanzung durchsetzen soll. Bei neuen Anlagen wird hier und da auch einmal eine Winterschutzmaßnahme erforderlich sein.

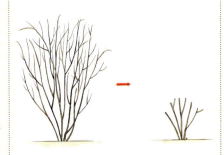
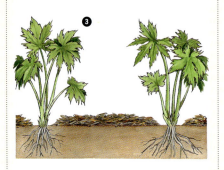
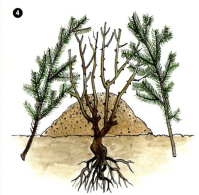

❶ Kleinsträucher, hier Ginster, direkt nach der Blüte zurückschneiden

❷ Oben ein Beispiel für den Auslichtungsschnitt, unten wird ein Strauch auf Stock gesetzt

❸ Beim Mulchen sollte man rings um die Pflanzen immer etwas Abstand halten

❹ Winterschutz am Beispiel von Rosen. Das in den Boden gesteckte Fichtenreisig eignet sich sehr gut. Zum Schutz von Stauden legt man das Fichtenreisig locker darüber

❺ Die welken Stengel von Wildstauden schneidet man besser erst im Frühjahr heraus; das gilt erst recht, wenn sie Fruchtschmuck tragen

## Stauden

Während der Blütezeit von höher wachsenden Arten sollte man verblühte Teile regelmäßig herausschneiden oder mit der Hand abknipsen. Das fördert die Nachblüte. Bei manchen Polsterstauden kann man nach der Blüte etwa ein Drittel der Triebe einkürzen, damit die Pflanzen buschiger werden. Höher wachsende Arten wie Aster und Waldgeißbart fallen unter Umständen mit ihren Blütenstielen nach außen. Wenn dies störend auf andere Arten wirkt, sollte die Pflanze mit Stäben und Schnüren oder mit Hilfe von umgeknickten Zweigen gestützt werden.

Nach dem Ende der allgemeinen Blütezeit schneiden viele Gärtner ihre Stauden bis knapp über den Boden zurück. Wildstauden brauchen diese Behandlung erst im Frühjahr, nach dem Beginn des Austriebs. Die abgestorbenen Stengel stören nämlich nicht und sehen im Winter gar nicht so schlecht aus. Außerdem bieten sie Insekten einen guten Überwinterungsort. Wichtig ist es, immergrüne Vertreter, wie das Immergrün und die Christrose, in trockenen Wintern ab und zu mit etwas Wasser zu versorgen.

Die wichtigsten Unterschiede beim Mähen von Kräuterrasen und Blumenwiesen werden ab Seite 80 genau erläutert.

## Sträucher und Hecken

Wildsträucher schneidet man am besten von Mitte Oktober bis Mitte März zurück. Kleinsträucher wie Ginster, Salbei, Lavendel und Heidearten können auch gut direkt nach der Blüte gekürzt werden. Dadurch wachsen sie buschiger. Einzelsträucher in einer locker wachsenden Hecke werden in der Regel im Abstand von drei bis sechs Jahren stark zurückgenommen, das heißt auf Stock gesetzt. Sie treiben dann wieder neu aus und verjüngen sich. Bei dieser Schnittart brauchen die Pflanzen allerdings etwas Zeit, um wieder ihre ursprüngliche Form zu bekommen. Geeignet sind: Sommerflieder, Holunder, Weide und Kartoffelrosen.

Abb. 2 oben rechts zeigt einen nur ausgelichteten Strauch. Der Habitus der Pflanze bleibt erhalten, und es werden etwa vier bis sieben verzweigte Haupttriebe, im richtigen Abstand voneinander, stehen gelassen.

Zu dicht stehende, sich kreuzende oder reibende Äste können nach demselben Prinzip herausgenommen werden. Auf keinen Fall sollte man Sträucher einfach gerade abschneiden, da sich dann ein undurchdringliches Astgewirr entwickeln würde.

Immergrüne Sträucher wie Liguster, Buchsbaum und Stechpalme vertragen den Rückschnitt am besten von Mai bis Juni. Nadelgehölze wie Kiefern und Fichten lassen sich nur im Mai an den Jahrestrieben etwas einkürzen.

Alle immergrünen Pflanzen sollten auch im Winter mit Wasser versorgt werden. Gegen Wind- und Schneebruch kann man zum Beispiel den Wacholder im Winter zusammenbinden. Sehr empfindliche Arten erhalten einen Winterschutz mit Fichtenzweigen.

Formhecken werden je nach Wuchsstärke ein- bis zweimal im Jahr zurückgenommen, und zwar schon von Anfang an. Dadurch wachsen sie bereits im unteren Bereich dicht und buschig.

## Mulchen

Das Abdecken des Bodens mit in der Regel verrottbaren Materialien nennt man Mulchen. Unter Hecken, Bäumen und Büschen bietet sich das Mulchen mit dem sich langsam zersetzenden Rindenmulch an. Auch Holzhäcksel ist geeignet; die optimale Schichtdicke liegt bei 5–10 cm.

Mulchen verhindert einen starken Wildkräuterwuchs, und der Boden bleibt gleichmäßig feucht. Da das Mulchmaterial den Pflanzen Nährstoffe entzieht, sollte man vor dem Aufbringen und eventuell alle zwei Jahre die Pflanzen düngen.

# Vermehrung von Gehölzen

Bei vielen Sträuchern und Kletterpflanzen ist es relativ leicht, sie selbst zu vermehren. Außer der Aussaat gibt es einfache Methoden, direkt von einer Pflanze, der sogenannten Mutterpflanze, junge Gewächse zu gewinnen. Dazu eignen sich Steckhölzer, Stecklinge und Absenker.

## Absenker und Ausläufer

Viele Pflanzen zeigen ein natürliches Regenerationsvermögen, indem sie Ausläufer bilden, die man einfach abtrennen kann. Man hat dann im Prinzip schon eine bewurzelte Jungpflanze.

Beim Absenken muß etwas nachgeholfen werden. Man biegt einen Seitentrieb auf den Boden herunter und schneidet ihn an der Kontaktstelle kurz ein. Diese Stelle wird mit Erde bedeckt, nachdem man den Trieb am Boden fixiert hat. An der Schnittstelle bilden sich bald kleine Wurzeln. Vor dem Einpflanzen trennt man den Absenker von der Mutterpflanze ab.

## Steckhölzer

Die ebenfalls gebräuchlichen Bezeichnungen „Frühjahrssteckling" und „harter Steckling" deuten schon auf die Methode hin. Dazu werden im Herbst (September) Triebteile von ausgereiften und verholzten Pflanzen geschnitten. Sie haben eine Durchschnittslänge von 25 cm und sind etwa bleistiftdick. Man wählt am besten unverzweigte Äste und teilt sie in Stücke. Der untere Schnitt liegt schräg unter einer Knospe, der obere ca. 2–3 cm überhalb einer anderen Knospe. Zu dünnes Holz ist nicht geeignet.

Die so geschnittenen Hölzer legt man zu einem Bündel zusammen und schlägt sie ein. Dabei ist die Wuchsrichtung zu beachten. Nachdem die Bündel in der Erdgrube stehen beziehungsweise liegen, wird mit lockerer Erde aufgefüllt und eventuell zusätzlich mit Fichtenreisig abgedeckt. Ein Einschlag funktioniert auch ebenerdig, indem man einen Hügel aufschüttet.

Im folgenden Frühling werden die Steckhölzer, die über den Winter einen Wundverschluß gebildet haben, in Töpfe oder, bei günstigen Voraussetzungen, gleich an Ort und Stelle gesetzt. Man pflanzt die einzelnen Steckhölzer so tief in die Erde, daß nur zwei obere Knospen zu sehen sind. Jetzt heißt es abwarten, bis bei ca. 80 % der Hölzer Blätter erscheinen. Wenn die Höl-

| Vermehrungsarten von Gehölzen | | | | | |
|---|---|---|---|---|---|
| **Deutscher, botanischer Name** | **Ausläufer** | **Absenker** | **Steckholz** | **Steckling** | **Aussaat** |
| **Felsenbirne** (Amelanchier ovalis) | | | | ◆ | ◆ |
| **Berberitze** (Berberis vulgaris) | | | | ◆ | ◆ |
| **Buchsbaum** (Buxus sempervirens) | | | | ◆ | |
| **Hartriegel** (Cornus sanguinea) | ◆ | ◆ | ◆ | ◆ | ◆ |
| **Weißdorn** (Crataegus monogyna) | | | | | ◆ |
| **Knöterich** (Fallopia aubertii) | | | ◆ | | |
| **Stechpalme** (Ilex aquifolium) | | | | ◆ | ◆ |
| **Liguster** (Ligustrum vulgare) | | | ◆ | ◆ | ◆ |
| **Heckenkirsche** (Lonicera xylosteum) | | | | ◆ | ◆ |
| **Purpurweide** (Salix purpurea) | | | ◆ | | |
| **Schwarzer Holunder** (Sambucus nigra) | ◆ | | ◆ | ◆ | |
| **Eibe** (Taxus baccata) | | | | ◆ | ◆ |
| **Schneeball** (Viburnum opulus) | | | ◆ | | ◆ |

# Pflanzenpraxis
## Die wichtigsten Arbeiten

zer kräftig ausgetrieben haben, ist es auf jeden Fall Zeit, sie an Ort und Stelle zu setzen.

## Sommerstecklinge

Um Sommerstecklinge zu erhalten, schneidet man im Sommer (Mitte Juli bis Anfang September) krautige bis halbverholzte Abschnitte von 7–10 cm Länge. Es handelt sich dabei nur um die Spitzentriebe der ausgewählten Sträucher. Sie werden bis zur halben Länge in einen Topf mit Anzuchterde gesteckt (Mischung: ⅓ Kompost, ⅓ Sand, ⅓ Gartenerde). Vorher entfernt man die unteren Blätter. An einem hellen, geschützten und luftfeuchten Standort bewurzeln sie.

## Aussaat

Samen oder Früchte von verschiedenen Wildgehölzen werden zunächst in Wasser eingeweicht. Nach der Entfernung der Fruchthülle kommt der reine Samen zum Vorschein. Die Samen kommen dann in eine Kiste mit feuchtem Sand, werden gut gemischt und über den Winter ins Freie gestellt (= Stratifizieren). Der Frost „knackt" die Samen auf, und im Frühling wird dann einfach in eine Schale mit Erde gesät.

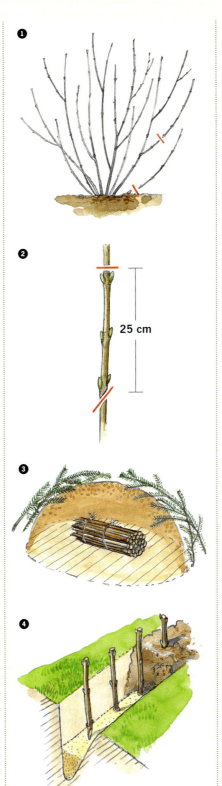

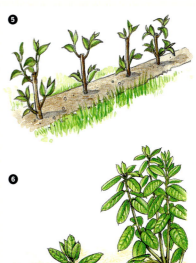

**Steckhölzer:**

❶ Abschneiden der ausgereiften und verholzten Triebteile

❷ Die Triebteile haben eine Durchschnittslänge von 25 cm

❸ Einschlag der Steckholzbündel für die Überwinterung

❹ Bei günstigen Voraussetzungen können die Steckhölzer gleich an Ort und Stelle gesetzt werden. Dabei unbedingt die Wuchsrichtung beachten!

❺ Sind die ersten kräftigen Laubblätter da, kann man umsetzen

**Absenker:**

❻ Trieb herunterbiegen, unten einschneiden und am Boden fixieren. An der Schnittstelle, die mit einem Steinchen offengehalten wird, bilden sich Wurzeln

59

# Vermehrung von Stauden und Kleingehölzen

Stauden und Kleingehölze pflanzen wir in Beeten, Steinanlagen, Kräuterecken, Gehölzsäumen und auf Freiflächen. Bei der Anlage größerer Flächen kann es günstig sein, sich einen Teil der Pflanzen selbst heranzuziehen. Die wichtigsten Methoden sind Aussaat, Teilung und Stecklingsvermehrung.

## Teilung

Für die Teilung braucht man entweder eine gut ausgewachsene Einzelstaude im eigenen Garten, oder man bekommt von Nachbarn oder Freunden eine Teilpflanze geschenkt. Die Arbeit des Teilens fällt von Zeit zu Zeit sowieso an, weil dadurch Stauden, Gräser und Farne wieder besser von innen austreiben und sich verjüngen. Auch Blumenzwiebeln und Knollen bekommt diese Maßnahme gut.

Der beste Zeitpunkt ist der beginnende Austrieb, außer bei Pflanzen, die im Frühling blühen. Man hebt dazu einfach den Wurzelballen der Pflanze mit einer Grabgabel oder einem Spaten aus dem Boden. Der Ballen wird jetzt mit den Händen auseinandergezogen oder -gerissen, so daß mehrere kleine Teilpflanzen entstehen. Bei sehr hartnäckigen Pflanzenarten kann man mit einem Messer oder dem Spaten nachhelfen. Jedes Teilstück muß mehrere kleine Knospen und genügend Wurzeln besitzen. Die Teilstücke kommen jetzt wieder in die Erde, oder sie können vorübergehend in Töpfen gehalten werden.

Viele Zwiebel- und Knollengewächse zeigen an der Hauptzwiebel beziehungsweise -knolle kleine Brutknöllchen. Diese kann man nach dem Einziehen des Laubs entfernen und in Töpfen weiterziehen, bis daraus größere Exemplare geworden sind.

## Aussaat

Bei der Aussaat direkt in den vorbereiteten Boden spricht man von einer Aussaat ohne Vorkultur. Dazu wird in das glatt gerechte Saatbeet eine Rille gezogen und der Samen mit den Fingern vorsichtig hineingestreut. Die Rillen werden mit Erde bedeckt und etwas angedrückt. Zum Schluß gießt man an.

## Vermehrungsarten von Stauden

| Deutscher, botanischer Name | Aussaat Freiland | Aussaat mit Vorkultur | Lichtkeimer | Dunkelkeimer | Kaltkeimer | Teilung | Steckling |
|---|:-:|:-:|:-:|:-:|:-:|:-:|:-:|
| **Eisenhut** (*Aconitum*-Arten) | | ◆ | | ◆ | ◆ | ◆ | |
| **Geißbart** (*Aruncus dioicus*) | | ◆ | ◆ | | ◆ | ◆ | |
| **Heidenelke** (*Dianthus deltoides*) | | ◆ | ◆ | | | ◆ | |
| **Diptam** (*Dictamnus albus*) | | ◆ | | ◆ | ◆ | | |
| **Storchschnabel** (*Geranium pratense*) | ◆ | ◆ | | ◆ | | ◆ | ◆ |
| **Gelbes Sonnenröschen** (*Helianthemum nummularium*) | | ◆ | ◆ | | | | ◆ |
| **Christrose** (*Helleborus foetidus*) | | ◆ | | ◆ | ◆ | ◆ | |
| **Tüpfeljohanniskraut** (*Hypericum perforatum*) | | ◆ | ◆ | | | ◆ | ◆ |
| **Iris** (*Iris*-Arten) | ◆ | ◆ | | ◆ | ◆ | ◆ | |
| **Dauerlein** (*Linum perenne*) | ◆ | ◆ | ◆ | | | | ◆ |
| **Moschusmalve** (*Malva moschata*) | ◆ | ◆ | | ◆ | | | |
| **Echtes Seifenkraut** (*Saponaria officinalis*) | | ◆ | | ◆ | | ◆ | ◆ |
| **Königskerze** (*Verbascum*-Arten) | | ◆ | ◆ | | | | |

**Pflanzenpraxis**
*Die wichtigsten Arbeiten*

Bei der Aussaat mit Vorkultur sät man in vorbereitete Saatkisten, siebt etwas Erde darüber, gießt an und deckt die Kiste eventuell noch mit einer Glasplatte ab. Diese Methode wird bei empfindlichem Saatgut angewendet.

Saatgut mit der Bezeichnung „Lichtkeimer" benötigt unbedingt Licht, es darf in diesem Fall nicht mit Erde abgedeckt werden. Dunkelkeimer dagegen brauchen unbedingt eine Erdabdeckung. Kaltkeimer kann man getrost dem Frost aussetzen, wie es oben bei der Gehölzaussaat beschrieben wurde.

## Stecklinge

Staudenstecklinge sind vorwiegend Kopfstecklinge. Sie werden ähnlich wie die Sommerstecklinge der Gehölze geschnitten, also an den Triebspitzen. Besonders kleinstrauchig wachsende Stauden wie Heidekraut, Salbei und Thymian lassen sich auf diese Weise gut vermehren. Auch Kletterpflanzen wie die Waldrebe können so vermehrt werden. Der beste Zeitpunkt für den Stecklingsschnitt ist das Frühjahr. Die Erde sollte nicht zu feucht und nicht zu trocken sein.

Manche Staudenarten wie Königskerze, Beinwell und Flockenblume lassen sich auch durch kleingeschnittene Wurzelteile weitervermehren.

Staudenteilung:
❶ Den Wurzelballen aus dem Boden herausheben
❷ Den Ballen auseinanderziehen. Notfalls mit einem Messer oder Spaten nachhelfen
❸ Die Teilstücke sofort wieder einpflanzen

❹ Der 5–7 cm lange Kopfsteckling kommt in nährstoffarmes Substrat unter eine Folie
❺ Aussaat: Man zieht eine Rille in das Saatbeet und streut den Samen vorsichtig hinein
❻ Die Rillen wieder mit Erde bedecken und etwas andrücken

61

# Pflanzen leben gern zusammen

Pflanzen leben in der Natur gesellig, in sogenannten Pflanzengemeinschaften. Bestimmte Bedingungen wie Bodenart und -struktur, Feuchtigkeit, Lichtverhältnisse, Wind, bereits vorhandener Bewuchs und möglicherweise eine Nutzung durch Mensch und Tier geben den darin lebenden Gewächsen einen Rahmen, auf den sie sehr genau abgestimmt sind. Besonders im Naturgarten ist es wichtig, diese Rahmenbedingungen genau zu ergründen, um erfolgreich neue Artengemeinschaften anzusiedeln. In der nahegelegenen Natur sind solche Gemeinschaften am besten kennenzulernen und dann eventuell in den eigenen Garten übertragbar. Da gibt es die Schattenpflanzen im Wald, Hecken mit Staudensäumen, Feldränder und Wiesen mit ihrer Vielfalt, Schotterwege und ehemalige Schuttplätze mit den sogenannten Ruderalpflanzen und vielleicht auch feuchte Gräben und natürliche Uferzonen. Innerhalb dieses Rahmens gibt es Arten, die sich vielfältig in die bestehenden Bedingungen einfügen und sich daher auch im Naturgarten einfach einplanen lassen. Das Weidenblättrige Ochsenauge wächst sowohl im sonnigen Kalkmagerrasen als auch im Saum von Gebüschen – und sogar unter Eichen. Es gibt andererseits auch Spezialisten, die sich wegen ihrer besonderen Lebensgrundlagen nur zum Teil in Naturgärten einfügen lassen.

Günstiger und naturnaher ist es sicherlich, die bestehenden Bedingungen im Garten als Grundlage für die gewünschte Bepflanzung zu sehen.

Die folgenden Seiten beschreiben Zusammenstellungen für bestimmte Pflanzräume mit anpassungsfähigen Pflanzen und sollen zum Nachahmen einladen.

*Bild links:*
**Das Ochsenauge bringt gelbe Blüten hervor**

*Bild rechts:*
**Pflanzen in Gesellschaft: Salbei und Ochsenauge**

**Pflanzengemeinschaften**
*Pflanzen leben gern zusammen*

**Pflanzengemeinschaften**

*Pflanzen leben gern zusammen*

# Bäume und ihr Unterwuchs

Gärten werden älter und mit ihnen auch die gepflanzten Bäume und Sträucher. Dadurch verändern sich die Raum- und Lichtverhältnisse, was dem ganzen Garten ein zum Teil waldähnliches Aussehen geben kann. Schließt sich daran wirklich noch ein kleines Wäldchen oder beim Nachbarn ein ähnlicher Waldteil an, ist ein flächiges Refugium für Waldpflanzen und die entsprechenden Tiere geschaffen. Holzwespen und Laufkäferarten sind typische Bewohner solcher Waldstandorte mit Bruchstücken von Ästen und alten Baumstümpfen. Wer einen solchen Schattenplatz unter großen Baumarten oder in einem waldähnlichen Gartenteil hat, kann kleinen Sträuchern und vor allem Stauden und Zwiebelblumen einen passenden Platz geben. Auch hier gilt: Je genauer die Kenntnisse bezüglich Kalkgehalt, Lichtverhältnisse und Bodenbeschaffenheit sind, um so besser gelingen die Anpflanzungen.

**Dieses Staudenbeet wird vom Frauenmantel dominiert, der auch im Schatten oder Halbschatten gedeiht. Bei dem weiß blühenden Storchschnabel handelt es sich um die Sorte 'Album'**

# Schattenstandorte im Vergleich

Die typischen Kennzeichen der Lebensbereiche Gehölz und Gehölzrand sind:

- wenig Wurzelraum
- Fallaub und Tropfenfall
- höhere Luftfeuchtigkeit
- Mullboden
- mehr oder weniger ausgeprägte Schattenpartien

Je dunkler der Schatten, um so geringer ist die Auswahl an Pflanzen, die zur Verfügung steht. Mit etwa 10 % des normalen Lichteinfalls kommen noch Efeu, Waldmeister und Sauerklee aus. Die entsprechenden Lebensbereiche finden wir im Randbereich von immergrünen Gehölzen oder unter sehr dichten Baumbeständen.

Der helle und lichte Schatten bietet den meisten Stauden und noch einigen Sträuchern gute Lebensbedingungen. Gerade laubabwerfende Bäume sind für einige frühjahrsblühende Gewächse ideal. Im Frühling fällt noch viel Sonne durch die lichten Kronen, es ist genügend Feuchtigkeit vorhanden. Buschwindröschen, Maiglöckchen oder Lungenkraut können ganze Flächen überdecken. Obwohl Kiefern Nadelbäume sind, herrscht in Kiefernwäldern ebenfalls lichter Schatten. Heidelbeere und Besenheide fühlen sich hier wohl.

Hell und teilweise sogar sonnig sind auch sogenannte Schlagflächen. Damit sind Stellen in Baumgruppen gemeint, auf denen durch Windbruch oder Fällarbeiten eine Lichtung entsteht. Dort ist eine ganz besondere Vegetation anzutreffen. Der Rote Holunder, der zweijährige Fingerhut und das Waldweidenröschen bevorzugen solche Plätze. Wer in seinem Garten einen Kahlschlag hat, kann dort eine sehr dekorative Pflanzenvielfalt ansiedeln.

„Waldähnliche" Verhältnisse kommen im Garten gelegentlich auch auf schattigen Mauerseiten oder neben Einfahrten vor, an denen sehr wenig Sonne einstrahlt, so daß es kühl und feucht ist.

### Leben in Abhängigkeit

Bäume im Wald oder in waldähnlichen Situationen leben im Wurzelbereich im Austausch beziehungsweise in Symbiose mit Pilzgeflechten. Dieses für uns meist unsichtbare Phänomen beeinflußt natürlich auch die darunter liegende Strauch- und Krautschicht.

Die Pflanzen bilden mit den Wurzeln der Bäume und deren Pilzgeflechten lebendige Einheiten. Deshalb wächst nicht jede Staude und nicht jeder Strauch unter jedem beliebigen Baum. Bei den vorgestellten Pflanzenkombinationen werden natürlich nur passende Kombinationen vorgestellt.

## Wie wird gepflanzt?

Nach der Auswahl der für die schattige Gartenecke passenden Pflanzen beginnt die Praxis, das Einpflanzen. Zunächst wird der Boden pflanzfertig gemacht. Das kann bedeuten, auch Wurzelkräuter wie zum Beispiel Giersch und Schachtelhalm an den zu bepflanzenden Stellen mit allen Wurzeln auszugraben. Dadurch bekommen die neuen Pflanzen genügend Raum, sich zu entfalten. Später wird sich eine natürliche Balance entwickeln. Unter Bäumen kann der meist verwurzelte Erdboden nur leicht gelockert werden.

Die beste Pflanzzeit für immergrüne Sträucher und Stauden liegt im September (bis Anfang Oktober) und auch im April. Gräser und Farne bilden eine Ausnahme; sie wachsen im Frühling am besten an. Laubabwerfende Sträucher können an einem frostfreien Tag im Oktober und November oder im März und April gesetzt werden.

In der Reihenfolge der Pflanzarbeiten kommen große Pflanzen zuerst, das heißt die Sträucher, dann größere Waldpflanzen wie zum Beispiel Geißbart und danach die kleinen Arten wie beispielsweise Waldmeister. Die Blumenzwiebeln und Knollen bilden den Abschluß. Beim Pflanzvorgang wird jeder Pflanze ein für den Wurzelballen ausreichend großes Pflanzloch ausgehoben. Der Boden dieses Lochs kann mit Laub-, Nadel- oder Komposterde aufgefüllt werden. Nun stellt man die Pflanze in das vorbereitete Loch, und zwar so, daß sie in derselben Höhe wie vorher im Topf zu stehen kommt. Die Wurzeln dürfen dabei nicht abknicken. Noch fehlende Erde wird an den Rändern aufgefüllt und die Pflanze einmal gut angedrückt. Jetzt, unmittelbar nach dem Einsetzen, ist es Zeit, alle Pflanzen einmal kräftig anzugießen.

In waldähnlichen Pflanzungen mit naturnahem Charakter gehört zum Abschluß der Pflanzarbeiten das Mulchen: Schichtdicke 4–7 cm. Diese Maßnahme erleichtert das Anwachsen und bessert den vorhandenen Boden auf. Dazu eignet sich frischer Rindenmulch, wie er sonst gern verwendet wird, nicht. Er paßt eigentlich kaum zu dem typischen Waldsaum. Besser sind kompostierter Holzhäcksel, Laub- oder Nadelerde. Zeigen die Pflanzen im Frühling einen kräftigen Neuaustrieb, braucht sie der Naturgärtner eigentlich nur noch zu beobachten, um störende Wildkräuter durch Ausstechen zurückzuhalten. Später weisen dann auch die frisch gepflanzten Setzlinge die nötige Durchsetzungskraft auf.

Mit den Jahren entwickelt sich ein eigenes Pflanzenbild. Es sollte nicht durch äußere Eingriffe wie Hacken oder sogar Düngen gestört werden.

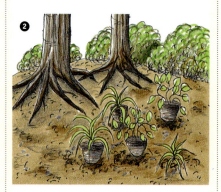
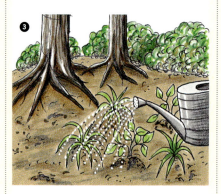

**Unterpflanzung von Bäumen:**
❶ Den Boden unter den Bäumen mit der Grabgabel so gut wie möglich lockern
❷ Vor dem Pflanzen die Ballenpflanzen in ausreichenden Abständen auf der Fläche verteilen
❸ Nach dem Pflanzvorgang noch einmal kräftig angießen

## Unterpflanzung von Einzelbäumen

Auf den folgenden Seiten werden spezielle Schattenstandorte vorgestellt. Der Hinweis auf passende Pflanzen stellt nur eine Auswahl dar, die Übergänge sind fließend. In vielen Gärten trifft man auf schön gewachsene Bäume, denen eigentlich nur der rechte Unterbau fehlt. Die Klage der Gartenbesitzer: „Darunter wächst so gar nichts" ist in diesen Fällen oft zu hören. Gerade auf solchen etwas schwierigen Standorten bietet uns die Natur Wildpflanzen, die kahle Flächen in einen schönen Pflanzenteppich verwandeln können. Voraussetzung ist ein nicht zu trockener Boden. Natürlich sind es vorwiegend flächendeckende Stauden, die unter älteren Bäumem verwendet werden. Ist die Fläche groß genug, können auch einzelne Großstauden wie Waldgeißbart, Salomonssiegel oder Wurmfarn eine Pflanzung beleben.

Bei einer stark durchwurzelten Fläche ist der Boden allerdings nur schwer zu lockern. Hier kann – wie oben bereits erwähnt – eine aufgetragene Schicht von Laub- oder Nadelerde oder auch kompostiertem Holzhäcksel (je nach Baumart) den neu gesetzten Pflanzen gute Startbedingungen verschaffen. Wenn bereits eine Streuschicht vorhanden ist, pflanzt man in diese

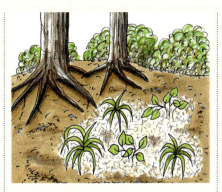

**Eine empfehlenswerte Dauerpflegemaßnahme ist das Mulchen der Fläche mit einer etwa 5 cm dicken Schicht**

hinein. Die Blumen brauchen das Laub- oder Nadelstreu, um sich wie im Wald heimisch zu fühlen. Bäume, die sehr flach wurzeln, wie zum Beispiel Kastanie, Robinie und Fichte, gelten als wenig staudenfreundlich. Hier bietet sich das Auffüllen mit Erde besonders an. Folgende Pflanzen eignen sich als Flächendecker:

- Haselwurz *(Asarum europaeum)*
- Hohler Lerchensporn *(Corydalis cava)*
- Efeu *(Hedera helix)*
- Nieswurz, Christrose *(Helleborus viridis)*
- Goldnessel, breitet sich stark aus! *(Lamiastrum galeobdolon)*
- Große Schlüsselblume *(Primula elatior)*
- Lungenkraut *(Pulmonaria officinalis)*
- Scharbockskraut *(Ranunculus ficaria)*
- Beinwell *(Symphytum tuberosum)*
- Immergrün *(Vinca minor)*

Eine pflegeleichte und dekorative Zusammenstellung ergeben:

- Frauenmantel *(Alchemilla mollis)*, nicht direkt heimische Art.
- Storchschnabel *(Geranium sanguineum)*
- Braunelle *(Prunella grandiflora)*

## Schattige Gartenteile

Das Besondere an diesen luft- und bodenfeuchten sowie kühlen Plätzen im Naturgarten, an denen die Sonne nur zeitweise Einlaß findet, ist der tiefgründige Boden ohne die Konkurrenz von vielen Baumwurzeln. Teilweise entstehen solche Nischen entlang von schattigen Mauern, Zäunen, Wegrändern und Einfahrten. Die fehlende Konkurrenz der Großen ermöglicht meistens ein großzügiges Wachstum in waldähnlichen Lebensbereichen.
Pflanzenauswahl:

- Gelber Eisenhut *(Aconitum vulparia)*
- Waldgeißbart *(Aruncus dioicus)*
- Streifenfarn *(Asplenium trichomanes)*
- Waldtrespe *(Bromus ramosus)*
- Waldsegge *(Carex sylvatica)*
- Wurmfarn *(Dryopteris filix-mas)*
- Walderdbeere *(Fragaria vesca)*
- Waldmeister *(Galium odoratum)*
- Echte Nelkenwurz *(Geum urbanum)*
- Waldmarbel *(Luzula sylvatica)*
- Duftveilchen *(Viola odorata)*

## Pflanzen für laub- und nadelwaldähnliche Standorte

| Deutscher, botanischer Name | lichter Laubwald | lichter Nadelwald | frischer Standort | trockener Standort | kalkhaltiger Boden | saurer Boden | Bemerkungen |
|---|---|---|---|---|---|---|---|
| **STAUDEN** | | | | | | | |
| **Gelber Eisenhut** (Aconitum vulparia) | ◆ | | ◆ | | | | kühle Standorte |
| **Bärlauch** (Allium ursinum) | ◆ | | ◆ | | | ◆ | – |
| **Buschwindröschen** (Anemone nemorosa) | ◆ | ◆ | ◆ | | | | Rhizompflanze |
| **Waldanemone** (Anemone sylvestris) | | ◆ | ◆ | ◆ | ◆ | | besonders Kiefernwälder |
| **Gefleckter Aronstab** (Arum maculatum) | ◆ | | ◆ | | | | tiefgründige Böden |
| **Waldgeißbart** (Aruncus dioicus) | ◆ | | ◆ | | | | auch schattige Hänge |
| **Haselwurz** (Asarum europaeum) | ◆ | | ◆ | | ◆ | | – |
| **Frauenfarn** (Athyrium filix-femina) | ◆ | | ◆ | | | ◆ | Lehmböden |
| **Waldtrespe** (Bromus ramosus) | ◆ | ◆ | ◆ | | ◆ | | Lehmböden |
| **Riesensegge** (Carex pendula) | ◆ | | ◆ | | | | auch nasse Böden |
| **Maiglöckchen** (Convallaria majalis) | ◆ | | ◆ | | ◆ | | tiefgründige Böden |
| **Bunte Kronwicke** (Coronilla varia) | ◆ | | ◆ | | | | tiefgründige Böden |
| **Hohler Lerchensporn** (Corydalis cava) | ◆ | | ◆ | | | | Lehmböden |
| **Alpenveilchen** (Cyclamen purpurascens) | ◆ | | ◆ | ◆ | ◆ | | auch steinige Böden |
| **Fingerhut, mehrjährig** (Digitalis grandiflora und D. lutea) | | ◆ | ◆ | ◆ | ◆ | ◆ | Waldlichtungen |
| **Fingerhut, zweijährig** (Digitalis purpurea) | | | ◆ | | | ◆ | sandig-steiniger Boden |
| **Weidenröschen** (Epilobium angustifolium) | | | ◆ | | | ◆ | Lehmböden, Lichtungen |
| **Waldmeister** (Galium odoratum, früher Asperula) | ◆ | | ◆ | | ◆ | | flachwurzelnd |
| **Ruprechtskraut** (Geranium robertianum) | ◆ | ◆ | ◆ | | | | an Mauern, Felsen |
| **Gundermann** (Glechoma hederacea) | ◆ | ◆ | ◆ | ◆ | | | an Rändern |
| **Nieswurz, Christrose** (Helleborus foetidus) | ◆ | | ◆ | ◆ | ◆ | | Lehmböden |
| **Nieswurz** (Helleborus viridis) | ◆ | | ◆ | | ◆ | | Stein- und Lehmböden |
| **Goldnessel** (Lamiastrum galeobdolon) | ◆ | ◆ | ◆ | | ◆ | ◆ | stark ausbreitend |
| **Türkenbundlilie** (Lilium martagon) | ◆ | | ◆ | | ◆ | | Luftfeuchtigkeit |
| **Waldmarbel** (Luzula sylvatica) | ◆ | ◆ | ◆ | | | ◆ | will wenig Konkurrenz |
| **Schattenblümchen** (Maianthemum bifolium) | ◆ | ◆ | ◆ | | | ◆ | Lehmböden |
| **Straußfarn** (Matteuccia struthiopteris) | ◆ | | ◆ | | | | auch nasse Böden |
| **Sauerklee** (Oxalis acetosella) | ◆ | ◆ | ◆ | | | ◆ | Lehmböden |
| **Salomonssiegel** (Polygonatum multiflorum) | ◆ | | ◆ | | | | lockere Böden |
| **Schlüsselblume** (Primula veris) | | | ◆ | | ◆ | | Lehmböden, trocken |
| **Lungenkraut** (Pulmonaria angustifolia) | ◆ | | ◆ | ◆ | | | auch sandige Böden |
| **Küchenschelle** (Pulsatilla vulgaris) | | | ◆ | ◆ | ◆ | | lichte Kiefernwälder |
| **Scharbockskraut** (Ranunculus ficaria) | ◆ | | ◆ | | | | Flachwurzler |
| **Beinwell** (Symphytum officinale und S. tuberosum) | ◆ | | ◆ | | ◆ | | auch sonniger |
| **Immergrün** (Vinca minor) | ◆ | | ◆ | | | | in Lehmböden |
| **Duftveilchen** (Viola odorata) | ◆ | | ◆ | ◆ | | | Blüten duften |
| **STRÄUCHER** | | | | | | | |
| **Seidelbast** (Daphne mezereum) | ◆ | ◆ | ◆ | | ◆ | | Beeren giftig! |
| **Stechpalme** (Ilex aquifolium) | ◆ | ◆ | ◆ | | | | vor allem unter Buchen |

## Pflanzengemeinschaften
*Pflanzen leben gern zusammen*

## Unterpflanzung von laub- und nadelwaldähnlichen Standorten

Die Tabelle auf der nebenstehenden Seite zeigt die Pflanzenvielfalt für Flächen unter Laub- oder Nadelbäumen. Auch hier gibt es natürlich fließende Übergänge, und zum Teil findet man die Pflanzen bei ausreichender Feuchtigkeit und genügend Sonnenlicht auch an Heckenrändern oder auf Wiesen.

## Kahlschläge

Typisch für Kahlschläge oder Schlagflächen sind wechselsonnige Standorte, umgeben von Bäumen oder Sträuchern. In der Natur sind Schlagflächen nur übergangsweise zu finden. Mit den Jahren wachsen dort wieder Büsche und Bäume. Pflanzengruppen, die gerne Kahlschläge besiedeln, gefallen vor allem aufgrund ihrer Farben:
- zweijähriger Fingerhut in Rosa
- mehrjähriger Fingerhut in Gelb
- Waldweidenröschen in Rosa
- Echte Goldrute in Gelb

Zu ihnen gesellen sich gerne Wurmfarn, Waldgeißbart und Ruprechtskraut. Die wichtigsten Sträucher auf Schlagflächen sind der Schwarze und Rote Holunder, die Tollkirsche (giftig!) und wilde Himbeeren und Brombeeren.

❶ Seidelbast
  (Daphne mezereum)
❷ Sauerklee
  (Oxalis acetosella)
❸ Braunelle
  (Prunella grandiflora)
❹ Maiglöckchen
  (Convallaria majalis)
❺ Natternkopf
  (Echium vulgare)
❻ Stechpalme
  (Ilex aquifolium)

# Sträucher und Hecken mit Staudensaum

Sträucher und Hecken sind auf fast jedem Grundstück zu finden. Sie bilden im Garten meist die Übergänge: sowohl in bezug auf die Optik als auch auf den Lebensraum von Tieren und Pflanzen. In jedem Falle erfüllen Hecken, die aus aufeinander folgenden Bäumen oder Sträuchern bestehen können, wichtige Funktionen:

- Sichtschutz
- Zaunersatz oder Abgrenzung
- optische Trennung
- Schutz vor Wind, Staub, Regen und Lärm
- stabiles Kleinklima
- Nahrung und Unterschlupf für die heimische Tierwelt

Nicht alle Gartenbesitzer haben den nötigen Raum oder auch das Interesse an einer breiten Wildgehölzhecke, die der Natur ein Optimum an Vielfältigkeit bietet. Ein etwa 4 m breiter Feldgehölzstreifen wird im Reihenhausgarten nur schwer umzusetzen sein. Ein großer Garten, der in die Landschaft eingebunden ist, läßt eine breite Wildgehölzhecke eher zu. Sie kann zum Teil sogar den Zaun ersetzen. Es gibt außer dieser Wildheckenform für Naturgartenfans mit kleinen Gärten auch andere Möglich-

keiten, Hecken einzuplanen. Ein Beispiel hierfür ist eine geschnittene Formhecke mit heimischen Sträuchern, die zumindest einen Teil der oben genannten Vorteile bietet. Nicht jeder wird eine solche Hecke als Element des Naturgartens für gut erachten. Doch eingedenk der immer kleiner werdenden Gartengrundstücke sind optisch sinnvolle Lösungen, wie zum Beispiel solche Formhecken (eventuell mit Staudensaum), durchaus praktikable Vorschläge. Die im folgenden vorgestellten vielfältigen Heckenformen sollen Naturgartenliebhabern und auch Hobbygärtnern, die sich erst der Naturgartenidee annähern wollen, gleichermaßen Anregungen geben.

## Formhecken

Formhecken zeigen meist streng geschnittene Konturen. Je nach gewünschter Breite pflanzt man sie ein- oder zweireihig und beschneidet sie von Anfang an. Dadurch bleiben sie überall schön dicht und buschig. Sie können in einer geraden Linie gepflanzt werden, oder auch in geschwungenen Linien. Sogar Halbkreise sind möglich, um dahinter zum Beispiel eine Sitzecke einzuplanen. Im Bauerngarten sind kleine Buchsbaumeinfassungen als Miniaturhecken anzutreffen. Kleine Hecken, als Abgren-

zung zu Straßen und Wegen oder entlang einer Einfahrt oder eines Eingangs, können aus Kartoffelrosen, Buchsbaum oder kurz gehaltenen Rotbuchen geformt werden. Je nach Höhe einer Hecke sind 30–100 cm Breite für diesen Zweck vorzusehen.

Schmale Formhecken können aus einer einzigen Art, aus regelmäßig angeordneten Gruppen mehrerer Arten oder auch ganz locker zusammengesetzt werden. Besonders ruhig wirken Immergrüne wie Eibe, Liguster und Wacholder. Auch Hainbuchen, Rotbuchen, Berberitzen oder Feldahorn bringen mit ihren regelmäßigen Grüntönen Ruhepunkte in die Vielfalt des Natur- und Wildgartens. Die Hecken vertragen auch einen Formschnitt. Die Oberkante der Hecke kann gerade, in sanften Wellenlinien oder an den Eckpunkten in Form von Kugeln oder Pyramiden geschnitten sein.

## Formhecken mit Staudensaum

Es wirkt sehr natürlich, wenn man einer ein- oder zweireihigen Formhecke auf einer oder zu beiden Sei-

**Mit vielen rot-gelben Farbtupfern lockert eine Wildrose die Holunderhecke auf**

**Pflanzengemeinschaften**
*Pflanzen leben gern zusammen*

ten einen Staudensaum anfügt. Die Breite sollte mindestens 50 cm (maximal 150 cm) betragen. Es gibt für jeden Standort und Boden eine große Zahl heimischer Wildblumen und Sträucher, die sich hier gut zusammen einbringen lassen. Der ruhige Hintergrund einer Eibenhecke mit einer Höhe von 1,50–2,00 m kann in halbschattiger Lage mit Blumen in den Farben Weiß, Rosa und Blau aufgelockert werden. Im Frühling wachsen zum Beispiel Lerchensporn und Frühlingsplatterbse, dazwischen kommt das frische Laub des Wurmfarns zur Geltung, danach folgen Salomonssiegel und Waldgeißbart, Fingerhut und Waldglockenblume. Eine Herbstanemone bringt den letzten Blütenzauber im Herbst.

## Strauchhecken

Strauchhecken bestehen aus zum Standort passenden Straucharten, die in einer oder zwei Reihen gepflanzt werden. Eng gepflanzt, beträgt der Abstand ca. 1 m. Sollen die Einzelsträucher betont werden, wählt man einen Abstand von 1,50–2,00 m. Reine Strauchhecken umfassen Sträucher in Höhen von 2–4 m und Kleinsträucher als Randbepflanzung. Diese Strauchanlagen wirken vor allem durch ihre unterschiedlichen Blattfarben und -formen, die Herbstfärbung,

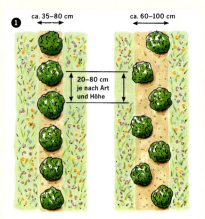

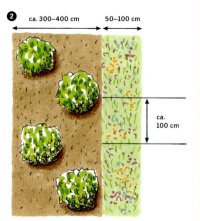

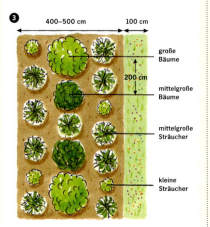

**Pflanzpläne:**
❶ Links eine einreihige, rechts eine zweireihige Formhecke
❷ Zweireihige Strauchhecke
❸ Feldgehölz

die Blüten und Früchte. Dazwischen gepflanzte immergrüne Arten haben im Winter ihren Auftritt. Für eine einreihige Strauchhecke ist meist mit einem Platzbedarf von mindestens 2 m in der Breite zu rechnen, zweireihige Hecken dieser Art brauchen 3–4 m Raum zur Entfaltung. Viele Sträucher vertragen im Abstand von drei bis fünf Jahren einen kräftigen Rückschnitt. Sie werden Anfang bis Mitte März „auf Stock" gesetzt, das heißt bis auf 10–15 cm abgesägt. Haselnuß, Hartriegel und Liguster zum Beispiel treiben danach von unten kräftig aus und verjüngen sich. Solche Schnittmaßnahmen sollten möglichst nicht bei allen Pflanzen einer Hecke auf einmal durchgeführt werden. Besser ist es, nur jede dritte bis vierte Pflanze oder nur einen Bereich von 3–4 m Länge auf Stock zu setzen.

## Strauchhecken mit Saum

Die oben vorgestellte ein- und zweireihige Strauchhecke kann, wie die Formhecke auch, Gesellschaft in Form eines Staudensaums bekommen. Dadurch erhöht sich der Platzbedarf auf 4–5 m in der Breite. Je nach Licht-, Feuchtigkeits- und Bodenverhältnissen bieten sich für den Saum vielerlei Staudenkombinationen an. Im Garten wächst eine Strauchhecke mit

74

## Pflanzengemeinschaften
*Pflanzen leben gern zusammen*

Staudensaum am besten entlang einer Grenze, eines Zauns oder einer Mauer. Ein Übergang zu einem interessanten Weg, einer Wiese oder einem Kräuterrasen zum Spielen wäre denkbar.
Mit einigen Einschränkungen kann diese Heckenform durchaus auch noch in kleineren Gärten verwirklicht werden.

### Feldgehölze

Der Begriff „Feldgehölz" bezeichnet mehrreihige Heckenformen, die große und mittlere Bäume, stark, mittelstark und schwach wachsende Sträucher und an den Rändern jeweils eine Krautschicht umfassen. Wer einen solchen, mindestens 4–5 m breiten Gehölzstreifen in den eigenen Garten integrieren kann, bietet der Tier- und Pflanzenwelt den bestmöglichen Entfaltungsraum, verglichen mit den bisher vorgestellten Heckenformen.
Mittlere und große Bäume werden einreihig im Wechsel gesetzt. Da sie dicht ineinanderwachsen sollen, genügt ein Abstand von ca. 2 m. Hainbuche, Birke, Salweide, Eberesche und Taubenkirsche zählen zu den mittelgroßen Bäumen, die in die mittlere Reihe passen würden. Dazwischen können in etwa 3–4 m Abstand auch Sträucher zur Höhenstaffelung eingebaut

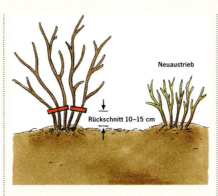

**Auf Stock setzen:**
**Der Strauch wird 10–15 cm über dem Boden abgeschnitten**

werden. Zu einer oder zu beiden Seiten findet nun im Abstand von 1–2 m eine Reihe Sträucher unterschiedlichster Art ihren Platz. Meistens bieten die beiden Gehölzseiten verschiedene Bedingungen in bezug auf Sonne und Bodenfeuchtigkeit, die auch bei der Auswahl der Büsche berücksichtigt werden sollten. Die Südwestseite ist eher trocken und warm und bietet Schlehe, Besenginster, Wildrose und Berberitze einen geeigneten Lebensraum. Auf der Nordostseite fühlen sich eher der Gemeine Schneeball, der Faulbaum und die Eibe wohl. Zu beiden Seiten hin entwickelt sich eine Krautschicht, die unterschiedlich breit ausfallen kann. Sie beherbergt im Süden Stauden aus dem Lebensbereich Trockengebüsch. Die Nordseite präsentiert sich eher feuchtkühl. Die groß angelegte Heckenform des Feldgehölzes braucht zum Erhalt ihrer typischen Struktur auf

jeden Fall einen Rückschnitt der Sträucher, teilweise auch der Bäume. Nur so kann man verhindern, daß irgendwann einmal ein richtiger Wald entsteht. Im Durchschnitt sollten einzelne Partien alle vier bis sechs Jahre „gelüftet", das heißt zurückgeschnitten werden. Der Vorgang des „Aufstocksetzens" wurde bei der Strauchhecke schon erwähnt. Bäume mit einer Krone vertragen Rückschnitt nur im Kronenbereich, ältere Hainbuchen und Haselnüsse treiben dagegen gerne von unten wieder aus.
Bäume und Sträucher, die „auf Stock" gesetzt werden können:
- Grauerle *(Alnus incana)*
- Hainbuche *(Carpinus betulus)*
- Kornelkirsche *(Cornus mas)*
- Haselnuß *(Corylus avellana)*
- Ein- und zweigriffliger Weißdorn *(Crataegus)*
- Pfaffenhut *(Euonymus europaea)*
- Esche *(Fraxinus excelsior)*
- Schlehe *(Prunus spinosa)*
- Stieleiche *(Quercus robur)*
- Schwarze Johannisbeere *(Ribes nigrum)*
- Wildrosen *(Rosa)*
- Weiden *(Salix)*
- Schwarzer Holunder *(Sambucus nigra)*
- Roter Holunder *(Sambucus racemosa)*

Viele Wildgehölze vertragen einen leichten Rückschnitt, Nadelbäume dagegen kaum.

## Hecken aus Astschnitt

Eine Hecke im Sinne des oben beschriebenen Feldgehölzes kann auch zum Nulltarif in größeren Gärten angelegt werden. Mit dem angrenzenden Staudensaum wären 4–5 m Breite einzuplanen. Auf die Mitte dieses vorgesehenen Heckenstreifens wird einfach ein ca. 1 m hoher und 1–2 m breiter Wall aus Baumschnittmaterial aufgehäufelt.

Bei Schnittarbeiten der umliegenden Feldgehölze fällt dieses Rohmaterial im März bei den örtlichen Gemeinden oder bei Naturschutzverbänden an. Daher ist die beste Zeit für die Anlage dieser Hecke der Frühling.

Schon einige Wochen später gibt es ein reges Treiben in diesem Asthaufen. Vögel leben dort sehr gerne und bringen im Laufe der ersten Jahre mit ihrem Kot auch die Samen der umliegenden Bäume und Sträucher ein. Die Samen keimen somit gleich an Ort und Stelle. Gelegentlich treiben auch Aststücke, zum Beispiel von Weiden, aus.

Das erste Jahr wachsen vom Rand bis in den Holzhaufen hinein besonders die Blumen. Im zweiten und dritten Jahr haben sich dann schon kleine Sträucher und Bäume durch das Astgewirr gearbeitet. Nach fünf bis sieben Jahren ist in der Regel schon ein Feldgehölz gewachsen.

Die Idee für diese Heckenform hatte Hermann Benjes, nach dem sie auch „Benjeshecke" genannt wird.

## Gemischte Strauchhecke mit Staudensaum im Halbschatten

Die in der Tabelle aufgeführte Pflanzenauswahl wurde speziell für eine ein- oder zweireihige Strauchhecke zusammengestellt.

### Pflanzen für eine gemischte Strauchhecke mit Staudensaum im Halbschatten (nach Höhen gestaffelt)

| Deutscher, botanischer Name | Höhe (m) | Immer-grün | Blüte-zeit | Blüten-farbe | Frucht | Bemerkungen |
|---|---|---|---|---|---|---|
| **Wildkirsche** (Prunus avium) | 5–15 | | IV–V | weiß | schwarze Kirschen | Frucht süß, Herbstfärbung |
| **Holzapfel** (Malus sylvestris) | 3–10 | | V–VI | weiß/rosa | grüngelb | Frucht wenig genießbar |
| **Salweide** (Salix caprea) | 3–10 | | III–V | gelb | unscheinbar | Bienenweide |
| **Gemeiner Schneeball** (Viburnum opulus) | 1–4 | | V–VI | weiß | rote Beeren | – |
| **Haselnuß** (Corylus avellana) | 2–8 | | III–V | – | Nüsse | männl. und weibl. Pflanze zusammensetzen |
| **Schwarzer/Roter Holunder** (Sambucus nigra, S. racemosa) | 3–5 | | IV–V | weiß/gelb | rote Beeren, schwarze Beeren | nur schwarze Beeren gekocht zu verwenden |
| **Stechpalme** (Ilex aquifolium) | 2–5 | ◆ | V–VI | weiß | rote Beeren | Beeren nicht genießbar |
| **Liguster** (Ligustrum vulgare) | 1–3 | ◆ | VI–VII | weiß | schwarze Beeren | Beeren giftig! |
| **Alpenjohannisbeere** (Ribes alpinum) | 1–2 | | IV–V | grüngelb | rot | Blüten duften |
| **Strauchefeu** (Hedera helix 'Arborescens') | 0,50 | ◆ | IX–X | grüngelb | grünschwarz | Vorpflanzung, Beeren ungenießbar |
| **Gemeine Waldrebe** (Clematis vitalba) | variabel | | VI–X | weiß | – | Kletterpflanze, Herbstfärbung |
| **Straußfarn** (Matteuccia struthiopteris) | 1 | | – | – | – | als Vorpflanzung |
| **Knoblauchsrauke** (Alliaria petiolata) | 0,50 | | IV–VIII | weiß | – | Blätter mit knoblauch-artigem Geschmack |
| **Knäuelglockenblume** (Campanula glomerata) | 0,50 | | VI–VII | blauviolett | – | auch leicht sonniger Standort |
| **Gefleckte Taubnessel** (Lamium maculatum) | 0,30 | ◆ | IV–IX | rosa | – | teilweise wintergrün, Ausläufer! |

## Pflanzengemeinschaften
*Pflanzen leben gern zusammen*

Der Standort sollte im Halbschatten liegen, also nicht den ganzen Tag der vollen Sonne ausgesetzt sein. Ein mittelschwerer Boden, der auch im Sommer nicht stark austrocknet, wäre für die Pflanzen von Vorteil. Die untersten sechs Arten fühlen sich besonders im Schatten wohl und könnten daher gut an den sonnenabgewandten Rand der Strauchhecke gepflanzt werden. In der Hecke sind mittelgroße Bäume, mittelhohe und kleine Straucharten, eine Kletterpflanze und Schattenstauden zusammengefaßt. Die Bäume sollten bei der Pflanzung erst in einigem Abstand wiederholt werden. Die Sträucher können in der genannten Reihenfolge einzeln oder in Gruppen zu zweit oder zu dritt kombiniert werden. Im Abstand von 4–5 m findet dann eine Waldrebe Klettermöglichkeiten an Sträuchern und Bäumen. Der Straußfarn kommt besonders in Gruppen von drei bis fünf Pflanzen zur Geltung. Knoblauchsrauke, Knäuelglockenblume und Taubnessel haben in noch größeren Verbänden (fünf bis zehn Pflanzen) gute Startbedingungen. Die Taubnessel hat einen großen Ausbreitungsdrang. Deshalb ist es ratsam, sie von Zeit zu Zeit abzustechen, um den Nachbarpflanzen genügend Raum zu lassen.

❶ Eibe
   (Taxus baccata)
❷ Knäuelglockenblume
   (Campanula glomerata)
❸ Rote und Weiße Taubnessel
   (Lamium maculatum/L. album)
❹ Knoblauchsrauke
   (Alliaria petiolata)
❺ Straußfarn
   (Matteuccia struthiopteris)
❻ Liguster
   (Ligustrum vulgare)

# Hecke für einen sonnigen Standort

Strauchhecken für sonnige Plätze, wie zum Beispiel als Abgrenzung zu Zäunen oder anderen Gartenteilen, sind in vielen Gartenanlagen denkbar. Die in der untenstehenden Tabelle vorgestellten Pflanzenarten bevorzugen einen kalkreichen Boden, der ruhig trocken und steinig sein kann.

Wählt man die entsprechende Hecke als optische Abgrenzung am Ende eines Gartens, kann bei enger Pflanzung sogar auf einen Zaun verzichtet werden. Die Strauch- und Baumreihe könnte im Abstand von ca. 3 m zur Grenze ihren Verlauf nehmen. Davor wären dann noch 1–2 m Raum für den Staudensaum, der in diesem Falle zumindest halbtags besonnt sein

sollte. Ist der gesamte Gehölzstreifen zum Beispiel nur etwa 10 m lang, könnte der eine Eckpunkt mit Feldahorn und Flieder und der andere mit dem Flieder allein betont werden.

Sinnvoll über die Pflanzfläche verteilt, bekommen etwa zwei Wacholder ihren Platz in der Hecke. Im lockeren Abstand von 1–2 m müssen nun noch die übrigen Gehölze eingeplant werden. Davor sind dann die sieben verschiedenen Staudenarten anzuordnen. Um Hecke und Staudensaum einen Rahmen zu geben, könnten die Außenkanten der vorgesehenen Fläche des Staudensaums mit einer niedrigen Buchsbaumhecke (Endhöhe 30 cm) eingefaßt werden. Besonders in den Herbst- und Wintermonaten kommt dann dieser Buchsbaumrahmen voll zur

Geltung, mit dem Wacholder und dem immergrünen Schneeball im Hintergrund.

Eingebettet in diesen dreiseitigen Rahmen präsentieren sich die Stauden. Dabei werden sie am besten nach Blütezeiten arrangiert. Die Wilde Tulpe kommt in den Randbereich und blüht als erste unter den Stauden. Wer Ergänzung wünscht, kann mit Osterglocken und Traubenhyazinthen die Dauer der Frühlingspracht verlängern. Im Juni beginnt die Glockenblume ihr Farbenspiel in Lilablau und paßt im farblichen Kontrast zum gelben Labkraut. Neben diesem kommt der Dost gut zur Geltung. Das intensive Rosa der Moschusmalve kann daran anschließen. Auch Ehrenpreis in Blau und die Bergaster in Violett bilden gemeinsam mit dem gelben Labkraut eine reizvolle

| Deutscher, botanischer Name | Höhe (m) | Immergrün | Blütezeit | Blütenfarbe | Frucht | Bemerkungen |
|---|---|---|---|---|---|---|
| **Feldahorn** (Acer campestre) | 5–15 | | V | gelbgrün | Nüßchen | Herbstfärbung |
| **Berberitze** (Berberis vulgaris) | 1–3 | | V–VI | gelb | rote Beeren | Beeren gekocht eßbar |
| **Kornelkirsche** (Cornus mas) | 2–5 | | III–IV | gelb | rote Beeren | Beeren gekocht eßbar |
| **Gemeiner Wacholder** (Juniperus communis) | 2–3 | ◆ | – | – | blau | Gewürzpflanze |
| **Schlehe** (Prunus spinosa) | 1–3 | | III–IV | weiß | violette Beeren | Beeren nach dem ersten Frost verwertbar |
| **Gemeiner Flieder** (Syringa vulgaris) | 3–10 | | V | lila/weiß | – | eingebürgerte Art |
| **Wolliger Schneeball** (Viburnum lantana) | 2–5 | ◆ | IV–V | weiß | rote Beeren | in Gruppen pflanzen |
| **Bergaster** (Aster amellus) | 0,50 | | VII–IX | violett | – | braucht Kalk |
| **Glockenblume** (Campanula persicifolia) | 0,80 | | VI–VIII | violett | | braucht Kalk |
| **Echtes Labkraut** (Galium verum) | 0,50 | | VI–X | gelb | – | braucht Kalk |
| **Moschusmalve** (Malva moschata) | 0,60 | | VII–IX | rosa | | Blüte auffallend |
| **Dost, Majoran** (Origanum vulgare) | 0,40 | | VI–IX | rosa | – | Gewürzpflanze |
| **Wilde Tulpe** (Tulipa sylvestris) | 0,20 | | IV | rot/gelb | | zieht nach der Blüte ein |
| **Ehrenpreis** (Veronica spicata) | 0,40 | | VII–VIII | blau | – | möglichst trocken |

**Pflanzen für eine gemischte Strauchhecke mit Staudensaum in voller Sonne**

## Pflanzengemeinschaften
### Pflanzen leben gern zusammen

Kombination. Ein paar Herbstastern könnten den Reigen zum Herbst hin schließen, und dann folgen die roten Beeren des Wolligen Schneeballs, der Kornelkirsche und der Berberitze.

Nach dem ersten Frost fallen die reifüberzogenen Schlehenfrüchte auf. Sie können auch für die Saft- oder Likörzubereitung ins Haus geholt werden.

Gelegentlich findet man auf trockenen und sandigen Böden extrem wenig Kalk im Boden. Deshalb sind hier andere Pflanzenarten anzusiedeln.

Folgende Sträucher kommen hierfür in Frage:
- Lavendelheide *(Andromeda polifolia)*
- Besenheide *(Calluna vulgaris)*
- Kornelkirsche *(Cornus mas)*
- Schwarzer Ginster *(Cytisus nigricans)*
- Besenginster *(Cytisus scoparius)*
- Rote Heckenkirsche *(Lonicera xylosteum)*
- Traubenkirsche *(Prunus padus)*
- Mehlbeere *(Sorbus aria)*

Folgende Stauden passen:
- Wilde Möhre *(Daucus carota)*
- Heidenelke *(Dianthus deltoides)*
- Weißes Labkraut *(Galium mollugo)*
- Schillergras *(Koeleria glauca)*
- Hornklee *(Lotus corniculatus)*
- Tripmadam *(Sedum reflexum)*

❶ Bergaster *(Aster amellus)*
❷ Echtes Labkraut *(Galium verum)*
❸ Gemeiner Wacholder *(Juniperus communis)*
❹ Ehrenpreis *(Veronica spicata)*
❺ Wilde Tulpe *(Tulipa sylvestris)*
❻ Wolliger Schneeball *(Viburnum lantana)*

# Wiesen und Kräuterrasen

Irgendwann hat fast jeder Natur- und Wildgartenfreund schon einmal eine üppig blühende Blumenwiese gesehen und den Wunsch verspürt, diese Pracht auch in den eigenen Garten zu zaubern. Solche Wiesen sind eine Gabe der Natur, haben sich über Jahre hinweg entfaltet und sind leider nicht einfach „nachzubauen". Wie viele Gartenfreunde haben schon in freudiger Erwartung bunte Päckchen mit Wildblumenwiesen ausgesät und sich dann nur ein Jahr an dem roten Mohn, den weißen Margeriten und blauen Kornblumen erfreut? Diese einjährigen Wildblumen bleiben nämlich in den nächsten Jahren aus, und dann beherrscht zunächst vor allem das einfache Grün die neue „Wildblumenwiese". Diese problematische und jahrelange Umstellungszeit stellt uns auf eine harte Geduldsprobe. Nur wenige können diese langwierige, aber natürliche Entwicklung akzeptieren. Vielleicht sind deshalb in manchen Kreisen die Schwärmereien für üppige blühende Blumenwiesen verstummt.

Und doch stellt eine solch bunte Wiese eine interessante Herausforderung dar. Es muß nur gelingen, die eigenen Wünsche den tatsächlichen Gegebenheiten anzupassen, um sich dann nach Jahren über das Resultat zu freuen. Außerdem sollte man sich nicht unbedingt auf eine Blumenwiese versteifen. Es gibt so viele Zwischenstufen: von dem im Naturgarten allerdings wenig geschätzten Rasen über Kräuterrasen und einjährige Blumenbeete bis hin zu ganz speziellen Wiesentypen wie die Feuchtwiese oder den Trockenrasen. In dieser Auswahl wird für alle Gartentypen etwas passendes zu finden sein.

## Unterschiede zwischen Rasen und Wiese

Die Begriffserklärungen für „Rasen" und „Wiese" sollen einleitend eine gewisse Übersicht ermöglichen. Der klassische **Rasen** besteht vorwiegend aus Gräsern nur weniger Arten und hat eine relativ geringe Durchwurzelungsschicht. Er sollte eine geschlossene Fläche ergeben, die für Spiel und Sport genutzt werden kann. Zu den regelmäßig anfallenden Arbeiten gehören ein regelmäßiger Schnitt, das Aufreißen der Grasnarbe (vertikutieren), häufig auch das Düngen und Wässern. Die Monokultur von nur wenigen Gräsern hat dem Rasen unter Naturgärtnern einen schlechten Ruf eingebracht.

Mehr in Richtung Vielfalt und Leben geht ein sogenannter **Kräuterrasen.** Der oben beschriebene Rasen wird weniger intensiv gemäht und gepflegt.

Düngen und Wässern fallen weg. Dadurch behält der Rasen seine Funktion als Trittrasen, wird aber durch eine Vielzahl von Blumen aufgewertet. Diese haben sich durch Rosettenwuchs (zum Beispiel Löwenzahn und Gänseblümchen) oder durch die hohe Wuchskraft dem häufigen Mähen und Betreten angepaßt.

Der nächste Schritt zur Blumenwiese wäre die Anlage einer einjährigen Wiese, man könnte sie auch als **Wildblumenbeet** mit einjährigen Ackerwildkräutern bezeichnen. Die Kräuter werden in jedem Frühling erneut gesät. Die entsprechenden Samenmischungen sind im Handel erhältlich. An den Rändern von Kräuterrasen lassen sich auch Säume mit Wiesenblumen ansiedeln.

Ab einer Größe von ca. 100 m² wird dann die Anlage einer **Blumenwiese** interessant. Sie ist weniger zum Betreten geeignet und mehr auf artenreiche Pflanzengemeinschaften ausgerichtet.

Eine Wiese besteht vor allem aus Blumen und weniger aus Gräsern.

**Der Weg führt durch eine typische Trockenwiese in voller Sonne**

## Pflanzengemeinschaften
*Pflanzen leben gern zusammen*

## Feuchte Wiesen

Feuchtwiesen passen am besten in Gärten, die in der Nähe eines Gewässers liegen. Denkbar sind auch Grundstücke mit Mulden oder Senken. Diese Vertiefungen entstehen häufig auf ganz natürliche Weise, manchmal aber auch bei Bauarbeiten. An diesen Stellen sammelt sich das Wasser gern, zum Beispiel nach einem Regen, und sickert nur langsam in den Untergrund. Feuchtwiesen brauchen in jedem Fall viel Sonne.

Wer Lust hat, kann an der tiefsten Stelle noch einen Feuchtgraben einplanen. Dort ergänzen dann Pflanzen des Lebensbereiches Uferrand das Bild, wie zum Beispiel die Sumpfdotterblume oder sogar eine Rarität wie das Gefleckte Knabenkraut.

Zuerst sind bei der Planung der Kalkgehalt und der Nährstoffgehalt des geplanten Wiesenstandortes zu prüfen. Danach kann eine gezielte Auswahl der Pflanzen getroffen werden. Um sich ein Bild von einer typischen Zusammensetzung der Pflanzen zu machen, bietet sich die genaue Beobachtung der nahegelegenen Wiesen an. Meist verhilft das Vorbild dieser Wiesen zu mehr Erfolg, als wenn willkürliche Experimente gemacht werden. Gesetzt den Fall, ein Kräuterrasen auf einem tiefgründigen, feuchten Lehmboden soll zu einer Feucht-

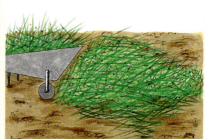

**Pflanzung kleiner Flächen:**

❶ Zunächst den Rasen abmagern, indem häufig gemäht wird

❷ Für die Neupflanzung 1–2 m² große Rasenstücke entfernen

❸ In die mit magerem Boden aufgefüllte Fläche kommen nun die in Töpfen erhältlichen Pflanzen

❹ Am Anfang müssen nicht gewünschte Wildkräuter konsequent entfernt werden

**Mulchen mit Grasschnitt:**

❺ Der Boden der etwa 5–10 m² großen und von den Grassoden befreiten Fläche wird mit der Grabgabel gelockert

❻ Nun wird die frische Wiesenmulchschicht aufgebracht

## Pflanzengemeinschaften
*Pflanzen leben gern zusammen*

wiese werden. Dann empfiehlt es sich, im Jahr vor der Umsetzung des Plans erst einmal viel zu mähen und das Mähgut abzutransportieren. Dadurch magert man den Boden ein wenig ab. Es bieten sich nun drei Varianten der Umstellung an, die man übrigens bei allen Wiesenarten hat:

- Pflanzung kleiner Flächen
- Mulchen mit dem frischen Grasschnitt passender Wiesenarten
- Neuansaat der Wiese (siehe S. 85)

### Pflanzung kleiner Flächen

Nach dem häufigen Mähen, wie in Abb. 1 gezeigt, werden in dem bestehenden Kräuterrasen beziehungsweise in der Wiesenfläche 1–2 m² große Flächenstücke spatentief ausgegraben und die Grassoden entfernt (Abb. 2). In diese, mit magerem Boden aufgefüllten Flächen kommen nun in Töpfen erhältliche Pflanzen (Abb. 3). Sieben bis zehn Pflanzen pro Quadratmeter sind ausreichend. Viele Spezialfirmen bieten auf den Standort abgestimmte Zusammenstellungen an.

Beste Pflanzzeit ist April/Mai und Ende August/September. Zur Pflege gehören nun nur noch das Angießen und das Entfernen von anderen Wildkräutern, wie zum Beispiel Brennessel oder Klettenlabkraut (Abb. 4).

### Mulchen mit frischem Grasschnitt

Die Mulch-Methode ist recht preiswert. Man sucht sich in der näheren Umgebung eine Wiese, die von den Standortbedingungen her der neu anzulegenden Wiese ähnelt. Beim ersten Mähen bittet man den Landwirt um kleine Mengen der frisch gemähten Kräuter und Gräser. Sie werden sofort in Säcke verpackt, damit kein Samen ausfällt, und so bald wie möglich auf der vorbereiteten Fläche locker ausgelegt.

Die Flächenvorbereitung im einzelnen: Etwa 5–10 m² trägt man von der bestehenden Grasnarbe ab, der Boden wird mit der Grabgabel gelockert (Abb. 5) und schließlich die Heublumenmulchschicht aufgebracht (Abb. 6). Jetzt sind stete Kontrolle und auch etwas Fingerspitzengefühl bei der Pflege angesagt. Einerseits soll die Fläche unter dem Mulch feucht bleiben, andererseits darf die Mulchschicht oben nur trocknen, nicht aber faulen. Sobald die ersten jungen Pflänzchen zu sehen sind, wird die Mulchschicht stark gelichtet, damit sie Licht und Luft bekommen.

Bis zum Herbst haben sich dann einige der Wildblumen ausgebreitet, und im kommenden Jahr ist nur die wuchsstarke Konkurrenz durch Ausstechen in Schach zu halten. Mit dieser Methode können große Flächen Stück für Stück angelegt werden.

### Pflanzenauswahl

Feuchte Wiesen beherbergen je nach Nährstoffgehalt gerne Glatthafer oder Pfeifengras. Überhaupt siedeln sich die passenden Gräser sehr schnell an, die Kräuter und Blumen folgen etwas langsamer. Hier eine Aufstellung von Wiesenblumen für Feuchtwiesen:

- Wiesenkerbel (*Anthriscus sylvestris*)
- Wiesenschaumkraut (*Cardamine pratensis*)
- Kohldistel (*Cirsium oleraceum*)
- Mädesüß (*Filipendula ulmaria*)
- Wiesenstorchschnabel (*Geranium pratense*)
- Bachnelkenwurz (*Geum rivale*)
- Kleiner Bärenklau (*Heracleum sphondylium*)
- Wiesenschwertlilie (*Iris sibirica*)
- Kuckucksblume (*Lychnis flos-cuculi*)
- Wiesenknöterich (*Polygonum bistorta*)
- Große Schlüsselblume (*Primula elatior*)
- Wiesensauerampfer (*Rumex acetosa*)
- Taglichtnelke (*Silene dioica*)
- Beinwell (*Symphytum officinale*)
- Wiesenraute (*Thalictrum flavum*)
- Trollblume (*Trollius europaeus*)
- Baldrian (*Valeriana officinalis*)

## Trockene Wiesen und Rasenarten

Sandige Böden, trockene und steinige Flächen, die in voller Sonne oder sogar an einem Südhang liegen, sind die besten Voraussetzungen für eine trockene Wiese. Da die Wuchshöhe relativ niedrig ist, spricht man bei diesen Anlagen oft von Trockenrasen und Magerrasen. Nur wenn der Stickstoff- und Phosphorgehalt sehr gering ist, besteht die Möglichkeit, einen Trockenrasen anzulegen.

Im Kalkmagerrasen bestimmen der Kalkgehalt und ein starker Wechsel von Temperatur und Feuchtigkeit die Zusammensetzung der Pflanzen. Besonders krass ist dies an Süd- und Westhängen zu beobachten; das natürliche Vorbild wäre ein Kalkmager-Trockenrasen. An einem Nord- oder Osthang sind die Schwankungen von Wärme und Feuchtigkeit weniger ausgeprägt. Dort käme der Halbtrockenrasen in Betracht.

Eine völlig andere Artenzusammensetzung finden wir an Standorten mit saurem Sandboden. Hier herrschen ebenfalls Hitze und Trockenheit, aber die Pflanzen können durch tiefreichende Wurzelsysteme noch einiges an Feuchtigkeit aus tieferen Bodenschichten nutzen. Die Pflanzen des sogenannten Sandmagerrasens fühlen sich hier am wohlsten.

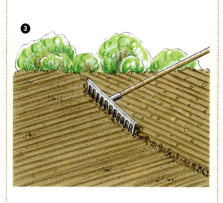

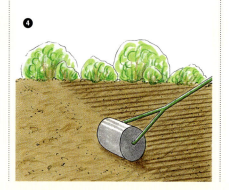

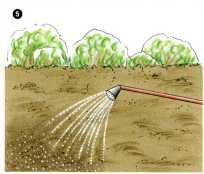

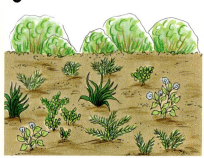

Wiesenansaat:

❶ Bei der Flächenvorbereitung wird der Boden zunächst gelockert und dann eingeebnet

❷ Für eine Blumenwiese braucht man etwa 5 g Samen pro Quadratmeter

❸ Den Samen mit dem Rechen etwas in den Boden einarbeiten

❹ Wegen des besseren Bodenschlusses sollte die ganze Fläche gewalzt oder mit Brettern festgetreten werden

❺ Man gießt die neu gesäte Wiese mit feinem Wasserstrahl an

❻ Schon nach einem Jahr sind viele Pflanzen aufgegangen

## Pflanzengemeinschaften
*Pflanzen leben gern zusammen*

Es gibt zwei Möglichkeiten, im Naturgarten solche artenreichen und wunderschön blühenden Trockenwiesen anzulegen. Entweder man hat bereits einen solchen, fast schon extremen Standort im Garten, oder man versucht, einen entsprechenden Standort zu schaffen. Dazu schüttet man zum Beispiel Hügel auf, die mit einer Drainage versehen sind, oder man trägt den Oberboden ab und bringt dann Schottermaterial ein. Dabei muß man beachten, daß selbst Anlagen, die mit großem Aufwand als Trockenstandort à la Natur eingerichtet wurden, auf lange Sicht wieder Veränderungen unterworfen sind. So wurzeln die Pflanzen zum Beispiel irgendwann in den vielleicht nährstoffreicheren und lehmigen Untergrund hinein, was letztendlich zu deren Ausbleiben führt. Oder das Geröll rutscht etwas ab, und es finden Bodenvermischungen statt. Jedenfalls ist die künstliche Anlage sehr aufwendig in bezug auf Arbeit, Zeit und Geld und sollte deshalb sehr gründlich geplant und ausgeführt werden.

### Pflanzen für einen Sandmagerrasen

Die Auswahl hängt mehr von der Bodenzusammensetzung ab als von der Sonneneinstrahlung und dem Kleinklima.
Die folgende Zusammenstellung wäre zum Beispiel auch für lichte Kiefernwälder geeignet:

- Astlose Graslilie
  (*Anthericum liliago*)
- Silbergras
  (*Corynephorus canescens*)
- Schafschwingel (*Festuca ovina*)
- Katzenpfötchen (*Nepeta cataria*)
- Mauerpfeffer (gelb und weiß)
  (*Sedum acre, S. album*)
- Tripmadam (*Sedum reflexum*)
- Hauswurzarten (*Sempervivum*)
- Kriechthymian
  (*Thymus serpyllum*)

### Pflanzen für einen Kalkmagerrasen

Folgende Pflanzen kommen in Frage:

- Genfer Günsel (*Ajuga genevensis*)
- Färberkamille
  (*Anthemis tinctoria*)
- Goldhaaraster (*Aster linosyris*)
- Zittergras (*Briza media*)
- Knolliges Mädesüß
  (*Filipendula vulgaris*)
- Grasschwertlilie (*Iris graminea*)
- Hornklee (*Lotus corniculatus*)
- Perlgras (*Melica transsilvanica*)
- Dost (*Origanum vulgare*)
- Kugelige Teufelskralle
  (*Phyteuma orbiculare*)
- Purpurrote Fetthenne
  (*Sedum telephium*)
- Gamander (*Teucrium chamaedrys*)
- Violette Königskerze
  (*Verbascum phoeniceum*)

### Neuansaat der Wiese

Im Kapitel über die Feuchtwiese wurden schon zwei Varianten einer Wildblumenanlage vorgestellt.

Jetzt soll die dritte Form, die Neuansaat, beschrieben werden. Besonders für die Vielfalt des Trockenrasens sind der nährstoffarme Boden und die genaue Kenntnis des Kalkgehalts wichtig.
Eine Magerwiese kann durch jahrelanges Mähen und Abrechen des Grasschnitts langsam „abgemagert" werden. Dann wird die Fläche zu einem Teil von der grasbewachsenen Oberfläche befreit und gut gelockert. Bei der Auswahl der Samen sollten für diesen Standort passende Mischungen vom Fachhandel bezogen werden. Man rechnet im Durchschnitt ca. 3–5 g/m². Die besten Zeiten für die Aussaat sind der Frühling oder der frühe Herbst. Die Samen können zur Arbeitserleichterung mit trockenem Sand gemischt und dann mit der Hand breitwürfig verstreut werden. Danach den Samen mit dem Rechen leicht einharken und den Boden dünn mit Sand oder Erde abdecken. Wie bei jeder Raseneinsaat ist auch hier das Anwalzen oder Festtreten mit Brettern erforderlich. Danach wird angegossen und dies je nach Wetterlage regelmäßig wiederholt.
Jetzt ist erst einmal Geduld gefragt, denn die Wiesenblumen haben teilweise eine sehr lange Keimzeit. Wir können nur die unerwünschte Konkurrenz von wuchsstarken Wildkräutern immer wieder herausnehmen.

# Kräuterrasen

Im Unterschied zum klassischen Schurrasen sind in Kräuterrasen außer Gräsern auch trittfeste Blumen und sogar Moos zu finden. Es wird nicht mit Düngern oder gar mit Unkrautvernichtungsmitteln gearbeitet. Der Kräuterrasen kann der Einstieg in eine spätere Blumenwiese sein. Je nach Bedarf wird er gerne zum Spielen genutzt und weniger oft als ein Zierrasen gemäht. Zum Abmagern ist auch hier das Abfahren des Grasschnitts ratsam. Die Schnitthöhe sollte etwas tiefer als bei einer Blumenwiese, etwa bei 5 cm, liegen. In einen Kräuterrasen können durch gezielte Anpflanzungen immer mehr Kräuter und Blumen eingebracht werden. Dies geschieht wie auf Seite 83 beschrieben. Viele Kräuter und Blumenzwiebeln sind dafür geeignet (siehe Tabelle).

## Das Mähen

Im Laufe der Jahre kann der Kräuterrasen ganz oder zumindest teilweise weniger oft gemäht werden. Doch solange der Anteil der mastigen Gräser relativ hoch ist, sollte diese sogenannte Fettwiese (wenig gemähter Kräuterrasen) noch häufiger als eine Wiese geschnitten werden. Erst wenn die Jahre des Abmagerns gewirkt haben, wird sich eine größere Anzahl von Blumen ansiedeln lassen, und der Schnittaufwand der so entstandenen Wildblumenwiese wird sich auf etwa drei Durchgänge pro Jahre beschränken. Egal ob es sich um einen Kräuterrasen, eine Fett- oder Blumenwiese handelt, es sollte immer nur ein Teil der Fläche an einem Tag, also nicht die ganze Wiese auf einmal bearbeitet werden. So können die verschiedenen Tiere noch schnell ausweichen. Wie oft sind bei der Wiesenmahd schon Blindschleichen oder Frösche verletzt worden. Vor allem der Rasenmäher erwischt leider viele Kleintiere. Der beste Schnittzeitpunkt für Blumenwiesen und Trockenrasen ist immer die Zeit nach der ersten Hochblüte, wenn sich schon Samenstände ausgebildet haben.

Die Schnitthöhe liegt hier bei 5–10 cm. Sumpfige und sehr trockene Wiesen erfordern den geringsten Schnittaufwand.

## Pflanzen für einen Kräuterrasen

| Deutscher, botanischer Name | Boden frisch | Boden trocken | Blütezeit | Blütenfarbe | Bemerkungen |
|---|:---:|:---:|:---:|:---:|---|
| **Günsel** (Ajuga reptans) | ◆ | | V–VII | blauviolett | auch im Halbschatten |
| **Gänseblümchen** (Bellis perennis) | ◆ | ◆ | ganzjährig | weiß | auch besonders trittfest |
| **Glockenblume** (Campanula rotundifolia) | ◆ | | VI–X | violett | gut geeignet auf wenig gedüngten Flächen |
| **Wiesenschaumkraut** (Cardamine pratensis) | ◆ | | IV–VI | weißrosa | Feuchtezeiger |
| **Krokus-Arten** (Crocus) | ◆ | ◆ | III–V | blau, gelb, etc. | – |
| **Heidenelke** (Dianthus deltoides) | | ◆ | VI–IX | rosa | braucht kalkarmen Boden |
| **Hornklee** (Lotus corniculatus) | | ◆ | V–VIII | gelb | liebt Wärme |
| **Poleiminze** (Mentha pulegium) | ◆ | | VII–X | rosa/violett | braucht kalkarmen Boden |
| **Narzissen-Arten** (Narcissus) | ◆ | ◆ | IV–VI | weiß und gelb | – |
| **Milchstern** (Ornithogalum umbellatum) | | ◆ | VI–VII | weiß | braucht Wärme |
| **Schlüsselblume** (Primula veris) | ◆ | ◆ | IV–V | gelb | im Frühling feucht, im Sommer trocken |
| **Scharbockskraut** (Ranunculus ficaria) | ◆ | | IV–VI | gelb | auch gut unter Bäumen |
| **Bergklee** (Trifolium montanum) | | ◆ | V–VII | weiß | braucht Kalk im Boden |
| **Ehrenpreis** (Veronica filiformis) | ◆ | ◆ | IV–V | blau | – |

## Pflanzengemeinschaften
*Pflanzen leben gern zusammen*

### Einjährige Blumenwiese oder Wildblumenbeet

Die üppig blühende Blumenwiese, die auf so vielen Abbildungen zu sehen ist, besteht auch zum Teil aus prächtig blühenden, meist einjährigen Wildblumen. Sie wachsen in natura als Ackerbegleitflora (Segetalflora). Dort haben sie sich dem Rhythmus der Ackerbestellung angepaßt. In unseren Gärten kann diese Farbenpracht ebenfalls zur Wirkung kommen, wenn wir sie so ansäen, wie es im Kapitel „Neuansaat der Wiese" auf Seite 85 beschrieben wird.

Spezielle Mischungen für einjährige Wiesen sind im Fachhandel erhältlich. Nach der Blüte wird die Wiese abgemäht und das Mähgut entfernt. Wer dort im kommenden Jahr nochmals eine solche Farbenpracht wünscht, kann im Spätherbst den Boden umgraben und im Frühling nach dem Auflaufen der Wildkräuter nochmals nachsäen.

Folgende Blumen eignen sich:
- Adonisröschen *(Adonis aestivalis)*
- Kornrade *(Agrostemma githago)*
- Kornblume *(Centaurea cyanus)*
- Saatwucherblume *(Chrysanthemum segetum)*
- Saatlein *(Linum usitatissimum)*
- Bitterlupine *(Lupinus lutea)*
- Einjährige Kamille *(Matricaria inodora)*
- Klatschmohn *(Papaver rhoeas)*

❶ Ehrenpreis (Veronica teucrium)
❷ Krokus (Crocus)
❸ Narzisse (Narcissus)
❹ Scharbockskraut (Ranunculus ficaria)
❺ Typische Artenvielfalt einer Blumenwiese
❻ Typische Pflanzengemeinschaft des Kräuterrasens

# Feuchtgebiete – Wasser im Garten

Viele Naturliebhaber und Gartenfreunde haben in den letzten Jahren den Reiz des Wassers entdeckt. Immer häufiger wird deshalb das Element Wasser in die Gartengestaltung integriert. Mit dem Begriff „Feuchtgebiete" sind in diesem Zusammenhang alle Anlagen gemeint, die irgendwie mit Wasser in Verbindung stehen.

Der grundsätzliche Gedanke, daß Wasser zum Garten und sogar zur Gartenkunst gehört, ist schon älter als viele glauben. Die Hängenden Gärten der Semiramis in Babylon konnten nur aufgrund ihres technisch erstaunlich hoch entwickelten Bewässerungssystems Berühmtheit erlangen. Und eine der ältesten Gartenanlagen der Welt, die in der Alhambra in Granada, zeigt, wie Wasserbecken und Wasserspiele zusammen mit den Pflanzen die ästhetische Ausdruckskraft dieser Innenhöfe steigern.

In der Gegenwart wird Wasser mehr nach dem Vorbild der Natur in den Garten integriert. Teiche, künstliche Bachläufe und Sprudelsteine sind in Mode gekommen. Darüber hinaus gibt es noch weitere Gestaltungsideen mit Wasser, die sich ohne großen Aufwand in einem Naturgarten einplanen lassen. Nicht alle sind optisch so auffallend wie ein Gartenteich. Dafür

schaffen sie aber einen Lebensraum für Pflanzen und Tiere, wie er in der freien Natur immer seltener zu finden ist. Nehmen wir zum Beispiel das Überschwemmungsgebiet. Im Garten könnte dafür ein kleines, tiefer gelegenes Areal vorgesehen werden, über das in Regenzeiten einmal der Ablauf der Regenrinne geführt wird. Ansonsten bleibt dieses Fleckchen Erde der Natur, also den Pflanzen und Tieren dieses Lebensraumes vorbehalten.

Die folgende Aufstellung gibt einen kurzen Überblick, was unter Feuchtgebieten in bezug auf den Garten verstanden werden kann:

- Stehende Gewässer, z. B. Teiche
- Uferzonen am Teich
- Fließende Gewässer, z. B. ein Bachlauf
- Ufer von fließenden Gewässern
- Feuchte Gräben (Rinnsale)
- Feuchte Senken oder Mulden
- Überschwemmungsgebiete
- Moore
- Feuchtwiesen
- Wasserbecken aller Art
- Wasserstellen mit fließendem Wasser, z. B. Quellsteine

## Teiche

Mit seinen verschiedenen Wassertiefen und Uferbereichen bietet der Teich viele Lebensräume für Pflanzen und Tiere. Pflegeleichter

wird er erst ab einer Wasseroberfläche von mehr als 10 m². Dann entspricht er auch eher dem Vorbild in der Natur, dem Weiher. Außer Folien gibt es noch die Möglichkeit, den Teich auch mit Lehmziegeln oder Tonmehlen abzudichten.

## Uferzonen am Teich

Pflanzen der Ufer- und Sumpfzonen wollen gerne „nasse Füße". Das Wasser ist dort immer in leichter Bewegung und wird so auch mit Sauerstoff versorgt. Es erwärmt sich schneller als in den tieferen Zonen. Der Uferrand sollte flach verlaufen, damit Pflanzen einen besseren Halt finden und Tiere bequem ein- und aussteigen können. Mit der Wassertiefe ändert sich auch die Pflanzenauswahl:

- Bis ca. 5 cm Tiefe wachsen: Wollgras, Baldrian und Sumpfveilchen.
- Bis etwa 25 cm Tiefe gedeihen: Kalmus, Froschlöffel und Schwanenblume.
- Bis ca. 45 cm Tiefe wachsen noch: Teichmummel, Wasserpest und Pfeilkraut.

**Feuchtwiesen passen am besten in Gärten, die in der Nähe eines Gewässers liegen**

## Pflanzengemeinschaften
*Pflanzen leben gern zusammen*

## Ufer von fließenden Gewässern

Auch an den Ufern fließender Gewässer stehen Pflanzen im Wasser. Das kräftige und tiefreichende Wurzelsystem muß dabei der Strömung standhalten. Im Gegensatz zum Ufer des Teichs ist das Wasser hier wesentlich kühler und meist auch sauerstoffhaltiger.

In einem normalen Garten findet man äußerst selten einen natürlichen Bachlauf oder gar ein Flußufer. In künstlich angelegten Bachläufen plätschert das Wasser oft über Steine oder ein Kiesbett, und eigentlich ist nur der Einlauf in ein Becken oder einen Teich mit einem natürlichen Bachlauf zu vergleichen, da hier die nötige Wassertiefe vorhanden ist.

An Bachrändern fühlt sich ein fast vergessenes Wintergemüse, die Brunnenkresse, sehr wohl. Sie braucht allerdings sauberes Wasser. Am Ufer gesellen sich noch gerne der Flutende Hahnenfuß und in flachen Uferzonen das Pfennigkraut dazu.

## Feuchte Gräben

In der freien Landschaft sind viele Entwässerungsgräben von feuchten Wiesen oder Äckern zu finden. Langsam fließendes Drainwasser ist die Lebensgrundlage der farbenfrohen Pflanzenwelt, die sich dort gerne ansiedelt. Im Garten könnte man beispielsweise den Überlauf eines Quellsteins in einen feuchten Graben mit leichtem Gefälle auslaufen lassen. Eine andere Idee hatte ein Naturgärtner, der einfach Regenwasser sammelte und einmal täglich durch seinen selbst angelegten Feuchtgraben laufen ließ. Liegt der Graben in voller Sonne, können die Pflanzen der feuchteren Stellen übergangslos in eine Blumenwiese hineinwachsen.

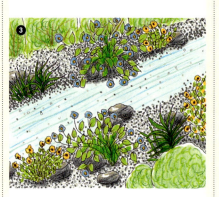

**Bepflanzung eines Uferstreifens:**
❶ Für jede Pflanze ein entsprechend großes Loch ausheben
❷ Zunächst wirkt die neue Bepflanzung noch etwas spärlich
❸ Mit den Jahren wächst der Uferbereich allerdings zu, so daß die Pflanzen ausgelichtet werden müssen

## Feuchte Senken oder Mulden

Es gibt im Grunde nur einen wesentlichen Unterschied zwischen einem Feuchtgraben und der feuchten Senke oder Mulde: in dem einen Fall fließt das Wasser, in dem anderen steht es. Die feuchte Mulde oder Senke ist eine Bodenvertiefung, in der das Niederschlagswasser über längere Zeit stehen bleibt. Gelegentlich entstehen solche Senken ganz von selbst, wenn zum Beispiel undurchlässige Tonschichten im Untergrund das Wasser nur verdunsten und nicht versickern lassen. Solche Stellen sind „ewig naß", und nur wenige der „herkömmlichen" Gartenpflanzen vertragen diese Staunässe. Beim Neu- oder Umbau eines Hauses oder auf alten Fahrwegen

entstehen ebenfalls oft Bodenver-
dichtungen, in denen bei Regen
Pfützen stehen bleiben. Wer
möchte, hat damit die besten Voraussetzungen für die Anlage eines
kleinen Feuchtgebietes.

## Überschwemmungsgebiete

Mit zwei Extremen müssen Pflanzen und Tiere dieses Standortes
leben können: Im Frühling und
Herbst können sie über kurz oder
lang bis zum Hals im Wasser
stehen, im Sommer dagegen steht
ihnen eventuell nur in der Tiefe
des Bodens Wasser zur Verfügung.
Rohrkolben, Wasserehrenpreis,
Igelschlauch, Uferhahnenfuß und
die Poleiminze haben sich diesem
Rhythmus angepaßt.
Die feuchte Senke oder Mulde
ähnelt in gewisser Weise dem
Überschwemmungsgebiet. Doch
sind beim Überschwemmungsgebiet die Unterschiede von Trocken
und Naß noch extremer. Wer in
seinem Garten eine kleine Fläche
als Überschwemmungsgebiet „frei-
geben" möchte, braucht nur eine
Senke, über die bei starkem Regen
das Wasser laufen kann. Hier hinein setzt man die passenden Pflanzen und überläßt alles Weitere der
Natur.

## Moore

Wer ein natürliches Moor in seinem Garten findet, ist ein Glücks-
pilz. Meistens sind es aber Naturliebhaber und -liebhaberinnen, die
diesen speziellen Lebensraum re-
konstruieren wollen. Dazu sind
eine künstliche Abdichtung und
eine besondere Erdzusammenset-
zung erforderlich. In dieser Moor-
erde kann man die entsprechenden Pflanzenspezialisten für saure,
feuchte und nährstoffarme Böden
ansiedeln: zum Beispiel Blutauge,
Geflecktes Knabenkraut und
Schmalblättriges Wollgras. Wenn
außerdem noch das Klima und die
Luftfeuchtigkeit des Gartens mit
dem Naturstandort eines Quell-,
Flach- oder Hochmoores überein-
stimmen, kann ein solches Vorhaben durchaus gelingen.
Allerdings stellt sich folgende Frage: Ist ein solch künstlicher Lebensraum mit dem entsprechend hohen
Aufwand in einem Naturgarten
überhaupt vertretbar? Diese Frage
muß jeder Naturgärtner und jede
Naturgärtnerin für sich allein beantworten.

## Wasserbecken

Feste Behältnisse sind eine relativ
einfache Möglichkeit, sich Wasser
in den Garten zu holen, vor allem,
wenn der Platz knapp ist. Stein-

tröge, Becken aller Art, Wannen
und Fässer können ebenerdig, in
Blickhöhe, direkt am Sitzplatz oder
in einem versteckten Gartenteil
ihren Platz finden. Je nach Wasser-
höhe kommen verschiedene Pflanzen dafür in Betracht und werden
in die Behälter eingepflanzt oder in
Körben eingesetzt. Geeignet sind
unter anderem: Pfeilkraut, Seekanne, Sumpfschachtelhalm und
Kalmus. Viele Tiere werden die
künstliche Wasserfläche nutzen,
ganz so, als ob sie schon immer da
gewesen wäre. Höhere Gefäße sollten einen Ausstieg für Tiere haben,
zum Beispiel ein Holzbrett mit
Querleisten. Die steilen Gefäß-
wände können sonst leicht zur
Todesfalle für Kleintiere werden.

## Wasserstellen mit fließendem Wasser

Wer fließendes Wasser im Garten
haben möchte, muß in der Regel
auf die Technik zurückgreifen. Vorstellbar ist zum Beispiel ein durch-
bohrter Stein oder ein alter Mahl-
stein, durch den Wasser von unten
nach oben quillt, um an der Seite
herunterzulaufen und schließlich
in einem Kiesbett zu versickern.
Die Anlagen samt Pumpe und
nötigem Zubehörmaterial sind
relativ einfach, beispielsweise in
der Nähe eines Sitzplatzes, einzu-
bauen.

# Ideen für eine Uferbepflanzung

Entlang eines langsam fließenden Bachlaufes oder Rinnsales oder auch unmittelbar neben einer Wasserstelle strahlt die Kombination von plätscherndem Wasser, dekorativen Materialien und naturnaher Bepflanzung einen ganz besonderen Reiz aus. Häufig fließt das Wasser über ein Kiesbett, oder es läuft an einem Teich in einem Kiesstreifen aus. Wenn man größere Kiesel oder Steine in einem Bachbett mit langsam fließendem Wasser locker verteilt oder im Randbereich eines Teiches gruppiert, erzielt man damit nicht nur eine interessante optische Wirkung, sondern es entsteht auch ein idealer Rastplatz für Vögel, Frösche und andere Tiere. Können diese reizvollen Stellen von einem Sitzplatz aus eingesehen werden, hat man in stillen Stunden ausreichend Gelegenheit, die verschiedenen Tiere zu beobachten.

Direkt im auslaufenden Wasser oder im Bachbett selbst sollten nur sehr wenige Pflanzen angesiedelt werden. Dadurch bleibt der Blick auf das fließende Wasser frei, das sich an Sumpfvergißmeinnicht, Sumpfdotterblume und kleinen Binsen vorbeschlängeln kann. Direkt daneben wirken größere Bachkiesel besonders attraktiv.

Der äußere Uferrand, der bereits eine Verbindung zur Hintergrundbepflanzung darstellt, bleibt höheren Stauden und kleineren Gehölzen vorbehalten. Dadurch kann das Bachbett beziehungsweise das Kiesbett gut eingesehen werden, und es bekommt außerdem viel Sonnenlicht. Wem diese Offenheit nicht so wichtig erscheint, der kann natürlich die wasserführende Zone mit höheren Pflanzen bestücken. Den Blütenreigen der Uferzone eröffnen die gelbe Sumpfdotterblume und Vergißmeinnicht. Im Juni beginnt dann die Hochzeit der gelben und blauen Sumpfiris.

Wenn es die Umstände erlauben, kann an einer bodenfeuchten Stelle das Gefleckte Knabenkraut, eine heimische Orchidee, seine wunderschöne rotviolette Farbenpracht entfalten. An sonnigen Stellen gedeiht es gern zwischen Gräsern und Wildblumen der Feuchtwiese.

## Kleinsträucher und Stauden für Uferzonen (feucht bis wechselfeucht)

| Deutscher, botanischer Name | Höhe (m) | Wasser-tiefe (cm) | Blüte-zeit | Blüten-farbe | Bemerkungen |
|---|---|---|---|---|---|
| **Zwergbirke** (Betula nana) | 0,20–0,60 | – | IV | gelbgrün | braucht volle Sonne, keinen Kalk |
| **Kleine Heckenkirsche** (Lonicera xylosteum 'Clavey's Dwarf') | 1 | – | V | weiß | braucht Kalk, rote Beeren |
| **Kratzbeere** (Rubus caesius) | 0,50–1,00 | – | V–IX | weiß | Beeren eßbar |
| **Spießweide** (Salix hastata) | 0,50–1,50 | – | V–VI | gelb | auch im Schatten |
| **Bleiche Weide** (Salix starkeana) | 0,40–1,00 | – | IV–V | gelb | Herbstfärbung gelb |
| **Zwergschneeball** (Viburnum opulus 'Nanum') | 1–2 | – | V–VI | weiß | bildet Ausläufer, rote Beeren |
| **Sumpfdotterblume** (Caltha palustris) | 0,30 | 0–10 | III–IV | gelb | erste Blütenpflanze im Frühling |
| **Morgensternsegge** (Carex grayi) | 0,40 | 0–5 | VII–VIII | grün | nicht heimisch |
| **Wasserdost** (Eupatorium cannabinum) | 1 | 0–2 | VII–IX | rosa/lila | braucht Kalk |
| **Mädesüß** (Filipendula ulmaria) | 1 | 0–2 | VI–VIII | weiß | Blüte duftet |
| **Gelbe Sumpfschwertlilie** (Iris pseudacorus) | 1 | 0–10 | VI | gelb | braucht Platz |
| **Pfennigkraut** (Lysimachia nummularia) | 0,10 | 0–2 | V–VII | gelb | Flächendecker |
| **Blutweiderich** (Lythrum salicaria) | 1 | 5–8 | VI–VIII | violettrot | volle Sonne |
| **Sumpfvergißmeinnicht** (Myosotis palustris) | 0,30 | 0–5 | V–VIII | hellblau | volle Sonne |

# Pflanzengemeinschaften
*Pflanzen leben gern zusammen*

Das Knabenkraut steht unter Naturschutz. Es ist nur über spezielle Staudengärtnereien erhältlich. Das weiße und duftende Mädesüß dominiert den Hochsommer. Zusammen mit dem Rotviolett des Blutweiderichs ergeben sich reizvolle Farbtupfer. Im Anschluß blühen der hellviolette Wasserdost und das rosafarbene Seifenkraut. Im Spätherbst und Winter bezaubert die Natur durch rauhreifgeschmückte Gräser.

## Pflegearbeiten

Im Naturgarten ist das Zurückschneiden von vertrockneten Blüten- und Fruchtständen nicht üblich. Die Stengel bieten für einige Insekten einen idealen Unterschlupf, zum Beispiel als Überwinterungsort. Die trockenen Samen von heimischen Stauden und Gehölzen sind eine wertvolle Futterquelle für viele Tierarten. Wer sich trotzdem daran stört, sollte wenigstens bis zum Frühling warten. Wenn aus dem Boden die neuen Triebe herausspitzen, ist die beste Zeit, den Stauden das alte Gerüst des Vorjahres zu nehmen. Das sonst übliche Düngen und Gießen fällt in naturnahen Anlagen mit heimischen Blumen und Sträuchern weg.

❶ Blutweiderich
   (Lythrum salicaria)
❷ Mädesüß
   (Filipendula ulmaria)
❸ Sumpfvergißmeinnicht
   (Myosotis palustris)
❹ Sumpfdotterblume
   (Caltha palustris)
❺ Wasserdost
   (Eupatorium cannabinum)
❻ Morgensternsegge
   (Carex grayi)

# Trockene Standorte und Ruderalflächen

Manche Gärten liegen auf einem sandigen Boden oder zum Teil auf felsigem, kies- oder schotterartigem Untergrund. Von Natur aus wären hier ideale Standortvoraussetzungen gegeben, um einen Garten für trockenheitsliebende Gewächse anzulegen. Das mag auf den ersten Blick merkwürdig erscheinen. Viele Gartenbesitzer denken vielleicht eher an ein wüstenähnliches Gartenbild. In Wirklichkeit können auf diesem kargen Boden interessante, farbenfrohe und sehr abwechslungsreiche Anlagen mit Bäumen und Sträuchern entstehen. Der Pflegeaufwand ist relativ gering, denn außer dem Entfernen von nicht gewünschtem Wildwuchs ist wenig zu tun. Es muß weder gegossen noch gedüngt werden. Wer jemals auf einem reinen Sandboden mühevoll anspruchsvolle Beete angelegt und gepflegt hat, weiß, welche Erleichterung es bedeuten würde, wenn Gießen, Düngen und Bodenverbesserung entfallen könnten.

Natürlich liegt die Entscheidung für oder gegen eine naturgemäße Gartenanlage ganz bei den Besitzern. Vielleicht fällt die Wahl eher auf einen Trockengarten, wenn man einmal die üppige Blütenpracht eines Dachgartens erleben durfte.

Auch in Gartenanlagen ohne diesen trockenen Unterbau gibt es vielleicht spezielle Plätze, die sich durch extreme Trockenheit auszeichnen: Wenn zum Beispiel Steine und Schotter auf Wegen, Plätzen oder beim Mauern verarbeitet wurden. Die so entstandenen Flächen gehören zu den ruderalen Standorten einer Gartenanlage. Der Begriff „Ruderalflächen" kommt vom lateinischen „rudus" und bedeutet übertragen „Schutt, Ruine". Die Pflanzen dieses Lebensbereiches sind also Begleiter menschlicher Siedlungen und Landschaftseingriffe. Ruderale Flächen, Kahlschläge im Wald und Ackerränder zählen zu den Pionierstandorten. Hier wächst in der Natur „wildes" Grün. Auf die entsprechenden Flächen haben sich teilweise auch ehemalige Garten- und Heilpflanzen zurückgezogen und sind dabei verwildert. Einen Teil dieser Pioniere kann man nun auf entsprechend trockenen Stellen in einer geordneten und ansprechenden Weise wieder in den Garten zurückholen. „Geordnet" deshalb, weil der Garten ja immer eine gewisse Form von „geordneter Natur" darstellt, sonst könnte man das Gartengelände gänzlich zum Naturschutzgebiet im kleinen erklären und alles so wachsen lassen, wie es gerade will.

Die Natur hat aber auch im eigens angelegten Garten ihre eigenen Gesetze. Wir Menschen können durchaus spezielle Trockenstandorte künstlich herstellen: durch einen entsprechenden Bodenaushub, eine gute Drainage und das nachfolgende Auffüllen von lockerem Gestein oder anderen Materialien. Doch hat es sich in der Praxis gezeigt, daß tief wurzelnde Arten über kurz oder lang diese künstlich aufgebrachte Schicht durchwachsen. Das gewünschte Gesamtbild bleibt auf Dauer nicht erhalten. Auf lange Sicht sind künstlich geschaffene Trockenstandorte also problematisch. Derart massive Eingriffe in eine vorgegebene Gartensituation lassen sich außerdem nur schwer mit der Naturgartenidee vereinbaren. Besser ist es sicherlich, die Standortverhältnisse zu akzeptieren und eine entsprechende Bepflanzung zu planen.

Und doch finden wir in fast jedem Garten Standorte, an denen trockenheitsliebende Pflanzenzusammenstellungen möglich sind, es muß ja nicht gleich eine große Fläche sein:

- Wege, Einfahrten, Sitzecken und Treppen, in deren Ritzen und Fugen Platz für Trockenpflanzen ist.

**Die Knäuelglockenblume hat ein tiefreichendes Wurzelsystem**

**Pflanzengemeinschaften**
*Pflanzen leben gern zusammen*

- Trockenmauern, die ohne Mörtel mit Steinen aufgebaut sind und in deren Zwischenräumen sich flachwurzelnde Pflanzen ausbreiten.
- Stein- und Felsengärten, also Bereiche, in denen mit Steinen, Felsen und Schottermaterial Gartenbilder und -räume geschaffen werden.
- Dachgärten, auf flachen oder leicht geneigten Dächern künstlich angelegt. Die Substratschicht ist relativ dünn, und die Pflanzenauswahl richtet sich nach Lage und Substrathöhe.
- Trockene Hänge mit felsigem oder schotterartigem Unterbau. Sie werden in Gärten häufig nur zur Bodenbefestigung angelegt.

## Pflege

Bei der Neuanlage eines trockenen Gartenteils wählt man zunächst die passenden Pflanzen, setzt sie ein und gießt sie an. Das Pflanzen bringt auf kleineren Flächen einen schnellen und sichtbaren Erfolg. Die Pflanzen wachsen an, entwickeln sich, und mit ihnen stellen sich häufig auch „nicht geplante" Wildpflanzen ein. Hier verlangt es nun etwas Pflanzenkenntnis und Erfahrung, um zu entscheiden, was davon bleiben soll oder besser samt Wurzeln entfernt wird. Auf jeden Fall wird man stark wuchernde Ar-

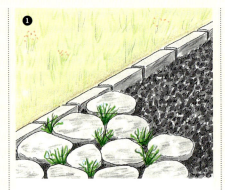
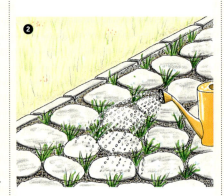

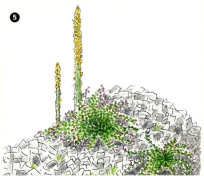

❶ Bei den Pflasterarbeiten können gleich die passenden Pflanzen eingesetzt werden

❷ Nach dem Pflanzen wird auch hier angegossen

❸ Reizvolle Alternative: Statt Randsteinen kann auch eine kleine Trockenmauer den gepflasterten Weg säumen

❹ Der Wegsaum aus Buchsbaumkugeln und -hecke eignet sich für sonnige Standorte

❺ Ein lockerer Steinhaufen in voller Sonne stellt einen idealen Ruderalstandort dar

❻ Auch hier sollte man nicht gewünschte Wildkräuter regelmäßig entfernen

# Pflanzengemeinschaften
*Pflanzen leben gern zusammen*

ten zumindest im Anfangsstadium der Pflanzung ganz herausnehmen und auch später stark dezimieren. Dabei sind ein Unkrautstecher oder ein langes Messer ganz hilfreich, besonders wenn Ritzen und Fugen bearbeitet werden sollen. Ansonsten fallen keine weiteren regelmäßigen Pflegearbeiten an. Wenn die Fläche einmal ganz dicht mit Stauden überzogen ist und wilde Birken und Holundersämlinge sich einfinden, sollte die Fläche einmal gründlicher bearbeitet werden. Es wirkt ansprechend, wenn Schotter- und Steinflächen zumindest zu einem Drittel zu sehen sind. Wilde Sträucher und Bäume können Flächen schnell einnehmen und die restlichen Pflanzen verdrängen. Sie sollten nur in Ausnahmefällen stehen bleiben. Wieviel eingegriffen wird, hängt wieder einmal von der Entscheidung der Hobbygärtner ab, die den Garten betreuen.

## Beispiel: eine gepflasterte Garageneinfahrt

Eine Garageneinfahrt in voller Sonne könnte gut als „natürlicher" Trockenstandort angelegt werden. In vielen Gemeinden wird für versiegelte Flächen eine Ausgleichsabgabe oder Ausgleichspflanzung verlangt. Um dem Rechnung zu tragen, kann die Einfahrt zu einer

### TIPS & HINWEISE
Pflegearbeit Nummer eins ist an Trockenstandorten das Regulieren von gewünschten und unerwünschten Wildpflanzen. Dabei kann man ruhig jedes Jahr einmal mit einem Unkrautstecher über die Fläche laufen und großzügig Hand anlegen. Dadurch bleiben die Standortbedingungen erhalten, und die Pflanzengesellschaft gedeiht weiterhin prächtig.

Garage, ein Abstellplatz oder auch eine Wegefläche mit einem Pflaster versehen werden, das eine gewisse Wasserdurchlässigkeit aufweist. Ansonsten läßt man die Pflasterfugen zum Teil etwas größer, damit dort trittfeste Pionierpflanzen in Hitze und Trockenheit gedeihen. Trittfest bedeutet, daß die Pflanzen das Betreten tolerieren. Das machen sie natürlich nicht unbegrenzt mit. Daher sollte bei einer Garageneinfahrt die vielbenutzte Fahrspur nicht unbedingt bepflanzt werden, die Mittel- und Randstreifen lassen den Pflanzen mehr Lebensraum.
Als verträgliche und trittfeste Stauden gelten:
- Stachelnüßchen (*Acaena buchananii, A. microphylla*)
- Gänseblümchen (*Bellis perennis*)

- *Cotula*-Arten (nicht direkt heimisch)
- Großer und Spitzer Wegerich (*Plantago major, P. lanceolata*)
- Wilder Thymian (*Thymus serpyllum*)

Sonnige Randbereiche an Einfahrten und entlang von Zäunen bieten je nach Breite die besten Möglichkeiten, trockenverträgliche Sträucher einzuplanen.
Hierfür wären geeignet:
- Zwergfelsenbirne (*Amelanchier canadensis* 'Compactum')
- Zwergberberitzen (*Berberis*)
- Buchsbaum, auch als Hecke (*Buxus sempervirens*)
- Strauchwicke (*Coronilla emerus*)
- Schwarzer Ginster (*Cytisus nigricans*)
- Roter Ginster (*Cytisus purpureus*)
- Färberginster (*Genista tinctoria*)
- Säulenwacholder (*Juniperus communis*)
- Zwergwacholder (*Juniperus sabina*)
- Kartoffelrose (*Rosa rugosa*)
- Kleiner Spierstrauch (*Spiraea salicifolia*)

Für den Randbereich können neben beziehungsweise unter den erwähnten Sträuchern die meist höher wachsenden Stauden aus der Tabelle dazu gepflanzt werden. Als Abgrenzung eines vollsonnigen Sitzplatzes, Weges oder einer Einfahrt paßt eine kleine Trockenmauer gut zu den anderen sonnenhungrigen Pflanzengesellschaften. Hier finden jetzt eher niedrig wachsende Blütenstauden, die polsterartig überhängen, ihren Platz. Ohne Mäuerchen wachsen sie gern in voller Sonne an einem Wegrand und möchten nicht betreten werden. Die Konkurrenz von höheren Stauden und Baumwurzeln bekommt ihnen nicht. Eine Auswahl kleinbleibender Staudenarten:

- Grasnelke (*Armeria maritima*)
- Goldaster (*Aster linosyris*)
- Bergsegge (*Carex montana*)
- Sonnenröschen (*Helianthemum nummularium*)
- Kuhschelle (*Pulsatilla vulgaris*)
- Scharfer Mauerpfeffer (*Sedum acre*)
- Weißer Mauerpfeffer (*Sedum album*)
- Tripmadam (*Sedum reflexum*)
- Milder Mauerpfeffer (*Sedum sexangulare*)
- Hauswurz (*Sempervivum*)

Schon vor der Pflasterung beziehungsweise der Wegbefestigung können die Pflanzengemeinschaften für den Randbereich, für die Wegefläche und eventuell die Trockenmauer gewählt werden.

Während der Wegearbeiten kann man trittverträgliche Arten gleich in die Fugen und Ritzen setzen. Dort wachsen sie leicht in den schotterartigen Untergrund hinein. Im nächsten Schritt wird dann eine kleine Trockenmauer aufgesetzt. Dann können ab einer Höhe von ca. 20 cm über der späteren Endhöhe der Pflasterung die niedrigen Stauden in die Ritzen der Trockenmauer gepflanzt werden.
Der Randstreifen einer befestigten Anlage kommt zum Schluß an die Reihe. Zuerst beginnt man die Sträucher zu plazieren. Entweder man verteilt sie locker nach Wunsch oder in kleinen Gruppen von zwei bis drei Pflanzen. Ein schmaler Randstreifen von ca. 1 m Breite eignet sich auch für eine

| Mittelhohe Stauden für Trockenbereiche | | | | | | | |
|---|---|---|---|---|---|---|---|
| Deutscher, botanischer Name | Höhe (m) | Wuchs-form | Boden kalkreich | Boden kalkarm | Blüte-zeit | Blüten-farbe | Bemerkungen |
| **Schafgarbe** (*Achillea nobilis*) | 0,30–0,40 | buschig | ja | | VI–X | weiß | Heilpflanze |
| **Eibisch** (*Althaea officinalis*) | 0,50–1,00 | aufrecht | ja | ja | VII–IX | weiß-rosa | verwilderte Heilpflanze |
| **Wegwarte** (*Cichorium intybus*) | 0,80 | aufrecht | ja | | VI–IX | hellblau | – |
| **Natternkopf** (*Echium vulgare*) | 0,70 | schmal, aufrecht | ja | ja | V–X | violett | Wildgemüse |
| **Johanniskraut** (*Hypericum perforatum*) | 0,50 | aufrecht | ja | ja | VII–IX | gelb | Blüten zu Heilzwecken |
| **Echter Alant** (*Inula ensifolia*) | 0,30 | klein, breit | ja | | VII–VIII | gelb | – |
| **Katzenminze** (*Nepeta*) | 0,70 | buschig | ja | ja | VI–IX | weiß/lila | zieht Katzen an |
| **Dorniger Hauhechel** (*Ononis spinosa*) | 0,40–0,60 | buschig | ja | | VI–VIII | rosa | hat Dornen |
| **Eselsdistel** (*Onopordum acanthium*) | 1,50–2,00 | aufrecht | ja | ja | VII–IX | rosa | mächtige, weißfilzige Einzelpflanze |
| **Dost** (*Origanum vulgare*) | 0,40 | buschig | ja | | VI–IX | violett | Pizzagewürz |
| **Goldrute** (*Solidago*) | 0,60–1,20 | überhängend | ja | ja | VII–X | gelb | heimische und veränderte Arten |
| **Federgras** (*Stipa pulcherrima*) | 0,30–0,80 | buschig | ja | | VI–VII | grün | kann sehr trocken stehen |
| **Huflattich** (*Tussilago farfara*) | 0,20 | flächig | ja | | II–IV | gelb | Bodenbefestiger |
| **Königskerze** (*Verbascum*) | 1–2 | aufrecht | ja | | VI–X | gelb | in verschiedenen Arten |

## Pflanzengemeinschaften
*Pflanzen leben gern zusammen*

Reihe von Buchsbaumkugeln, die in regelmäßigem Abstand gesetzt werden. Das gibt einen gleichmäßigen Aufbau, der besonders in der laubarmen Jahreszeit seine Wirkung entfaltet. Zwischen die gerüstbildenden Sträucher kommen im Abstand von 30–50 cm die höher oder niedriger wachsenden Stauden und als Ergänzung auch verschiedene Zwiebelblumen. Man kann sich auf eine oder zwei Arten in jeweils größerer Zahl beschränken. Während der Blüte wirken sie angenehm auffällig und einprägsam. Oder man mischt vielerlei Arten, so daß zu jeder Jahreszeit etwas Blühendes zu sehen ist. Die besten Pflanzzeiten hierfür sind das Frühjahr oder der frühe Herbst. Laubabwerfende Sträucher sollten im blattlosen Zustand gesetzt werden. Im ersten Jahr der Pflanzung richtet man das Augenmerk auf ein gutes Anwachsen. Dann beginnt langsam die Kontrolle von gewolltem und ungewolltem Wuchs. Zur vollen Entwicklung kommen die Pflanzen erst ab dem dritten Standjahr, und nach vier bis sieben Jahren ist häufig eine Radikalkur fällig. Das bedeutet ein stärkeres Zurückschneiden des strauchartigen Grüns. Die ausgebreiteten Stauden können um die Hälfte vermindert werden, damit wieder Licht und Luft zwischen die verbleibenden Arten gelangen.

❶ **Huflattich**
   (Tussilago farfara)
❷ **Gemeine Schafgarbe**
   (Achillea millefolium)
❸ **Wegwarte**
   (Cichorium intybus)
❹ **Goldrute**
   (Solidago)
❺ **Eselsdistel**
   (Onopordum acanthium)
❻ **Johanniskraut**
   (Hypericum perforatum)

# Garten- elemente

# Gestaltungsbeispiele von Gartenteilen

Gelegentlich werden in einem Garten Flächen und Plätze frei, ein Umbau schafft neue Räume, alter Gartenbestand muß weichen, und plötzlich steht man vor der Frage: „Was paßt dort hin?" In älteren Gärten ist die Frage der optischen Verbindung zum Vorhandenen die wichtigste Komponente. Liegt die frei gewordene Fläche in einem gut sichtbaren Teil des Gartens oder in der Nähe einer Terrasse, werden sicher besonders ansprechende Lösungen gewählt. Bunte Blumenwiesen, Staudenbeete, Sichtschutzvarianten und Trockenmauern bieten sich hierfür an.

Die Verbindung zum Gewachsenen kann in Harmonie erfolgen oder auf Kontrasten beruhen. Harmonisch würde sich beispielsweise ein Schattenstaudenbeet neben einem neu gepflasterten Sitzplatz unter älteren Bäumen und Sträuchern einfügen. Kontrastreicher wäre ein Feuchtgraben in der Nähe einer sonnigen Terrasse. Die Balance zu halten zwischen optischen Nuancen und Kontrasten, bis hin zum Kitsch, ist

*Bild links:*
**Auch Wildrosen haben einen beachtlichen Zierwert. Hier zeigt eine Essigrose ihre wunderschönen Blüten**
*Bild rechts:*
**Wasser, ob als Teich oder Bach, gehört zu den beliebtesten Gartenbestandteilen**

die Kunst der Gartengestaltung. Natürlich empfinden jede Gartenliebhaberin und jeder Gartenfreund unterschiedlich, was noch harmonisch und was schon zuviel ist. Und doch spazieren wir durch Gärten und Parks und denken manchmal intuitiv: „Das ist schön und fast vollendet."

Auch im eigenen Garten können wir Schönes schaffen. Zunächst wird das Neue im eingewachsenen Gärtchen Zeit der Gewöhnung brauchen. Bald sind aber schon die Pflanzen gewachsen, die neuen Mauern, Steine und baulichen Teile integriert, und dann ist die beste Zeit, durch Beigaben die einzelnen Stellen noch etwas aufzuwerten. Das können Skulpturen, alte Vasen, Krüge und Fässer sein, Urlaubserinnerungen wie ein schöner Stuhl oder besondere Steine, Wurzeln oder Körbe.

## Aller Anfang ist schwer: neue Gärten

Vor einer besonders anspruchsvollen Aufgabe stehen Besitzer eines nagelneuen Gartens. Sie müssen auf leerer Fläche erst einmal Räume und Einteilungen des Ganzen schaffen.

Meistens sind bei kleineren Gärten und Reihenhausgärten zunächst nur Rasen und eine Umrandung mit Hecken zu sehen. Langsam entwickelt sich dann ein Rahmen auf grünem Teppich, in den Obstbäume, eine Gemüseecke, Staudenbeete, Wasserflächen und Plätze zum Spielen eingefügt werden. Je kleiner die Gartenfläche ist, um so mehr ist die Beschränkung auf

das Wesentliche gefordert. Das bedeutet, sich einen Aspekt herauszusuchen und die anderen unterzuordnen.

Wer zum Beispiel in einem Garten in Südlage die Terrasse mit Trockenmauern einfassen möchte, kann dieses Element noch deutlicher ins Blickfeld setzen. Dazu muß die Mauer nur über das Terrassenende hinaus bis in die Gartenmitte verlaufen. Anstatt also auf kleiner Fläche eine Vielzahl von Gartenelementen wie zum Beispiel Wildhecken und Blumenwiesen zu integrieren, genügt es schon, einen Schwerpunkt zu betonen.

Auf den folgenden Seiten sind solche Schwerpunkte für bestimmte Gartenteile in zehn Beispielen zusammengestellt. Die eine oder andere Variante ist auf Gärten mit kleiner Fläche übertragbar.

## Umsetzen von Gartenplänen in die Praxis

Falls die eine oder andere Gestaltungsidee gefällt, beginnt eigentlich schon im Kopf und eventuell auf dem Papier das Umsetzen in die Praxis.

■ **Standort bewerten**
Zunächst werden Standort- und Bodenfragen zu beantworten sein. Es wird natürlich nicht viel Freude bringen, einen Gemüsegarten im tiefen Schatten anlegen zu wollen, und auch die Trockenmauer entfaltet ihre Farbenpracht mit den entsprechenden Stauden erst am sonnigen oder zumindest halbschattigen Platz.

## Passende Pflanzengruppen wählen

Die vorgestellten Beispiele sind für bestimmte Standorte und Bodenarten zusammengestellt worden. Wenn die jeweilige Gestaltungsidee gefällt, können die Pflanzen nach Plan übernommen werden, falls die Bedingungen ähnlich sind. Sollten diese abweichen, ändert man einfach die Pflanzenauswahl unter Berücksichtigung der Größen. Im Kapitel „Pflanzengemeinschaften" sind viele Zusammenstellungen für die unterschiedlichsten Standorte aufgeführt. Zum Teil wird in den nachfolgenden Gestaltungsbeispielen auch darauf hingewiesen.

## Größe festlegen und räumliche Vorstellung entwickeln

Eine der größten Unsicherheiten beim Umsetzen von Plänen in die Praxis liegt in der räumlichen Vorstellung der Idee in Bezug auf den real bestehenden Garten. Ähnlich wie beim Umzug in eine neue Wohnung kann die Idee auf einem maßstabsgerechten Gartenplan eingezeichnet werden, oder man schiebt eigens hergestellte Flächen, die die einzelnen Gartenelemente symbolisieren, auf dem Gartenplan hin und her. So entsteht eine Draufsicht (Grundriß) des eigenen Gartens, und die Dimensionen werden wesentlich deutlicher. Ein Beispiel: Auf einem Gartenplan mit dem Maßstab 1 : 100 ist eine einreihige und freiwachsende Wildfruchthecke mit 3 m Breite und 5 m Länge einzuplanen. Das bedeutet auf dem Papier, einen Streifen mit 3 cm Breite und 5 cm Länge auf einen Gartenplan zu legen. Bei Hochstammbäumen wären Kreise mit ca. 4–5 cm Durchmesser nötig, um den Baum in seiner späteren Größe (4–5 m Kronendurchmesser) darzustellen.

Eine ganz andere Möglichkeit ist das Streuen mit Sand oder Kalk. Auf dem Gartengelände selbst wird die spätere Größe der Gartenidee, wie zum Beispiel der Trockenmauer oder der Bäume und Hecken, mit Linien aus Sand, Kalk oder Sägespänen „aufgezeichnet". Diese Methode im „Maßstab" 1 : 1 ist für viele Gärtner sicherlich die günstigste.

## Material und Pflanzen auswählen

Jetzt ist die Vorarbeit erledigt, und es geht an die praktische Umsetzung. Entsprechend den Planungen werden Material und Pflanzen beschafft. In den folgenden Beispielen sind genauere Angaben zu Stückzahlen und Material zu finden. Man muß nur noch umrechnen, um den individuellen Bedarf zu ermitteln.

## Erst bauen, dann pflanzen

In jedem Fall ist diese Reihenfolge zu empfehlen. Allein durch das Arbeiten und den Transport der Materialien können Pflanzen, die in unmittelbarer Nähe sind, beschädigt werden. Eine Ausnahme macht die Trockenmauer. Hier werden die Pflanzen während des Baus gleich mit eingepflanzt.

In der Umsetzungsphase können sich noch Änderungen ergeben, die natürlich genau zu bedenken sind. Weicht man allerdings sehr stark von der ursprünglichen Planung ab, wird dies eine Reihe von Nacharbeiten zur Folge haben. Würde man zum Beispiel eine Teichgrube spontan einfach doppelt so groß wie geplant ausbaggern lassen, kann das im Moment durchaus interessant wirken. Allerdings ist es dann auch möglich, daß plötzlich die Proportionen von Teich und Garten nicht mehr stimmen. Spontane Ideen haben also ihre Tücken.

## Frei stehende Trockenmauer

Natursteinmauern und Mauern aus heimischen Gesteinsarten sind faszinierende Siedlungselemente, die weite Teile unserer Landschaft schon immer geprägt haben. Man findet sie an historischen Bauwerken, als Umfriedungsmauern von Höfen, Friedhöfen, Bauern- und alten Pfarrgärten. Teilweise gibt es technisch und statisch faszinierende Mauerarten, die Weinberge und Böschungen stützen, ohne daß dabei Beton verwendet wurde. Da Trockenmauern grundsätzlich ohne Mörtel oder Beton gebaut werden, halten sie nur durch das gekonnte Setzen der Steine und die Pflanzenwurzeln. Sie sind zwar künstlich geschaffen, ähneln jedoch sehr natürlichen Felswänden. Pflanzen siedeln in Fugen und Ritzen, und Tiere bewohnen die Hohlräume.

Trockenmauern sind Extremstandorte, denn die meist im Süden gelegenen Mauern bieten den Pflanzen nur wenig Wasser. Die Gewächse nutzen allerdings die kühle Feuchte im Inneren der Mauer und die Kondenswassertropfen, die bei der nächtlichen Abkühlung der Steine entstehen.

# Gartenelemente
## *Gestaltungsbeispiele von Gartenteilen*

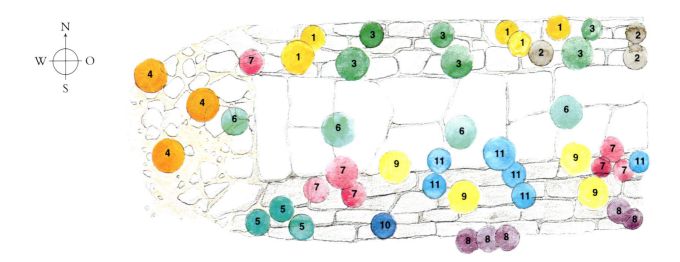

❶ Frauenmantel
   (Alchemilla mollis)
❷ Streifenfarn
   (Asplenium trichomanes)
❸ Porzellanblümchen
   (Saxifraga umbrosa)
❹ Goldhaaraster
   (Aster linosyris)
❺ Stengelloser Enzian
   (Gentiana acaulis)
❻ Dachhauswurz
   (Sempervivum tectorum)
❼ Weißer Mauerpfeffer
   (Sedum album)
❽ Zwergiris
   (Iris pumila)
❾ Scharfer Mauerpfeffer
   (Sedum acre)
❿ Karthäusernelke
   (Dianthus carthusianorum)
⓫ Zwergglockenblume
   (Campanula cochleariifolia)

Neben der farbenfrohen Bepflanzung finden auch viele Tiere in einer Trockenmauer Unterschlupf

## Pflanzen für eine Trockenmauer

| Deutscher, botanischer Name | Licht-verhältnisse | kalkhaltiges Gestein | kalkarmes Gestein | Blütezeit | Blütenfarbe | Bemerkungen |
|---|---|---|---|---|---|---|
| **Frauenmantel** (Alchemilla vulgaris) | ○–◑ | ◆ | ◆ | V–VII | gelb-grün | am Mauerfuß |
| **Steinkraut** (Alyssum saxatile) | ○ | ◆ | | IV–V | gelb | kann große Flächen einnehmen |
| **Katzenpfötchen** (Antennaria dioica) | ○ | ◆ | ◆ | V–VII | rosa-rot | gut am Mauerfuß |
| **Grasnelke** (Armeria maritima) | ○ | | ◆ | V–IX | rosa | bildet grasartige Polster |
| **Mauerraute** (Asplenium ruta-muraria) | ● | ◆ | ◆ | – | – | feuchtere Standorte auswählen |
| **Streifenfarn** (Asplenium trichomanes) | ● | ◆ | ◆ | – | – | feuchtere Standorte auswählen |
| **Goldaster** (Aster linosyris) | ○ | ◆ | | VII–IX | gelb | nur am Rand, Höhe 60 cm |
| **Glockenblume** (Campanula cochleariifolia) | ○ | ◆ | | VI–VIII | blau | – |
| **Lerchensporn** (Corydalis lutea) | ◑–● | ◆ | ◆ | V–IX | gelb | samt sich aus |
| **Zimbelkraut** (Cymbalaria muralis) | ○ | ◆ | ◆ | VI–IX | lila | kann große Flächen einnehmen |
| **Karthäusernelke** (Dianthus carthusianorum) | ○ | ◆ | | VI–IX | pink | nur am Rand, Höhe 50 cm |
| **Heidenelke** (Dianthus deltoides) | ○ | | ◆ | VI–VIII | pink | gut an Mauerkanten |
| **Blauschwingel** (Festuca glauca) | ○ | ◆ | ◆ | VI–VII | – | alle 2–3 Jahre teilen |
| **Stengelloser Enzian** (Gentiana acaulis) | ○–◑ | ◆ | | V–VI | blau | am Mauerfuß |
| **Kl. Schleierkraut** (Gypsophila repens) | ○ | ◆ | | V–VI | rosa | braucht Trockenheit |
| **Alant** (Inula ensifolia) | ○ | ◆ | | VII–VIII | gelb | nicht heimisch |
| **Zwergschwertlilie** (Iris pumila) | ○ | ◆ | | V–VI | blau, weiß | nicht heimisch |
| **Wimperperlgras** (Melica ciliata) | ○ | ◆ | | V–VI | – | am Rand, wird 40 cm hoch |
| **Kuhschelle** (Pulsatilla vulgaris) | ○ | ◆ | | VI–IV | lila | schöne Fruchtstände |
| **Kriech. Seifenkraut** (Saponaria ocymoides) | ○ | ◆ | | V–VI | lila | öfters teilen |
| **Porzellanblümchen** (Saxifraga umbrosa) | ◑–● | ◆ | ◆ | V–VI | weiß | am Mauerfuß |
| **Scharfer Mauerpfeffer** (Sedum acre) | ○ | ◆ | ◆ | VI–VIII | gelb | wird nach der Blüte braun |
| **Weißer Mauerpfeffer** (Sedum album) | ○ | ◆ | ◆ | VI–VIII | weiß, rosa | warme Plätze |
| **Tripmadam** (Sedum reflexum) | ○ | ◆ | ◆ | VII–VIII | gelb | warme Plätze |
| **Dachhauswurz** (Sempervivum tectorum) | ○ | ◆ | ◆ | VII | verschieden | trockene Fugen |
| **Gamander** (Teucrium chamaedrys) | ○ | ◆ | | VI–VIII | violett | trockene Fugen |
| **Sandthymian** (Thymus serpyllum) | ○ | ◆ | ◆ | V–IX | dunkelrosa | Gewürzpflanze |
| **GEZÜCHTETE, NICHT HEIMISCHE POLSTERPFLANZEN ALS ERGÄNZUNG** | | | | | | |
| **Blaukissen** (Aubrieta-Hybriden) | ○ | ◆ | | IV–V | violett | wächst in Traubenform |
| **Schleifenblume** (Iberis saxatilis) | ○ | ◆ | | IV–V | weiß | – |
| **Polsterphlox** (Phlox subulata) | ○ | ◆ | ◆ | IV–V | rosa | – |
| **Sedum** (Sedum floriferum 'Weihenst. Gold') | ○ | ◆ | ◆ | VII–VIII | gelb | auch am Mauerfuß |

○ = Sonne   ◑ = Halbschatten   ● = Schatten

Auch Ohrwürmern, Steinkriechern, Kröten und zahlreichen Käferarten dient die Trockenmauer als Unterschlupf. Auf den in der Sonne glühenden Steinen halten sich gern Eidechsen auf.

## Bau einer Trockenmauer

Trockenmauern können im Garten frei stehend gebaut werden, um als Zaunersatz, Sitzplatzmulde oder als Abgrenzung eines Gartenteils zu dienen. Statt einer frei stehenden kann auch eine halbe Mauer als Anlehnmauer an eine Terrasse, eine Böschung oder auch an einen Hang gebaut werden.

Der günstigste Standort ist immer die volle Sonne, da hier mit Polsterpflanzen die schönsten Farbenspiele entstehen können. Im Halbschatten und Schatten siedeln sich dagegen vor allem Mosse und Farne an. Die Trockenmauer verläuft gerade, geschwungen oder über Ecken. Sie kann eine einheitliche Höhe aufweisen, Höhenunterschiede haben, in einen Hang verlaufen oder an den Endpunkten langsam niedriger werden oder aber in einem Steinhaufen sanft auslaufen.

Auf jeden Fall sollte verwitterungsfähiges Gestein aus der unmittelbaren Nähe Verwendung finden, es eignen sich auch alte Ziegelsteine. Manchmal bieten sich auch Lesesteine vom Feldrand an, oder es muß vom nächsten Steinbruch Material angefahren werden. Zu bedenken ist, daß auch Steine

einen bestimmten Kalkgehalt aufweisen. Meine Mauern sind aus Basaltlesesteinen gebaut, die „sauer" reagieren. Deshalb sind normale Nelken und Wolfsmilchgewächse auf Dauer dort nicht heimisch geworden.

Für den Anfänger eignen sich auf jeden Fall Steine, die zumindest auf zwei Seiten gerade oder behauen sind. Das erleichtert den Aufbau der Mauer sehr. Günstiger sind in der Anschaffung natürlich am Ackerrand gesammelte Lesesteine; auch hier bieten die flacheren und annähernd rechteckigen bei der Arbeit Vorteile. Auf jeden Fall sollte man sich beim Eigenbau genügend Zeit lassen. Bis man als Anfänger den richtigen Blick und die notwendige Routine gewinnt, muß man etwas Geduld aufbringen. So manch ein Stein wird am Anfang mehrmals in die Hand genommen und wieder beiseite gelegt, bis er seinen endgültigen Platz findet.

Schneller vonstatten geht ein Mauerbau mit großen Steinquadern oder mit Steinen von etwa einer Größe. Dafür wird der Bau teilweise Maschineneinsatz oder verstärkten Muskeleinsatz erfordern. Etwas langsamer kommt man mit kleineren Steinen voran. Man sollte sie auf jedem Fall noch heben können. Zu klein dürfen die Steine aber auch nicht werden. Für Ungeübte genügt eine Mauerhöhe von ca. 1,30 m. Man beginnt mit dem Ausheben eines Fundaments, dessen Tiefe etwa ein Viertel der späteren Mauerhöhe ausmachen sollte. Die Mauerbreite ist unten etwa doppelt so groß wie die Breite der Mauerkrone. Das Fundament wird aus verdichtetem Splitt oder Schotter aufgebaut, auch zerschlagene Ziegel eignen sich. Bei Anlehnmauern ist zu überlegen, ob an der tiefsten

## TIPS & HINWEISE

**Trockenmauerbau Schritt für Schritt**

1. Fundament ausheben; Tiefe: etwa ein Viertel der späteren Mauerhöhe. Die Mauerbreite beträgt unten das Doppelte der Mauerkronenbreite.

2. Fundament aus verdichtetem Splitt, Schotter oder zerschlagenen Ziegeln aufbauen.

3. Bei Anlehnmauern Drainage vorsehen.

4. Die größten und schwersten Steine unten hinsetzen. Die Steine längs zur Mauer legen, jeden dritten bis vierten Stein als Binder querlegen.

5. Man legt die Steine zweireihig. In die Mitte kommt Füllmaterial, Steinabfälle oder Kies. Die Mauerseiten haben eine Neigung von mindestens 10°. Eventuell Holzschablone anfertigen. Steine immer versetzt legen, nie Fuge auf Fuge!

6. Fugen und Ritzen mit schwerem Lehmboden füllen.

7. Pflanzen während des Baus einsetzen.

8. Mauerkrone mit flachen, großflächigen Steinen abdecken.

Stelle nicht noch eine Drainage vorzusehen ist, damit das Wasser vom angrenzenden Erdreich dort abfließen kann und sich nicht staut.

Man beginnt mit dem Setzen der Steine am besten an einer weniger sichtbaren Stelle und arbeitet später in Ecken und Kurven mit etwas mehr Routine. Die größten und schwersten Steine werden auf die Drainage gesetzt. Sie liegen noch etwas tiefer als die spätere Erdschicht.

Man legt die Steine zweireihig, in die Mitte kommt Füllmaterial, Steinabfälle oder Kies. Die Steine werden längs zur Mauer gelegt, nur jeder dritte bis vierte wird ein Binder, das bedeutet, er wird quer zur Mauerseite gelegt.

Man legt nun Steinreihe für Steinreihe aus, hinterfüllt den Zwischenraum und schaufelt jetzt in die Fugen und Ritzen schweren Lehmboden. Ein kräftiger Wasserstrahl spült den Boden in die Ritzen, er ist sozusagen der Mörtel der Natur.

Ab einer Mauerhöhe von 30 cm werden jetzt die bereitstehenden Polsterpflanzen samt Ballen, mit dem „Gesicht" nach außen, eingebaut. Man kann ihnen noch etwas guten Kompost als Startzehrung in die Fuge geben. So kommt Steinreihe auf Steinreihe, die Steine immer versetzt, also nie Fuge auf Fuge. Die Pflanzen werden locker in den Fugen verteilt, immer wieder wird Lehmerde eingeschlämmt und Füllmaterial beigegeben.

Die Seiten haben eine Neigung von mindestens 10°, und so wird die Mauer nach oben hin immer schmaler, so daß zum Abschluß eine Steinreihe in der Breite genügt. Diese Abdeckung sollte mit flachen, großflächigen Steinen erfolgen. In die dort entstehenden Fugen passen gut Mauerpfeffer, Hauswurz und Tripmadam. In den unteren Reihen fühlen sich Pflanzen wohl, die es gern etwas feuchter mögen, wie zum Beispiel der Frauenmantel. Zu bedenken ist immer die spätere Größe der Polsterpflanzen. Die Mauer sollte nicht mit zu vielen Pflänzlein vollgestopft werden.

Am besten baut man die Trockenmauer im Frühjahr oder Herbst. Wenn nach einiger Zeit

nicht alle gesetzten Pflanzen Fuß gefaßt haben, können nachträglich in die verbleibenden Fugen noch Sprossen von Fetthennen und Dachwurzarten eingesetzt werden. Ich selbst habe aus einer Tüte voller solcher Sprossen etwa 20 m Trockenmauer mühelos bestückt. Die heimischen Fugenpflanzen passen sich fast jeder Ritze mühelos an. Beim Scharfen Mauerpfeffer genügt es sogar schon, ein paar Sproßteile lose auszulegen.

Nachdem nun die Mauer gebaut und bepflanzt ist, entscheiden die Zeit und die Natur, wie es weiterwächst. Meistens sind nach vier bis fünf Jahren schon einige der Pflanzen zuviel geworden, man nimmt ein paar heraus oder reduziert sie. Wenn die Mauer ganz überwachsen sein darf, genügt es, diese Arbeit in größeren Abständen durchzuführen. Optisch ansprechend und pflegeleichter, da leichter erreichbar, ist eine Mauer in Kombination mit einem gepflasterten

Die Trockenmauer hinter dem Sitzplatz wirkt aufgrund der streng geometrisch geformten Steine eher nüchtern und etwas kühl

Weg oder Platz. Dadurch kommt die Mauer vor dem ruhigen Untergrund besser zur Geltung. Die Pflanzen können in den Weg hineinwachsen und verbinden so Mauer und Untergrund harmonisch.

Grenzt an die Mauer eine Wiese oder ein Rasen, bekommen die Mauerbewohner Lichtkonkurrenz, und das Grün sollte deshalb relativ kurz gehalten werden. Es genügt schon, zu beiden Seiten der Mauer einen 1 m breiten Weg aus Rindenmulch, Holzhäcksel oder Kies vorzusehen. Die Mauer mit Wegbelag ist ein schöner Hintergrund für eine Bank.

# Nutzgarten naturnah

Der hier gezeigte Nutzgarten ist als in sich geschlossener Gartenraum konzipiert. Durchgänge schaffen die Verbindung zum übrigen Garten. Etwa 150 m² Fläche nimmt der Nutzgarten ein, unter anderem für Wege, Plätze, Blumen, Kräuter, Gewürze und natürlich für Gemüse.

Der Garten gleicht einem Bauerngarten. Dieser weist ein gewisses Grundmuster auf: Neben dem typischen Wegkreuz in der Mitte werden die Eckpunkte der Beete mit markanten Pflanzen betont, und es gibt im Randbereich Flächen für die mehrjährigen Blütenstauden. Die Ein- und Zweijährigen bekommen ihren Platz in der Umrandung der vier Gemüseflächen. Dieser Garten lädt von Frühling bis zum Herbst zum Beobachten, Säen, Bearbeiten und Ernten ein. Daher ist er fast schon ein aufwendiges Hobby, denn es dürfen im Durchschnitt von April bis Oktober etwa eine halbe bis eine Stunde tägliche Arbeit für diese Tätigkeiten anfallen. Doch wer einmal die eigenen Kräuter

# Gartenelemente
## *Gestaltungsbeispiele von Gartenteilen*

Das klassische Wegkreuz mit den vier Beeten stellt die typische Bauerngartenform dar

❶ Buchsbaum
   (Buxus sempervirens)
   Kugel und Hecke
❷ Lavendelbüsche
   (Lavandula)
❸ Winterheckzwiebel
   (Allium fistulosum)
❹ Etagenzwiebel
   (Allium cepa var. viviparum)
❺ Weinraute
   (Ruta graveolens)
❻ Zitronenmelisse
   (Melissa officinalis)
❼ Rosmarin
   (Rosmarinus officinalis)
❽ Gelber Enzian
   (Gentiana lutea)
❾ Malve
   (Malva sylvestris)
❿ Dill
   (Anethum graveolens)
⓫ Borretsch
   (Borago officinalis)
⓬ Weinraute
   (Ruta graveolens)
⓭ Salbei
   (Salvia officinalis)
⓮ Bergbohnenkraut
   (Satureja montana)
⓯ Dost
   (Origanum vulgare)
⓰ Beinwell
   (Symphytum officinale)
⓱ Holunder
   (Sambucus nigra)

## Ein- und zweijährige Blumen für einen Nutzgarten

| Deutscher, botanischer Name | heimisch bzw. eingebürgert | einjährig | zweijährig | Höhe (cm) | Blütezeit | Blütenfarbe | Bemerkungen |
|---|---|---|---|---|---|---|---|
| **Fuchsschwanz** (Amaranthus cruentus) | | ◆ | | 30–60 | VIII–X | rot, rosa | versamt sich gern |
| **Löwenmaul** (Antirrhinum majus) | ◆ | ◆ | | 30–50 | VII–IX | weiß, gelb, rot | in milden Wintern mehrjährig |
| **Zittergras** (Briza maxima) | ◆ | ◆ | | 40–70 | V–VII | grün | gut zum Trocknen |
| **Ringelblume** (Calendula officinalis) | ◆ | ◆ | | 20–40 | VI–X | gelb/orange | Blüten zu Heilzwecken verwendbar |
| **Sonnenblume** (Helianthus annuus) | | ◆ | | 60–200 | VIII–X | gelb/braun | Samen als Vogelfutter |
| **Duftwicke** (Lathyrus odoratus) | | ◆ | | 50–120 | VII–X | weiß, rosa, violett, blau | klettert an Zäunen |
| **Duftsteinrich** (Lobularia maritima) | ◆ | ◆ | | 10 | VI–X | weiß | versamt sich leicht |
| **Echte Kamille** (Matricaria chamomilla) | ◆ | ◆ | | 30 | VI–VIII | gelb/weiß | Blüten als Tee zu verwenden |
| **Klatschmohn** (Papaver rhoeas) | ◆ | ◆ | | 60 | VII–IX | weiß, rosa, lila, rot | braucht Kalk |
| **Studentenblume** (Tagetes) | | ◆ | | 30–80 | VI–X | gelb, orange | gut zwischen Rosen und Kohlpflanzen |
| **Kapuzinerkresse** (Tropaeolum) | | ◆ | | 30–100 | VII–X | gelb/rot | Blüten und Triebe kriechen und klettern |
| **Stockrose** (Alcea rosea) | | | ◆ | 100–200 | VII–VIII | rot, rosa-weiß | schön am Zaun, an Gebäuden |
| **Gänseblümchen** (Bellis perennis) | ◆ | | ◆ | 10–20 | III–VI | rosa, weiß | auch dauerhaft, dann in Urform zurückgehend |
| **Goldlack** (Cheiranthus cheiri) | ◆ | | ◆ | 30–50 | IV–VI | gelb, orange, rot | – |
| **Bartnelke** (Dianthus barbatus) | | | ◆ | 50–70 | VII–IX | rosa, Rot-Töne | – |
| **Fingerhut** (Digitalis purpurea) | ◆ | | ◆ | 80–150 | VI–VII | rosa, weiß | giftig |
| **Vergißmeinnicht** (Myosotis sylvatica) | ◆ | | ◆ | 30–40 | IV–VI | blau | – |

geerntet hat, Gemüse immer frisch zubereitet und im Winter noch von diesen Schätzen zehren kann, weiß um die Freude und das Glück an solcher Gartenarbeit. Diejenigen, die noch schwanken, ob ein solcher Garten nicht doch zu aufwendig sei, können den hier vorgestellten auch in der Mitte halbieren und später eventuell erweitern. Für Menschen, die an Rückenproblemen leiden, oder auch für ältere Gartenfreunde bietet sich der Bau von Hochbeeten an. Die Gemüsefelder werden dafür einfach halbiert, auf 30–50 cm erhöht und mit einer Umrandung aus Brettern versehen, die fehlende Erde muß man natürlich auffüllen. Der Rücken wird sich freuen, weil das Bücken dadurch stark erleichtert wird.

Nutzgärten wie der hier vorgestellte sind etwas für mittelgroße und große Gärten. Wer möchte, kann ihn zum Hauptthema seines Gartens machen oder ihn etwas entfernter in einer abgelegeneren Ecke einfügen. Wichtig ist ein Platz ohne Schatten, und es darf keine Konkurrenz von Baumwurzeln oder Sträuchern geben. Ein Platz für Gartenabfälle, Wasser, Jauchen, Arbeitsgeräte und natürlich für eine Bank ist in unmittelbarer Nähe von großem Vorteil.

Der vorgestellte Garten bietet vier etwa gleich großen Gemüseflächen Raum, die entlang der Längsachse an den Ecken durch Buchsbaumkugeln mit einer auslaufenden Buchsbaumhecke eingefaßt sind. Diese „optischen Stützen" wirken vor allem im Frühling, Herbst und Winter, indem sie klar und deutlich mit ihrem frischen Grün hervortreten. Auch die anderen Eckpunkte können mit strauchigen Einzelpflanzen bestückt werden.

Das Zentrum des Gartens ist mit einer kleinen Kräuterspirale für einjährige Kräuter eingefaßt und bis zu einem ringförmigen Kantensteinabschluß mit Schotter aufgefüllt.

*Wege*

In vielen Bauerngärten sind die Wegeflächen etwa 30 cm hoch mit Rindenmulch oder Holzhäcksel bestreut. Schotter oder Kies (Schichtstärke 6–12 cm) eignen sich ebenso. Es ist dabei in jedem Fall empfehlenswert, den Wegbelag und die Gemüsebeete in einer Höhe anzulegen. Das bedeutet, daß die Erde auf der Wegefläche ca. 30 cm tief abgetragen und eine seitliche Begrenzung mit Randsteinen oder ebenerdig verlegten Pflastersteinen eingebaut wird. In diese Vertiefung kommt dann das Füllmaterial (Holzhäcksel, Rindenmulch). Sollten kleine Hecken für die Abgrenzung vorgesehen sein, fällt diese Begrenzungsarbeit weg. Die natürliche Sperre verhindert das Vermischen von Wegbelag und Gartenerde. In entsprechend hohem Rindenmulch oder Holzhäcksel wachsen nur sehr wenige dauerhafte Wurzelkräuter durch, so daß die einzige Pflegearbeit im Jahreslauf das Herausreißen von nicht gewünschtem Wildwuchs bleibt. Bei einer Schichtstärke von nur 10 cm wird dieser Pflegeaufwand bedeutend größer.

Loses Mulchmaterial, geliefert per LKW, ist recht günstig im Vergleich zum Kauf von abgepacktem Material in Säcken. Der Mulch wird lose aufgeschüttet und setzt sich innerhalb von wenigen Tagen.

Das Laufen auf einer Mulchdecke wird als sehr weich und angenehm empfunden, die Schnecken sehen das anders und bleiben gemulchten Wegen fern. Selbst wenn etwas Erde darauf liegen bleibt, fällt es gar nicht auf. Einen Nachteil hat diese Wegbefestigung jedoch: Die Rinde zersetzt sich mit den Jahren, und es muß wieder neu aufgefüllt werden. Wer auf Dauer lieber zu einem beständigen Material übergehen möchte, kann die Wege mit großen Kieseln, Bruchsteinen, Platten oder Ziegeln pflastern.

Die Wegbreite erscheint vielleicht mit etwa einem Meter überdimensioniert, doch erleichtert dies die Arbeit mit der Schubkarre ungemein, und wenn die Ränder zusätzlich mit einjährigen Ringelblumen und Kamille gesäumt sind, bleibt am Ende manchmal nur die Hälfte der Wegbreite übrig.

115

*Umrandung der Gemüseflächen*

Auf der Abbildung ist der ganze Garten mit einem Flechtzaun eingefaßt, es bieten sich natürlich auch viele andere Zaunvarianten an. Sieht man von den zwei Torbogen und mehreren kleinen Schlupflöchern ab, ist damit der Durchgang für nicht gewünschte Tiere erschwert. Katzen, Hunde und in ländlichen Gegenden auch Hasen und Kaninchen suchen sich gern einen Weg in den Gemüsegarten. Will man das verhindern, können die belassenen Öffnungen noch zusätzlich mit einem Türchen versehen werden.

Den Flechtzaun dürfen in jedem Sommer einjährige Kletterpflanzen wie Wicken und Kapuzinerkresse überwachsen. Am Eingangsbogen erledigt das der Hopfen, eine heimische Kletterpflanze. Entlang des Weges links und rechts vom Eingang ist ein ca. 50 cm breiter Streifen für heimische Gewürzpflanzen vorgesehen, die zusätzlich durch ihre hübschen Blüten bezaubern. Am Ende des nach rechts führenden Weges steht noch ein „Hollerbusch", ein Holunder, der als einziger großer Strauch dem Kompost etwas Schatten spendet.

Das nördliche Blumenbeet ist nur für heimische Blütenstauden vorgesehen, in der Nähe des Gartenhäuschens findet man auch Schattenstauden. Der hintere Bogen betont das Gartenende, ist breiter gebaut als der vordere und kann zum Beispiel mit Wein bewachsen sein. Dahinter, also schon außerhalb des Bauerngartens, befindet sich ein halbkreisförmiger Sitz- und Ruheplatz, der den Blick zum Nutzgarten und in den übrigen Garten freigibt. Optischen Halt gibt ihm eine streng geschnittene Eiben- oder

Hainbuchenhecke, die im Bogen zum Durchgang und dann weiter neben die Blumenbeete geführt wird. Die Hecke kann eine Höhe von 1,20–1,60 m haben und oberseits gerade oder wellenförmig geschnitten werden.

*Heimische Blütenstauden für die Sonne*

Frühlingsblüher:

- Steinkraut *(Alyssum saxatile)*
- Grasnelke *(Armeria maritima)*
- Alpenaster *(Aster alpinus)*
- Wolfsmilch *(Euphorbia polychroma)*, Milchsaft giftig
- Küchenschelle *(Pulsatilla vulgaris)*
- zahlreiche Blumenzwiebeln

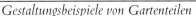

# Gartenelemente
## Gestaltungsbeispiele von Gartenteilen

Die wunderschönen Blüten der Küchenschelle recken sich der Frühlingssonne entgegen

Herbstblüher:
- Bergaster *(Aster amellus)*
- Goldhaaraster *(Aster linosyris)*
- Rainfarn *(Chrysanthemum vulgare)*
- Schafschwingel *(Festuca ovina)*
- Fetthenne *(Sedum telephium)*

## Heimische Stauden für den Schatten
- Akelei *(Aquilegia vulgaris)*
- Waldgeißbart *(Aruncus sylvestris)*
- Knäuelglockenblume *(Campanula glomerata)*
- Goldfelberich *(Lysimachia punctata)*
- Duftveilchen *(Viola odorata)*

## Bauerngartenstauden
Die folgenden Pflanzen sind zwar nicht direkt heimisch, wurden aber bereits vor vielen Jahren bei uns eingebürgert:
- Rittersporn *(Delphinium)*
- Tränendes Herz *(Dicentra spectabilis)*
- Gemswurz *(Doronicum caucasicum)*
- Sonnenbraut *(Helenium)*
- Taglilie *(Hemerocallis)*
- Brennende Liebe *(Lychnis chalcedonica)*
- Nachtkerze *(Oenothera tetragona)*
- Bauernpfingstrose *(Paeonia)*
- Phlox *(Phlox)*
- Lampionblume *(Physalis franchetii)*
- Sonnenhut *(Rudbeckia)*

Sommerblüher:
- Eisenhut *(Aconitum napellus)*, giftig
- Bergflockenblume *(Centaurea montana)*
- Spornblume *(Centranthus ruber)*
- Wiesenmargerite *(Chrysanthemum leucanthemum)*
- Sigmarswurz *(Malva alcea)*
- Ehrenpreis *(Veronica longifolia)*

## Obstgarten mit Blumenwiese

Der Obstgarten war schon vor Jahrhunderten ein wichtiger Bestandteil eines bäuerlichen Anwesens, weil er, lange vor dem Aufkommen des Honigs, die einzige zuckerhaltige Nahrungsquelle darstellte. Deshalb war er auch „umgertet", das heißt umzäumt, und galt allerorten als besonders schützenswert. Man pflanzte vor allem Hochstämme, weil darunter die Kühe und Schafe fressen konnten.

Heute sind solche Obstgärten noch vor allem am Stadtrand und in ländlichen Gebieten zu finden, aber viele naturbewußte Menschen legen heute wieder Streuobstwiesen und sogar Obstalleen an. In unserem Beispiel geht es allerdings eher um einen Privatgarten, der außerhalb von Siedlungsgebieten oder am Rande eines größeren Grundstückes liegen kann. Dieser eingezäunte Obstgarten dient einer Familie zur Versorgung mit Frisch- und Lagerobst. Der Standort ist sonnig, etwas windgeschützt, der Boden mittelschwer und im nördlichen Bereich etwas steiniger. Auf einen Sitzplatz wurde verzichtet, denn der Garten wird nur für den Obstanbau genutzt. Ein geschlängelter Weg führt nach hinten zum Kompostplatz, und ansonsten bleibt der Boden einer Blumenwiese vorbehalten. Der Obstgarten erfordert ganzjährige Pflegearbeiten, wie das Schneiden der Bäume und Sträucher, das Ernten und Verarbeiten der Früchte und das Mähen der Wiese. Für alle, die an solchen Beschäftigungen Spaß finden und die selbst angebauten Obstsorten zu schätzen wissen, kann der Gartenvorschlag sicher praktische Anregungen geben.

**Der ideale Garten für Leute, die gerne selbst geerntetes Obst essen**

# Gartenelemente
## *Gestaltungsbeispiele von Gartenteilen*

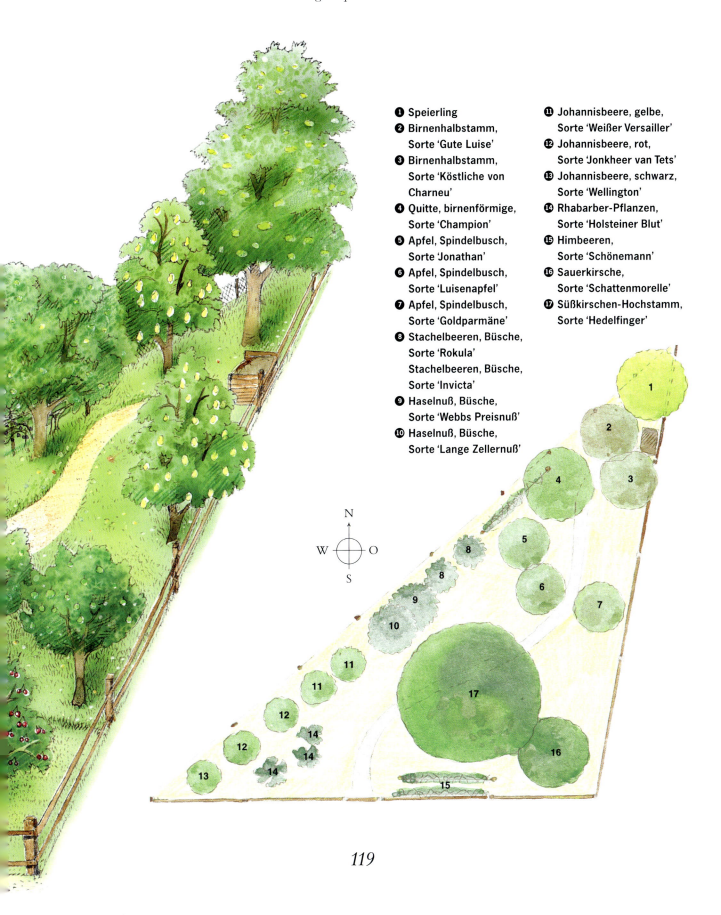

❶ Speierling
❷ Birnenhalbstamm, Sorte 'Gute Luise'
❸ Birnenhalbstamm, Sorte 'Köstliche von Charneu'
❹ Quitte, birnenförmige, Sorte 'Champion'
❺ Apfel, Spindelbusch, Sorte 'Jonathan'
❻ Apfel, Spindelbusch, Sorte 'Luisenapfel'
❼ Apfel, Spindelbusch, Sorte 'Goldparmäne'
❽ Stachelbeeren, Büsche, Sorte 'Rokula'
Stachelbeeren, Büsche, Sorte 'Invicta'
❾ Haselnuß, Büsche, Sorte 'Webbs Preisnuß'
❿ Haselnuß, Büsche, Sorte 'Lange Zellernuß'
⓫ Johannisbeere, gelbe, Sorte 'Weißer Versailler'
⓬ Johannisbeere, rot, Sorte 'Jonkheer van Tets'
⓭ Johannisbeere, schwarz, Sorte 'Wellington'
⓮ Rhabarber-Pflanzen, Sorte 'Holsteiner Blut'
⓯ Himbeeren, Sorte 'Schönemann'
⓰ Sauerkirsche, Sorte 'Schattenmorelle'
⓱ Süßkirschen-Hochstamm, Sorte 'Hedelfinger'

### Neuanlage eines Obstgartens

Angenommen Sie haben Glück und können ein Wiesengrundstück ohne Bäume und Sträucher billig pachten oder kaufen, oder Sie haben den entsprechenden Platz auf eigenem Gelände. Dann haben Sie die Wahl: Welche Obstarten sagen Ihnen zu? Welche Sorten sind auf dem jeweiligen Boden und für das Klima geeignet? Johannisbeeren, Stachelbeeren, Himbeeren und Brombeeren brauchen nur Sonne und keinen bestimmten Boden. Auch Rhabarber und die Haselnuß sind recht robust. Kirschen lieben warme Lagen, tiefgründige Böden und mögen keinen hohen Grundwasserstand. Birnen geht es so ähnlich, nur daß sie sogar auf leicht steinigen Böden noch gut zurechtkommen. Der Speierling liebt ebenso die Wärme und vor allem Kalk im Boden. Der Quitte geht es ebenso. Bei den Apfelsorten ist die Spannbreite sehr groß, und jede Sorte hat ihre eigenen Ansprüche. Zwetschgen, Pflaumen und Mirabellen bevorzugen einen schweren Boden, der auch gerne etwas höheren Grundwasserstand haben kann. Die auf dem Plan vorgestellten Sorten sind für mittlere Böden und Lagen geeignet.

Es wurde hier für die Äpfel die kleine Baumform des Spindelbusches ausgewählt. Diese Baumform erreicht ca. 3–5 m im Durchmesser und ist noch einfach zu beernten. Es ist allein die entsprechend gewählte Unterlage, die diese Sorten schwächer wachsen läßt.

Wer gerne alte Obstsorten in seinen Garten zurückholen möchte, kann diese vorher einmal bei Veranstaltungen von Obst- und Gartenbauvereinen ansehen und vielleicht auch probieren. Aber Vorsicht: Nicht alle alten Sorten sind auch

besonders robust. Aus der Sicht der Naturgartenidee kann man Obstarten einmal von der Robustheit her wählen, oder die alten Sorten an sich werden in den Vordergrund gestellt. Viele Obstsorten sind natürlich auch züchterisch bearbeitet.

Die häufig vertretene Ansicht, daß kleine Baumformen auch eine kürzere Lebenszeit von nur 20–30 Jahren haben, hat sich in der Praxis nicht bestätigt. Die kleinen Bäume haben den Vorteil, daß sie schneller Erträge bringen. Allerdings benötigen sie auch zum besseren Halt einen Pfahl. Die Großen, wie die Hoch- und Halbstämme, beginnen ihr Ertragsstadium viel später und benötigen den Pfahl nur die ersten Jahre bis zum Einwachsen.

In unserem Obstgartenbeispiel wurden verschiedene Stammhöhen gewählt, so daß die einzelnen Bäume unterschiedlich viel Platz einnehmen. Die Süßkirsche ist der größte unter ihnen.

Bei der Neuanlage hält man einen ausreichenden Abstand zwischen den Bäumen ein, um ihnen auch im Alter noch genügend Raum zur Entfaltung zu lassen. Die besten Pflanzzeiten sind nach dem natürlichen Laubfall Ende Oktober, Anfang November, aber noch vor dem ersten Frost, und im Frühling im März. Bei der Pflanzung wird die Erde der Pflanzstelle gut gelockert und mit etwas Kompost verbessert. Man schlägt einen Pfahl in den Boden. Nach einem einfachen Pflanzschnitt (sofern dies nicht schon die Baumschule erledigt hat) wird die Pflanze, so tief wie sie vorher stand, neben dem Pfahl eingesetzt, die Erde aufgefüllt, kurz angetreten und eine Gießmulde geformt. Dann bekommt das

Bäumchen Halt, indem mit einer Schnur in Form einer Acht Pfahl und Baumstamm verbunden werden. Das Etikett muß entfernt werden, damit der Draht nicht in die Rinde wachsen kann. Ein Ring mit Maschendraht kann noch um den Fuß des Baumstammes angebracht werden; er schützt die Rinde vor Tierfraß.

Die Pflanzung der Sträucher erfolgt im selben Zeitraum und in der Art und Weise, wie es im Kapitel „Pflanzenpraxis" beschrieben wird.

## Baum- und Strauchpflege

Die sachgerechte Pflege der Bäume und Sträucher wird im Obstgarten eine der wichtigsten Aufgaben bleiben, egal ob man die Bäume gerade gesetzt hat oder schon ältere Exemplare besitzt. Ein wichtiger Pflegeaspekt ist der Schnitt. Im Jugendstadium ist es der Erziehungsschnitt, später der Erhaltungsschnitt, und ganz alte Bäume benötigen gelegentlich einen Verjüngungsschnitt.

Bei Sträuchern genügt ein kräftiges Auslichten von altem Holz, die meisten Himbeeren werden jedes Jahr nach der Ernte sogar bis zum Boden abgesetzt, und Brombeeren benötigen nur ab und zu ein Auslichten.

Theorie und Praxis des Schneidens könnten jetzt ein weiteres Buch füllen. Am besten arbeitet man sich mit einem guten Buch, bei einem Schnittkurs oder zusammen mit einem Obstwart einmal in dieses Thema ein, und der Rest ist dann reine Erfahrungssache. Es hat sich in meiner Praxis gezeigt, daß ein Anfänger auf diesem Gebiet eher viel zu vorsichtig ist und weniger schneidet, als ein Profi das tut. Deshalb nur Mut, es kann nicht viel schiefgehen.

---

### TIPS & HINWEISE

**Obstgartenpflege**

Ein eigener Obstgarten bringt viel Freude und reiche Ernte, er erfordert allerdings auch ganzjährige Pflege:

- Schnitt von Bäumen und Sträuchern
- Mähen der Wiese mit der Sense oder einem Balkenmäher
- Ernte der verschiedenen Obstarten
- Verarbeitung zu Gelee, Marmelade, Mus, Saft und Trockenobst
- Lagermöglichkeiten müssen vorhanden sein, und die Kontrolle des eingelagerten Obstes darf nicht vergessen werden!

---

Nun könnte man die Frage stellen, warum im Naturgarten überhaupt so viel geschnitten werden soll, kann man nicht alles einfach der Natur überlassen?

Hier gilt es zu überlegen, wozu der Obstgarten überhaupt dienen soll. Ist der Ertrag unwichtig, und wird der Garten nur wenig genutzt und gepflegt, kann man auf Wildobstarten und robuste Obstarten ausweichen. Aber meistens wird das Obst für den Eigenverbrauch verwendet. Deshalb ist ein wenig Pflege durchaus angebracht. Ein Pflegeschnitt, vielleicht etwas Naturdünger im Frühling und eventuell vorbeugende biologische Maßnahmen gegen Pilzbefall und tierische Schädlinge gehören dazu. Bei guten Böden und entsprechend gesundem Wachstum wird vielleicht das Düngen entfallen können. Hat ein Baum beziehungsweise ein Strauch den passenden Platz und stimmen Boden und Klima, wird es wenig Probleme mit

Krankheiten und Schädlingen geben. Ansonsten kann gegen Mehltau und Schorf vorbeugend zum Beispiel eine Ackerschachtelhalmbrühe in der Mittagssonne auf die Blattoberseiten gespritzt werden, oder man stäubt die Pflanze mit Gesteinsmehl gegen Läuse ein. Ein starker Befall läßt auf einen ungünstigen Standort oder Mangelerscheinungen schließen. Vielleicht war auch die Witterung ungünstig.

### Die Blumenwiese

In vielen Fällen ist die Wiese bereits vorhanden, bevor ein Obstgarten entsteht. Häufig ist sie nährstoffreich, und die vorhandene Blumen- und Gräserauswahl läßt Rückschlüsse zu auf die Nährstoffbilanz, die Feuchtigkeit und den Kalkgehalt des Bodens. Es kann sich also um eine Feuchtwiese mit Wiesenschaumkraut und Kuckucksblume handeln, oder sie ist etwas trockener, und Schafschwingel, Thymian und Dost breiten sich darin aus. In die jeweils vorhandene Wiese wird man dann noch passende Wiesenblumen dazu pflanzen oder säen, wie es im Kapitel „Wiesen und Kräuterrasen" beschrieben ist.

Man sollte darauf achten, daß die Wiese etwa zwei- bis sechsmal im Jahr gemäht wird und daß die Flächen unter und neben den Bäumen und Sträuchern zur Erntezeit schön kurz geschnitten sind. Das Mähgut muß entfernt werden und kann, gemischt mit anderem Material, gut kompostiert werden. Die Blütenpracht wird sich also vor allem auf den Frühling und vielleicht auf den Frühherbst konzentrieren. Auf manchen nährstoffreichen, lehmigen Böden in voller Sonne lassen sich zum Beispiel die Echte Schlüsselblume und in feuchten Wiesen die Große Schlüsselblume ansiedeln. Eine andere Möglichkeit: Der Obstgarten wird in verschiedene Abschnitte unterteilt und zu unterschiedlichen Zeiten gemäht, so daß auch die Frühsommerblüher zum Zug kommen.

Ein grundsätzlicher anderer Ansatz besteht darin, auf blankem Boden eine Obstwiese neu anzulegen und passend zu Standort, ph-Wert und Bodenqualität eine Blumenwiesenmischung auszusäen. Wie das genau vonstatten geht, ist auf Seite 85 nachzulesen. Es wird einige Jahre dauern, bis sich ein fester Stamm von Blumen und Gräsern ausgebreitet hat, deshalb braucht man bei einer kompletten Neuanlage einige Jahre Geduld.

Wer den höheren Mähaufwand nicht fürchtet, kann unter den Obstbäumen und -sträuchern auch einen Kräuterrasen anlegen.

**Zur Blütezeit ist der optische Eindruck eines Obstgartens auf der Wiese geradezu sensationell. Hier zeigt uns ein Apfelbaum sein Blütenmeer**

## *Wildsträucher- und Baumgarten*

Dieser Garten bringt heimische Früchte hervor, die entweder frisch, gekocht oder geliert genossen werden können. Außerdem ist die Verarbeitung zu Mus, Saft, Wein oder Likör möglich. Die Pflanzen sind robust und widerstandsfähig gegen Krankheiten und Schädlinge. Sie brauchen alle ein sonniges Plätzchen, um einen üppigen Fruchtbehang anzusetzen.

**Die verschiedenen Mauerreste verleihen dem Garten eine zauberhafte Atmospäre**

# Gartenelemente
## *Gestaltungsbeispiele von Gartenteilen*

Das hier vorgestellte Beispiel ist vielleicht nicht oft genauso zu übertragen, aber es zeigt Kombinationen von heimischen Sträuchern und Bäumen, die auch auf kleinerem Gartenraum genügend Platz finden können. Am Sitzplatz betont die große Eberesche den Charakter dieser reizvollen Stelle, der Schwarze Holunder und der Weißdorn fügen sich als markante Großsträucher in das Bild ein. Die Echte Mispel bekommt einen geschützten Platz in voller Sonne, Schlehe und Berberitze sind am Rand angefügt.

❶ Holzbirne (Pyrus pyraster)
❷ Holzapfel (Malus domestica)
❸ Haselnuß (Corylus avellana)
❹ Himbeere (Rubus idaeus)
❺ Kornelkirsche (Cornus mas)
❻ Brombeere (Rubus fruticosus)
❼ Hundsrose (Rosa canina)
❽ Sanddorn (Hippophaë rhamnoides)
❾ Eingriffeliger Weißdorn (Crataegus monogyna)
❿ Gemeine Berberitze (Berberis vulgaris)
⓫ Eberesche (Sorbus aucuparia)
⓬ Echte Mispel (Mespilus germanica)
⓭ Schwarzer Holunder (Sambucus nigra)
⓮ Schlehe (Prunus spinosa)
⓯ Gemeiner Wacholder (Juniperus communis)

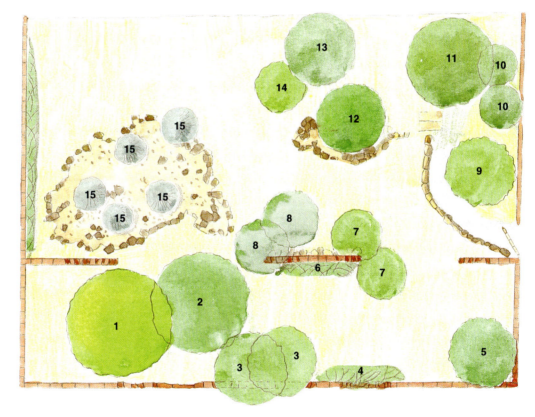

125

Ein anderer Platz in diesem mit einer alten Mauer umsäumten Gelände ist den großen Wildobstarten vorbehalten, die gut und gerne die Größe von stark wachsenden Hochstammobstarten im herkömmlichen Sinne erreichen. Direkt an der Ziegelmauer steht zum Beispiel eine Holzbirne, die im September kleine runde und herb schmeckende Früchte trägt. Daneben steht ein Holzapfel, dessen Früchte hart sind, ebenfalls herb schmecken und erst nach dem ersten Frost genießbar werden. Auf trockenen und kalkreichen Bodenarten kann man als großen Baum auch den Speierling dazugesellen, dessen Früchte bei der Herstellung von Apfelwein und Most Verwendung finden. Genießbar sind die Speierling-Früchte erst im Spätherbst.

Recht mächtig wird die Wildkirsche, die die Großform unserer bekannten Süßkirsche ist. Sie findet nur in großen Gärten ausreichenden Raum. Die Früchte reifen im Juli heran, sind dann schwarz gefärbt und schmecken herrlich süß. Wildkirschen wachsen auf tiefgründigen Lehmböden und bilden reichverzweigte Ausläufer. Mit etwa 10 m Höhe ist die Traubenkirsche eine kleinere Vertreterin der Wildkirschen. Die schwarzen Früchte reifen an rotgestielten Trauben und werden ab August verwertbar. Die Traubenkirsche kann trotz ihrer Größe auf Stock gesetzt werden, schlägt dann allerdings mit zahlreichen Ausläufern stark aus.

Zu den großen Baumarten paßt ganz gut die Haselnuß als Großstrauch. Wird sie zu groß,

## Wildobstbäume und Sträucher

| Deutscher, botanischer Name | Höhe (m) | Blütezeit/ -farbe | Farbe der Früchte | Reifezeit | Bemerkungen |
|---|---|---|---|---|---|
| **Berberitze** (Berberis vulgaris) | 1–3 | V–VI gelb | orange/rot | ab IX | erträgt Trockenheit und Hitze |
| **Kornelkirsche** (Cornus mas) | 3–7 | III–IV gelb | rot | VIII–IX | liebt kalkreichen Boden |
| **Haselnuß** (Corylus avellana) | 2–10 | III–IV gelb | Nüsse braun | ab IX | ist gut auf Stock zu setzen |
| **Eingriffeliger Weißdorn** (Crataegus monogyna) | 2–8 | V–VI weiß | rot | ab IX | Beeren gekocht eßbar |
| **Sanddorn** (Hippophaë rhamnoides) | 2–4 | IV–V | orange | ab IX | Wurzelausläufer, Hangbefestigung |
| **Gemeiner Wacholder** (Juniperus communis) | 1–3 | III–IV | blau/grün | im 2. Jahr | Einzelstand, volle Sonne |
| **Holzapfel** (Malus communis, domestica, silvestris) | 3–10 | IV–V rosa | grün/gelb | nach dem Frost | schöner Einzelbaum |
| **Echte Mispel** (Mespilus germanica) | 3–6 | V–VI weiß | braun | nach dem Frost | gut in mildem Klima |
| **Traubenkirsche** (Prunus padus) | 3–12 | IV–V weiß | schwarz | ab VIII | besonders für feuchte Standorte |
| **Schlehe** (Prunus spinosa) | 1–3 | IV weiß | schwarz | nach dem Frost | Wurzelausläufer, viel Sonne |
| **Holzbirne** (Pyrus pyraster) | 5–15 | IV–V weiß | grün | ab IX | schöner Einzelbaum |
| **Wilde Stachelbeere** (Ribes uva-crispa) | 1–2 | IV grün | grün/rot | VII–VIII | auch im Schatten |
| **Hundsrose** (Rosa canina) | 1–3 | V–VI rosa | rot | ab VIII–IX | Wurzelausläufer, auch auf steinigen Böden |
| **Wilde Brombeere** (Rubus fruticosus) | 1–2 | VI–VIII weiß | schwarz | ab VIII | kann schnell große Flächen überziehen |
| **Wilde Himbeere** (Rubus idaeus) | 1–2 | V–VI weiß | rot | ab VII | kann schnell große Flächen überziehen |
| **Schwarzer Holunder** (Sambucus nigra) | 3–6 | V–VI weiß | schwarz | ab IX | verträgt Rückschnitt |
| **Eberesche** (Sorbus aucuparia) | 5–10 | V–VI weiß | orange/rot | ab VIII | Früchte Vitamin-C-reich |

setzt man sie einfach ca. 30 cm über dem Boden ab, damit sie sich von unten wieder neu verzweigt.

In der Gartenmitte des gezeigten Beispiels ist Platz für Büsche und Ranker, die allesamt Dornen und Stacheln ausbilden und sich gerne durch Ausläufer ausbreiten: ein männlicher und ein weiblicher Sanddorn, zwei Hundsrosen und eine wilde Brombeere. Da sie für sich allein stehen, lassen sie sich ganz gut eingrenzen. Zur linken Seite schließt sich ein trockener Bodenabschnitt mit Steinhaufen an, der für Wacholdereinzelpflanzen wunderbar geeignet ist. Die Beeren des Wacholders sind ein beliebtes Gewürz, allerdings sind sie und auch die Triebe roh nicht genießbar. Wegen des Lichthungers der Pflanzen sind Wacholder kaum mit anderen Wildsträuchern kombinierbar.

## Verwendung und Pflege von Wildobst

Wie der Name schon sagt, sind die heimischen Wildobstarten tatsächlich „wild" in ihrem Wachstum, denken wir nur einmal an die wilde Brombeere, die mit ihren Ranken viele Meter an Raum einnehmen kann. Für einen Naturgarten ist sie deshalb zwar als robuste Pflanze gut geeignet, muß aber gleichzeitig immer wieder in Schach gehalten werden. Viele der wilden Obstarten schützen sich mit Stacheln oder Dornen vor Tierfraß, und wir Menschen brauchen teilweise schon dicke Handschuhe, um an die Früchte zu gelangen, man denke nur an Berberitze, Sanddorn und Schlehe. Beim Sanddorn sind die Dornen so hart und durchdringend, daß manche Beerensammler dazu übergegangen sind, die Beeren nach dem ersten Frost regel-

recht von den Ästen abzuschlagen und sie auf am Boden liegende Planen fallen zu lassen.

Viele der hier vorgestellten Wildobstarten haben die Angewohnheit, sich durch Ausläufer auszubreiten. Besonders Schlehe, Himbeere, Brombeere, Hundsrose und Sanddorn wandern so Meter um Meter weiter. Wer den Ausbreitungsdrang etwas bremsen will, kann die Ausläufer immer wieder abstechen oder sie beim Mähen der angrenzenden Wiese beziehungsweise des Grases kurz abschneiden.

Die wilden Stammaustriebe am Holzapfel und an der Holzbirne sind am besten mit der Schere abtrennbar. Wer genügend Platz zur Verfügung hat, kann die wilden Büsche und Bäume ruhig wachsen lassen und muß dann bei Bedarf nur etwas auslichten. So behalten sie eine ansprechende Form und die richtige Fülle. Ansonsten wird man bei Wildobst nicht stärker eingreifen, denn hier regelt das meiste die Natur, und wir Menschen können uns bedienen, die Früchte verwerten oder sie den Tieren überlassen. Manchmal ist die Tierwelt auch schneller, wie die vielen leeren Hüllen der Haselnüsse jedes Jahr beweisen.

*Wildobst in Heckenform*

Der Beispielgarten mit der Mauereinfriedung bietet einen passenden Rahmen für einen Wildobstgarten. Da natürlich nicht jeder Naturgartenfreund und nicht jede Befürworterin von solch naturnahen Anlagen soviel Platz zur Verfügung haben, gibt es noch die Möglichkeit, die Büsche und vielleicht auch Bäume in Form einer Hecke in einen bestehenden oder neu angelegten Garten einzubinden. Voraussetzung dafür ist ein vollsonniger Ort und je nach Umfang etwa 3–5 m Platz in der Breite. Die Pflanzen können ruhig in einen Rasen, Kräuterrasen oder in eine Wiese hineingepflanzt werden. Solange sie klein sind, sollten die Zwischenräume regelmäßig gemäht werden, damit die Jungpflanzen genügend Licht und Luft zum Wachsen bekommen. Mit den Jahren wird dann das Grün unterhalb von Sträuchern und Bäumen verdrängt.

Die beste Pflanzzeit ist der Herbst oder das zeitige Frühjahr, am besten wenn die Pflanzen in unbelaubtem Zustand sind. Genauere Beschreibungen sind im Kapitel „Pflanzenpraxis" zu finden.

*Strauchhecken mit Wildobst*
*auf engem Raum*

Da viele Gartenbesitzer wie gesagt über wenig Raum verfügen, kann eine Wildhecke mit heimischen Früchten auch auf etwa 2–3 m Breite und etwa 2 m Höhe begrenzt werden. Die Längenausdehnung hängt von den jeweiligen räumlichen Möglichkeiten ab.

Man kann die Pflanzen nur einreihig pflanzen, mit einem Abstand von ca. 1–2 m von Strauchmitte zu Strauchmitte, oder bei genü-

gend Platz auch zweireihig mit denselben Abständen. Für diese Heckenform stehen nicht alle der bereits vorgestellten Arten zur Verfügung, weil einige einfach zu groß sind. Aber folgende Pflanzen können problemlos eingesetzt werden: Sanddorn, Schlehe, Hundsrose, Essigrose, Gemeine Berberitze, Wilde Stachelbeere, Wilde Johannisbeere. Ergänzend können noch größer wachsende Pflanzen dazu kommen, die einfach auf die gewünschte Höhe geschnitten werden: Schwarzer Holunder, Kornelkirsche, Haselnuß, Eingriffeliger Weißdorn.

Im konkurrenzarmen Randbereich findet vielleicht noch der Gemeine Wacholder einen Platz. Die ausgewählten Wildsträucher dürfen in einer bunten Mischung, in kleinen Gruppen mit zwei oder drei Pflanzen oder sogar als einheitliche Hecke zusammengesetzt werden. Gegen Wurzelausläufer kann man vorbeugend etwas tun, indem Barrieren im Boden verankert werden, zum Beispiel mit ca. 20–30 cm hohen Randsteinen. Diese Mühe lohnt sich, wenn die Hecke in einen gepflegten Garten oder ein Blumenbeet übergeht.

*Feldgehölze mit heimischen Obstarten*

Wer einen breiteren Streifen von 4–5 m für Wildobst vorsehen möchte, kann dies in Form eines Feldgehölzes machen. Dazu setzt man alle 5–8 m einen Wildobstbaum und fügt dann jeweils zu beiden Seiten zuerst Groß- und dann Kleinsträucher an. Die Abstände von Groß- und Kleinsträuchern betragen 1–2 m. Die Großbäume werden direkt am Fuß unterpflanzt. Auch hier ist ein offener und vollsonniger Standort am geeignetsten. Wegen der botanischen Ar-

tenvielfalt und des üppigen Nahrungsangebots für Tiere wird sich in dem Feldgehölz ein reiches Tierleben einstellen. Deshalb sind solche Nahrungshecken und Gehölze ein besonders guter Beobachtungsgegenstand, vor allem im Herbst und Winter, wenn sie von den verschiedenen Vögeln „beerntet" werden. Ein einzelner Strauch oder Baum mit Fruchtbehang, möglichst in Fensternähe, kann natürlich auch schon Vögel anlocken.

Hagebuttenmarmelade gilt als Delikatesse. Die Früchte vor dem Kochen aushöhlen

Die große Hecke in Form eines Feldgehölzes wird sich allerdings nur in Randbereichen von größeren Gärten verwirklichen lassen. Wie sie ganz genau angelegt wird, kann man im Kapitel „Feldgehölze" ab Seite 75 nachlesen.

# Wildrosenhecke mit Staudensaum

„Mich wundert, Rose deine Güte,
daß sie sich mit dem Dorn verträgt:
du hast im sinnigen Gemüte
gewiß den Lauf der Welt erwägt."

*Hafis,* 1326–1390

Wer kann sich schon dem Zauber der Rosenblüte entziehen, und wer möchte nicht auch im Naturgarten einigen Wildrosen ein Plätzchen einräumen? Dieses Beispiel einer Hecke mit den unterschiedlichsten Rosenarten ist für einen vollsonnigen Platz in einem großen oder kleinen Garten gedacht, von dem zur Blütezeit ein süßer Rosen- und Lavendelduft ausgeht. Im Spätsommer erscheinen die ersten Hagebutten mit ihrem herrlichen Rot und laden ein zum Pflücken und Verarbeiten zu Hagebuttenmarmelade, Gelee oder Wein. Ansonsten bleiben sie den Tieren als Nahrungsvorrat für den Herbst und den Winter vorbehalten.

# Gartenelemente
## *Gestaltungsbeispiele von Gartenteilen*

Dieser zauberhafte Rosengarten entfaltet seine Farbenpracht nur an einem sonnigen Standort

❶ Hundsrose
(R. canina)
❷ Hechtrose
(R. glauca)
❸ Filzrose
(R. tomentosa)
❹ Bibernellrose,
als Bodendeckerart
(R. pimpinellifolia repens)
❺ Essigrose
(R. gallica)
❻ Kartoffelrose
(R. rugosa)
❼ Vielblütige Rose
(R. multiflora)
❽ Stacheldrahtrose
(R. omeiensis var. pteracantha)
❾ Damaszenerrose
(R. damascena)
❿ Apfelrose, gefüllt blühend
(R. villosa 'Duplex')
⓫ Eibe
(Taxus baccata)
⓬ Buchsbaum,
größer wachsend,
z. T. geschnitten
(Buxus sempervirens var. arborescens)
⓭ Buchsbaumhecke,
ca. 30–40 cm Höhe
(Buxus sempervirens 'Suffruticosa')
⓮ Lavendel
(Lavandula angustifolia)
⓯ Herbstsedum
(Sedum telephium)
⓰ Zwergschwertlilie
(Iris pumila)
⓱ Grasnelke
(Armeria maritima)

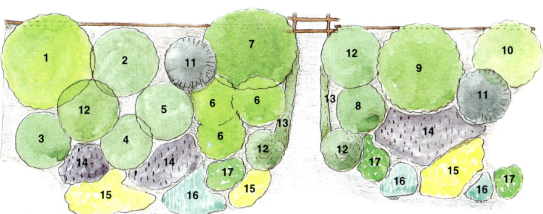

131

| Wildrosenarten für Hecken | | | | | | |
|---|---|---|---|---|---|---|
| Deutscher, botanischer Name | Höhe (cm) | Duft der Blüten | Blütezeit | Blütenfarbe | Hagebutten | Bemerkungen |
| Feldrose (Rosa arvensis) | 50–200 | nein | VII | weiß | rot ab X | kriecht und klettert etwas, auch Halbschatten |
| Hundsrose (Rosa canina) | 300–500 | ja | VI–VII | weiß, rosa | rot ab IX–X | auch in Halbschatten, windfest |
| Damaszenerrose (Rosa damascena) | 200–300 | stark | VI | rosa | grün/rot ab IX | nicht direkt heimisch, intensiver Duft, braucht viel Sonne und Platz |
| Essigrose (Rosa gallica) | 50–150 | ja | VI–VII | rosa | braunrot, IX–X | liebt Kalk und Wärme |
| Hechtrose (Rosa glauca) | 100–300 | leicht | VI–VII | rosa | rot, VIII–IX | wärmeliebend, Blätter sind blaugrau |
| Zimtrose (Rosa majalis) | 100–150 | ja | V–VI | rosa | rot, VIII–IX | auch Halbschatten, Rinde zimtfarben |
| Vielblütige Rose (Rosa multiflora) | 200–300 | etwas | VI | weiß | rot ab IX | nicht direkt heimisch, wächst breit und ausladend, viele Blüten |
| Stacheldrahtrose (Rosa omeiensis var. pteracantha) | 200–300 | nein | V | weiß | rot ab VIII | nicht direkt heimisch, attraktiv wegen der roten Stacheln |
| Bibernellrose (Rosa pimpinellifolia) | 20–120 | ja | V–VI | weiß, gelb | braunschwarz, VIII | Dünenrose, wärmeliebend |
| Weinrose (Rosa rubiginosa) | 200–300 | nein | VI–VII | rosa | rot ab IX–X | auch auf steinigen Böden, braucht Kalk |
| Kartoffelrose (Rosa rugosa) | 100–150 | ja | V–IX | weiß, rosa | rot, IX–X | im engeren Sinne nicht heimisch, aber vielseitig verwendbar |
| Filzrose (Rosa tomentosa) | 50–200 | nein | VI | weiß | rot ab IX | wärmeliebend |
| Gefüllte Apfelrose (Rosa villosa 'Duplex') | 50–200 | ja | V–VII | rosa | rot, VIII–IX | liebt Kalk, auch auf steinigen Böden, Zuchtrose |
| ROSENBEGLEITPFLANZEN | | | | | | |
| Buchsbaum (Buxus sempervirens var. arborescens) | 50–200 | – | – | – | – | langsam wachsend, großwachsende Form, nur für höhere Hecken oder einzeln |
| Lavendel (Lavandula angustifolia) | 20–60 | ja | VI–VIII | violett | – | einzeln oder als Hecke, braucht volle Sonne |
| Eibe (Taxus baccata) | 50–300 | – | – | – | – | für ausreichend feuchte Standorte, fast alle Teile stark giftig |

Die im Beispiel gezeigte Hecke ist zum Süden hin mit einem Band aus pflegeleichten und trockenheitsverträglichen Stauden gesäumt. Die blaue Zwergiris und die rosafarbene Grasnelke blühen im Frühling, während die Herbstfetthenne, ebenfalls in Rosa, den Blütenreigen im Herbst abschließt. Hier passen auch noch Frühlingsblumenzwiebeln dazwischen, wie Traubenhyazinthen, Wildtulpen, Osterglocken oder Schneeglöckchen.

Das Rosenbeet wird an der Rückseite durch einen 1,50 m hohen Bretterzaun begrenzt, den in der Mitte ein rosenumranktes Spalier unterbricht. Ein Schotter- oder Kiesweg grenzt das Beet nach vorne ab. Diese deutlich betonten Grenzen geben dem Gartenbild mehr Ruhe, denn Rosen sind in dieser Vielfalt schnell ein willkürliches buntes Vielerlei. Der Weg läßt die nicht allzu hohen Stauden im Vordergrund besser zur Geltung kommen. Eine halbhohe Wiese oder ein Kräuterrasen würden schnell in die Stauden hineinwachsen und sie schließlich verdrängen.

Wer auf einen Weg und die Stauden verzichten möchte, kann den Gartenvorschlag nur mit den Rosen und den Gehölzen übernehmen.

## Gartenelemente
*Gestaltungsbeispiele von Gartenteilen*

Einen weiteren Ruhepol dieser Rosenhecke bilden die Immergrünen, die besonders im Herbst und Winter mit ihrem kompakten Wuchs und mit frischem Grün den vielen Ranken und Trieben der sie umgebenden Rosen einen optischen Rahmen verleihen. Ausgewählt wurden Buchsbaum, der hier als kleiner Baum und als Hecke wachsen darf, und Eibe, die sowohl geschnitten als auch ungeschnitten in dieses Arrangement paßt. Die immergrünen, graufilzigen Lavendelpolster sind vor den Rosen angeordnet. Sie bereichern das Beet das ganze Jahr hindurch mit Farbe, Blüten oder Duft.

### Anlage der Wildrosenhecke

Die Hecke benötigt einen Pflanzstreifen von etwa 3–4 m Breite (mit Stauden ca. 1 m mehr) und 13 m Länge. Statt des Durchgangs könnte an der entsprechenden Stelle auch eine kleine Bank stehen, eine schöne Skulptur oder etwas Ähnliches. Zaun, Weg und Torbogen sind als erstes fertigzustellen. Natürlich kann man auf den Mittelweg auch verzichten und Buchsbaumhecken und Pyramiden einfach weglassen. Auf diese Weise entsteht eine geschlossene Heckenanlage.

Nach den baulichen Vorarbeiten beginnt man mit dem Pflanzen der immergrünen Gehölze, also Buchsbaum und Eibe. Das macht man am besten im Frühjahr oder im frühen Herbst. Auch für die Rosen, die als nächstes folgen, ist das die beste Pflanzzeit. Dann arbeitet man sich langsam mit dem Lavendel und den Stauden nach vorne.

Im Herbst ist es an der Zeit, zwischen die Stauden die gewünschten Blumenzwiebeln und Knollen zu stecken. Sie kommen etwa dreimal so tief in den Boden, wie die Zwiebeln oder Knollen hoch sind.

In dem vorderen Bereich können besonders schöne Einzelsteine und Findlinge hinzugefügt werden, die in der laubarmen Jahreszeit besonders zur Geltung kommen. Diese Arbeit wird am besten zeitgleich mit der Weganlage erledigt. Die Stauden kommen dann in die Steinzwischenräume.

### Pflegearbeiten

Die hier vorgestellte Heckenanlage gedeiht auf fast jeder Bodenart. Auf sandigem und steinigem Untergrund wird die Wuchskraft etwas schwächer sein als auf mittelschwerem Lehmboden. Auf jeden Fall ist aber volle Sonne eine wichtige Voraussetzung für das Pflanzen von Wildrosen. Die Abstände zwischen den Rosen-Arten und den Immergrünen sind bewußt groß gewählt worden, damit die einzelnen Pflanzen sich gut entfalten können. Am Anfang kann die Fläche deswegen etwas leer aussehen. Hier hilft vielleicht eine Bepflanzung mit einjährigen Blumen. Da die Wildrosen aber schnell wachsen, dürften die Lücken ab dem dritten Jahr nur noch klein sein.

## TIPS & HINWEISE

**Wildstauden als Rosenbegleiter**

Die im Gestaltungsbeispiel dargestellten Stauden sind die im September blühende Fette Henne, die im April blühende Zwergschwertlilie und die grasförmig wachsende Grasnelke, die ab Mai erblüht.

Wer außer Frühlingsblumenzwiebeln noch weitere Stauden ergänzen möchte, kann zum Beispiel unter den folgenden wählen: Moschusmalve, Ysop, Blutstorchschnabel, Einfache Margerite, Ackerglockenblume und Bergaster.

Nun beginnt langsam das Regulieren des Wachstums durch den Gehölzschnitt. In unserem Gestaltungsvorschlag können sich die Wildrosen gerne ausbreiten, sollen aber nicht die immergrünen Gehölze und die kleineren Rosen überwuchern. Da die Wildformen sich aber durch Ausläufer und kräftige Rosentriebe ausbreiten, werden in diesem Fall ein jährliches Zurückschneiden bis zur gewünschten Größe und das Herausschneiden oder Abstechen der Ausläufer in Bodennähe zum Pflegealltag gehören. Im Frühling und eventuell im Herbst kann diese Arbeit am besten erledigt werden.

Sobald die Rosen in ihrer Blühwilligkeit nachlassen, wird ein Frühlingsschnitt bis auf ca. 30–50 cm Höhe die Rosen verjüngen. Besonders bei der Stacheldrahtrose bringt ein jährlicher Rückschnitt viele Neutriebe hervor, an denen die leuchtend roten Stacheln gut zu sehen sind. Die vielblütige Rose am Durchgang bekommt mit den Jahren bei guten Verhältnissen

leicht 5 m lange Triebe. Diese können zum Beranken des Durchgangs verwendet werden und wachsen weit über den Zaun, zur Seite und nach vorne. Der Schnitt kann hier nach den jeweiligen Wachstumswünschen erfolgen. Wird diese Rosenhecke entlang eines Zauns oder einer Grundstücksgrenze gepflanzt, ist zu bedenken, daß gerade die wilden Rosen mit ihren wüchsigen Ausläufern in Nachbars Garten weiterwandern und einen Zaun mühelos durchwachsen. Daher ist in diesem Beispiel bewußt ein Bretterzaun verwendet worden, und wer die Ausläufer hundertprozentig bändigen möchte, kann entlang des Bretterzauns noch Randsteine in den Boden einlassen. Da viele Rosenausläufer flach wurzeln, wird ihnen so das Hineinwachsen in unerwünschte Bereiche erschwert.

Den immergrünen Gehölzen verleiht der Schnitt eine gleichbleibende Form, was besonders bei der Buchsbaumhecke notwendig erscheint. Geschnitten wird Buchsbaum am besten in den Monaten ohne „R", also von Mai bis August. Auch für die Eibe ist das eine passende Zeit. Der Lavendel wird buschig, wenn er nach der Blüte immer um ein Drittel, maximal um die Hälfte, zurückgenommen wird. Alte Stöcke sollte man nicht mehr so stark schneiden, sonst treiben sie womöglich nicht mehr willig aus.

Essigrosensträucher werden meist etwa einen Meter hoch. Wie viele andere Rosen auch, zeigt die Essigrose im Juni und Juli ihre wunderschönen Blüten

## Ein prächtiger Vorgarten

Etwa 7,50 m breit und sehr langezogen (25 m) präsentiert sich dieser Vorgarten, der in der Mitte durch einen geschwungenen Weg geteilt wird. Damit gehört er sicherlich nicht mehr zu den kleinen Vorgärten, und doch läßt sich die unterschiedliche Bepflanzung links und rechts des Weges problemlos auf einen Vorgarten kleineren Maßstabes übertragen. Um möglichst viele Ideen und Vorschläge zeigen zu können, ist dieser Beispielgarten bewußt so groß gestaltet worden.

Der Naturgarten vor dem Haus liegt zwar hell, es scheint aber nur in der Frühe und abends etwas Sonne auf die Bepflanzung. Der Boden ist mittelschwer, und aufgrund des halbschattigen Standortes trocknet er nicht so schnell aus. Da

# Gartenelemente
## *Gestaltungsbeispiele von Gartenteilen*

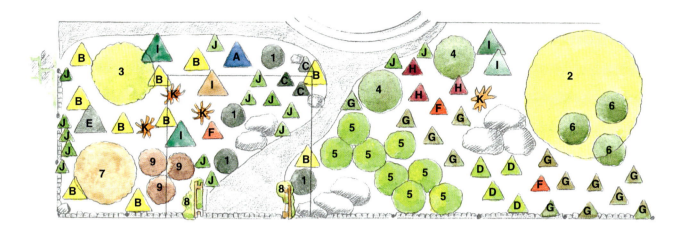

- ❶ Krummholzkiefer
  (Pinus mugo ssp. mugo)
- ❷ Sandbirke, hängende
  (Betula pendula 'Youngii')
- ❸ Haselnuß
  (Corylus avellana)
- ❹ Stechpalme
  (Ilex aquifolium)
- ❺ Kartoffelrose
  (Rosa rugosa)
- ❻ Alpenheckenrose
  (Rosa pendulina)
- ❼ Schmetterlingsstrauch
  (Buddleja davidii)
- ❽ Geißblatt
  (Lonicera caprifolium)
- ❾ Berberitze
  (Berberis vulgaris)

- Ⓐ Knäuelglockenblume
  (Campanula glomerata)
- Ⓑ Frauenmantel
  (Alchemilla mollis)
- Ⓒ Christrose, Nieswurz
  (Helleborus foetidus)
- Ⓓ Frauenfarn
  (Athyrium filix-femina)
- Ⓔ Waldgeißbart
  (Aruncus dioicus)
- Ⓕ Türkenbundlilie
  (Lilium martagon)
- Ⓖ Immergrün
  (Vinca minor)
- Ⓗ Jakobsleiter
  (Polemonium caeruleum)
- Ⓘ Herbstanemone
  (Anemone hupehensis),
  nicht heimisch
- Ⓙ Bärenfellschwingel
  (Festuca scoparia),
  nicht heimisch
- Ⓚ Pfeifengras
  (Molinia altissima)

Wenn man die Bepflanzung entsprechend auswählt, kann dieses Beispiel auch auf kleinere Vorgärten übertragen werden

dieser Vorgarten keinen festen Zaun bekommt, wird hier Wert darauf gelegt, keine stark giftigen Pflanzen aufzunehmen. Um dem Garten trotzdem eine optische Grenze zu geben, wurde eine originelle Idee mit Holzpfosten verwirklicht, die mit einem dünneren Tau verbunden sind. Das Holz der Pfosten und des Spaliers am Eingang sollte vom gleichen Gehölz stammen.

Die Kunst der Gartengestaltung besteht in der harmonischen Verbindung von architektonischen Elementen und verschiedenen Materialien mit der Bepflanzung. Wichtig ist dabei eine interessante Linienführung. In diesem Beispiel wurden zunächst die Wege und der Zugang zum Haus geplant und ausgeführt. Auf der Garageneinfahrt kommen große Platten mit

| Gehölze und Stauden für den Vorgarten | | | | | | |
|---|---|---|---|---|---|---|
| Deutscher, botanischer Name | Höhe (m) | Blüte- zeit | Blüten- farbe | Frucht- schmuck | Herbst- färbung | Bemerkungen |
| **Frauenmantel** (Alchemilla mollis) | 0,20–0,40 | VI–VII | gelb | – | manchmal rot | A. mollis nicht heimisch, nur A. vulgaris |
| **Herbstanemone** (Anemone hupehensis) | 0,80 | VIII–IX | rosa, weiß | – | gelb | nicht heimisch |
| **Waldgeißbart** (Aruncus dioicus) | 1,50 | VI–VII | weiß | – | – | – |
| **Frauenfarn** (Athyrium filix-femina) | 0,70 | – | – | – | – | braucht einige Zeit zum Einwachsen |
| **Berberitze** (Berberis vulgaris) | 1–3 | V–VI | gelb | orangerote Beeren | gelb/orangerot | hat spitze Dornen |
| **Sandbirke, hängende** (Betula pendula 'Youngii') | max. 7 | III + IV | grün/gelb | Kätzchen | gelb | Sandbirke heimisch, diese Form ist veredelt und bleibt so hoch, wird aber breit |
| **Schmetterlingsstrauch** (Buddleja davidii) | 2–3 | VII–IX | weiß, rosa, violett | – | – | unter Naturgärtnern umstritten, ob heimisch |
| **Knäuelglockenblume** (Campanula glomerata) | 0,6 | VI–VII | blau | – | – | – |
| **Haselnuß** (Corylus avellana) | 4–6 | III–IV | grün/gelb | Kätzchen | gelb/orange | durch Rückschnitt ist sie kleiner zu halten |
| **Bärenfellschwingel** (Festuca scoparia) | 0,30 | VI–VII | grün | – | immergrün | nicht heimisch |
| **Christrose, Nieswurz** (Helleborus foetidus) | 0,50 | II–IV | hellgrün | – | immergrün | – |
| **Stechpalme** (Ilex aquifolium) | 2–5 | V–VI | weiß | rote Beeren | immergrün | Beeren leicht giftig, Übelkeit! Ersatz: Buchsbaum |
| **Türkenbundlilie** (Lilium martagon) | 0,90 | VI–VII | orange | – | – | bei Wühlmausgefahr in Gitterkörbe pflanzen |
| **Geißblatt** (Lonicera caprifolium) | 2–3 | V–VI | gelb, rosa | rote Beeren | – | Blüten duften, Beeren giftig! |
| **Pfeifengras** (Molinia altissima) | 0,50–1,80 | VIII–IX | grün | – | gelb/orange | schönes Herbst- und Wintergras |
| **Krummholzkiefer** (Pinus mugo ssp. mugo) | 0,40–1,00 | – | – | Zapfen | – | langsam wachsende Bergkiefer |
| **Jakobsleiter** (Polemonium caeruleum) | 0,40 | VI–VIII | blau | – | – | – |
| **Alpenheckenrose** (Rosa pendulina) | 0,50–2,00 | V–VI | rosa | Hagebutten | gelb | Vorsicht Ausläufer! |
| **Kartoffelrose** (Rosa rugosa) | 0,50–1,50 | V–IX | weiß, rosa | Hagebutten | gelb | Hagebutten auch eßbar |
| **Immergrün** (Vinca minor) | 0,20 | IV–V | violett | – | immergrün | breitet sich flächig aus |

breiten Fugen zum Einsatz, auf den Gehwegen Kleinpflaster aus Granit. Da die breite Eingangstreppe terrakottafarben ist, könnten, in Abwandlung des gezeigten Beispiels, in die Pflasterfläche Querbänder eingearbeitet werden, die in etwa denselben Farbton haben. Dadurch ergibt sich eine sehr reizvolle Wiederholung in den Farben der verschiedenen Materialien. Die Begrenzungspfosten und das Holz des Eingangsspaliers streicht man dann ebenfalls in dieser Farbe.

Die zweite Grundfarbe ist Grau. Sie kommt besonders durch das Pflaster zum Tragen. In den Pflasterfugen darf ruhig auch mal Gras wachsen, was die Struktur etwas auflockert. Einen weiteren Kontrast zu dem rauhen Granitpflaster bildet das Hauptthema des Vorgartens: die großen Findlinge, die von ihrer Struktur her glatt und rundlich sind und sich harmonisch in verschiedenen Gruppen in den Garten einbetten. Sie werden direkt nach den Pflasterarbeiten beschafft und mit der schönsten Seite nach oben auf den vorgesehenen Stellen plaziert, so daß das Ganze wie natürlich gewachsen wirkt. Die Findlinge werden nicht nur aufgestellt, sondern auch etwas in den Boden eingelassen.

Entlang des geschwungenen Weges können noch kleinere Einzelsteine und etwas Kies verteilt werden. Das später angrenzende Bärenfellgras und andere Stauden passen gut zu dem hellgrauen Kies. Hier wäre je nach Wunsch auch eine halbhohe Lampe nicht schlecht, die dieses Farbenspiel im Dunkeln hervorheben könnte.

Nachdem die Hauptelemente, nämlich die Findlinge, wunschgemäß angeordnet sind, kommen die großen Gehölze und Stauden, die sogenannten Gerüstpflanzen, an die Reihe. Dies sind die markante Hängebirke, zwei Stechpalmen, vier kleinwachsende Kiefern, eine Haselnuß und ein Schmetterlingsstrauch. Um die zwei Eingangsspaliere ranken sich im Sommer blühende Geißblätter, die herrlich duften. Unter den Stauden sind der Waldgeißbart, die Herbstanemone und das Pfeifengras die markantesten Vertreter.

In der folgenden Reihenfolge wird nun gepflanzt:
- Gehölze (erst groß, dann klein)
- Großstauden
- kleinere oder Gruppenstauden

Im Herbst ist die beste Zeit, um noch freie Stellen mit schönen Zwiebelblumen aufzufüllen. Die genauen Beschreibungen der verwendeten Pflanzen können in der Tabelle auf Seite 138 nachgelesen werden.

### Farbaspekte im Jahreslauf

Damit man sich die Farbentwicklung des Gartens wie im Zeitraffer über ein ganzes Jahr hinweg vorstellen kann, soll sie mit den Blüten- und Fruchthöhepunkten kurz skizziert werden.

Diese Ansicht zeigt den Eingangsbereich des Vorgartens. An dem linken Rankgerüst hängt der Briefkasten

Im Winter bereichern diesen Vorgarten vor allem Zwergkiefern, die roten Beeren und das glänzend grüne Laub der Stechpalmen und natürlich die Steine. Die Christrosen (Nieswurz) an der Treppe bringen im Winter ihre Blüten hervor.

Den Frühling bestimmen vor allem der hellgrüne Austrieb der jungen Birkenblätter, die ersten Haselblüten, das Blau des Immergrünchens und die neuen Wedel des Frauenfarns. Gruppen von roten Wildtulpen und einfachen Osterglocken können noch im Herbst davor gesetzt werden, um Zwischenräume zu füllen. Im Mai beginnt die Jakobsleiter in hellem Blau ihre Blüten zu öffnen, im Anschluß der schwefelgelbe Frauenmantel. Die Berberitzen zieren danach mit ihren dunkelgelben Blütentrauben. Ende Mai und im Juni ist der Blütenhöhepunkt der rosa blühenden Alpenrose, direkt neben der Hängebirke, die sich nach rechts und nach vorne mit ihren Ranken ausbreiten darf. Jetzt beginnt auch die Blütezeit der Kartoffelrosen, die bis in den Herbst hinein zunächst mit ihren rosafarbenen Blüten und dann mit den großen orangefarbenen Hagebutten die rechte Seite des Vorgartens dominieren. Einen intensiven Duft verbreiten jetzt auch die Geißblätter zu beiden Seiten des Einganges. Einen blauvioletten Farbtupfer bringen die Knäuelglockenblumen in Treppennähe ein.

Ab Ende Juni wird sich die in Gruppen von etwa drei bis fünf Exemplaren gesetzte Türkenbundlilie mit ca. 80 cm Höhe über die bodendeckenden Stauden erheben und mit ihren leuchtenden Blüten die Blicke auf sich lenken. Zeitgleich beginnen auch die feinen Polster des Bärenfellgrases ganz zierlich zu blühen. Groß und mächtig kommt jetzt der Waldgeißbart mit den cremeweißen Blütenrispen neben der Haselnuß zum Vorschein.

Der Hochsommer ist dem Schmetterlingsstrauch in der Ecke vorne links vorbehalten. Die schmetterlingsübersäten violetten Blüten können teilweise bis Anfang September strahlen.

Danach beginnt die Herbstblüte. Das Pfeifengras ziert schon sommers mit seinen feinen Grashalmen und wirkt besonders schön zusammen mit dem gelben Herbstschmuck der Blätter. Rosafarbene Herbstanemonen fallen daneben weich fließend nach außen. Die Berberitze zeigt ab September kräftig rote Beerentrauben und legt sich ab Oktober noch ein gelborangefarbenes Blätterkleid zu. Zum Teil bringt der Frauenmantel zum Herbst hin rötliche Blätter hervor. Außerdem leuchten bis in den Winter hinein noch die Hagebutten der Alpen- und Kartoffelrose, und das auffallende Gelb des Pfeifengrases wird bis zum ersten Schnee seine Farbwirkung behalten. Auch die roten Stechpalmenbeeren haben wieder ihren Auftritt, und der Farbreigen des Jahres geht in die nächste Runde.

## Pflegearbeiten

Wie bei allen neu gepflanzten Gärten dauert es ein paar Jahre, bis sich alle Büsche und Blumen etwas ausgebreitet haben. Man kann die Zwischenräume so lange mit einjährigen Blumen füllen. Ansonsten ist die Frage der Pflege auch eine Frage der persönlichen Einstellung und Ordnungsliebe. Wer es gerne übersichtlich mag, wird vielleicht schon im Herbst verblühte Stiele der Stauden abschneiden wollen. Im Sinne der Naturgartenidee kann man damit allerdings bis zum Frühjahr warten, denn die hohlen Stengel, Hülsen und das Laub bieten der Tierwelt noch manchen Unterschlupf. Und die Beeren der Sträucher sind für viele Vögel eine herbstliche und winterliche Nahrungsquelle. Deshalb kann der Vorgarten bis in den Winter hinein ruhig etwas „wilder" aussehen.

Im Frühjahr bricht mit beginnendem Wachstum die Zeit des Schneidens und Teilens an. Die Hängebirke kann am Stammende alle paar Jahre etwa ein Viertel der alten Triebe entbehren. Die Alpenheckenrosen darunter vertragen ebenfalls einen kräftigen Rückschnitt. Gegen eine zu starke Ausbreitung hilft das Abstechen der seitlichen Ausläufer. Ein jährlicher Rückschnitt auf 30–40 cm Höhe bekommt den Kartoffelrosen ausgezeichnet. Auch der Schmetterlingsstrauch

treibt, entsprechend gestutzt, gern von unten wieder aus und bringt an den Enden der einjährigen Triebe größere Blüten hervor, als wenn er ungeschnitten bliebe. Haselnuß und Berberitze läßt man wachsen, die Form wird nur reguliert, wenn es aus ästhetischen Gründen notwendig erscheint. Werden sie jedoch von innen her kahl, hilft auch hier ein Rückschnitt wie bei den Kartoffelrosen. Bei den Geißblättern genügt ein gelegentliches Auslichten. Wenn man die giftigen roten Beeren aus Sicherheitsgründen im Herbst abschneidet, hat sich der Schnitt damit schon erledigt. Die Beeren schmecken bitter und können zu Erbrechen führen.

Bei den Stauden entfernt man die alten Blätter und Stiele knapp über dem Boden und lockert in den Zwischenräumen die Erde etwas auf. Das Immergrün breitet sich flach aus und wird am besten in Ruhe gelassen. Im Gegensatz dazu empfiehlt es sich, das Bärenfellgras alle zwei Jahre auszugraben, zu teilen und neu einzupflanzen. Dadurch verkahlt es nicht von innen und bildet wunderschöne Polster. Auch die anderen Stauden, außer dem Immergrün, dem Frauenfarn und der Türkenbundlilie, sind in größeren Abständen für ein Teilen und Neuauspflanzen dankbar. Dadurch verjüngen sie sich und bringen eine größere Blütenfülle hervor. Im Laufe der Zeit wird die eine Pflanze sich stark ausbreiten, die andere sich vielleicht zurückziehen. Jetzt ist es reine Entscheidungssache, welche bleiben darf und welche vielleicht besser umgesiedelt wird.

## *Ein alter Garten bekommt „Unterbau"*

Wenn die im Garten gepflanzten Bäume immer größer werden und der Boden darunter immer schattiger und auch durchwurzelter ist, wird die Auswahl an geeigneten Pflanzen, die hier noch passen, immer geringer. Die Zeichnung stellt mehrere solcher dunkler Gartenecken vor, wie sie nicht selten vorkommen. Was am besten wohin paßt, ist abhängig von dem Boden, von dessen Feuchtigkeit und Kalkgehalt, dem noch vorhandenen Lichteinfall und dem Grad der Durchwurzelung – und nicht zuletzt von den Baumarten, unter denen die anderen Pflanzen wachsen sollen. Ganz ausführlich sind diese Zusammenhänge im Kapitel „Bäume und ihr Unterwuchs" von Seite 67 bis 71 beschrieben.

Hier nun die Gartenbeispiele im einzelnen. Der linke Teil vermittelt die kühl-feuchte Atmosphäre eines Gartenteils, der von tieferem Schatten geprägt ist. Die Tannen sind schon

**Nadelwald** — **Schlagfläche** — **Laubwald**

# Gartenelemente
## *Gestaltungsbeispiele von Gartenteilen*

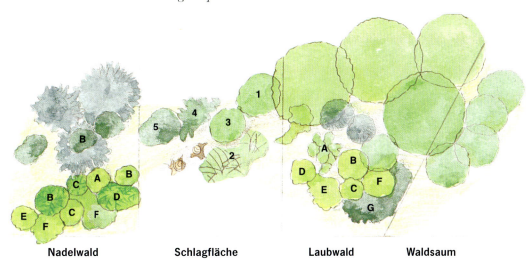

Nadelwald — Schlagfläche — Laubwald — Waldsaum

Die zunächst unansehnliche Schlagfläche in der Mitte wird sehr schnell von Sträuchern und Stauden überwuchert

**Stauden Nadelwald:**
- **A** Waldehrenpreis (Veronica officinalis)
- **B** Frauenfarn (Athyrium filix-femina)
- **C** Sauerklee (Oxalis acetosella)
- **D** Schattenblume (Maianthemum bifolium)
- **E** Waldmeister (Galium odoratum)
- **F** Goldnessel (Lamiastrum galeobdolon)

**Stauden und Sträucher Schlagfläche:**
- **1** Roter Holunder (Sambucus racemosa)
- **2** Waldhimbeere (Rubus idaeus)
- **3** Tollkirsche (Atropa belladonna)
- **4** Zweijähriger Fingerhut (Digitalis purpurea)
- **5** Waldgeißbart (Aruncus dioica)

**Stauden Laubwald:**
- **A** Türkenbundlilie (Lilium martagon)
- **B** Salomonssiegel (Polygonatum multiflorum)
- **C** Frühlingsplatterbse (Lathyrus vernus)
- **D** Haselwurz (Asarum europaeum)
- **E** Waldtrespe (Bromus ramosus)
- **F** Christrose, Nieswurz (Helleborus foetidus)
- **G** Efeu (Hedera helix)

Waldsaum

## Gehölze und Stauden für waldähnliche Unterpflanzungen (Auswahl)

| Deutscher, botanischer Name | Höhe (m) | Blütezeit | Blütenfarbe | Bemerkungen |
|---|---|---|---|---|
| **SCHATTIGE, LUFT- UND BODENFEUCHTE STANDORTE UNTER DICHTEN NADELBÄUMEN** | | | | |
| **Frauenfarn** (*Athyrium filix-femina*) | 0,70 | – | – | meidet kalkhaltige Böden |
| **Waldmeister** (*Galium odoratum*) | 0,15 | V | weiß | Bodendecker, starker Blütenduft |
| **Goldnessel** (*Lamiastrum galeobdolon*) | 0,30 | IV–VII | gelb | wüchsiger Bodendecker |
| **Schattenblume** (*Maianthemum bifolium*) | 0,10 | V–VI | weiß | wüchsiger Bodendecker |
| **Sauerklee** (*Oxalis acetosella*) | 0,05 | IV–V | weiß | meidet kalkhaltige Böden, braucht Bodenfrische |
| **Felsenjohannisbeere** (*Ribes petraeum*) | 1–2 | V–VI | gelbgrün | meidet kalkhaltige Böden |
| **Waldehrenpreis** (*Veronica officinalis*) | 0,10–0,30 | VI–VII | blau | unter Laub- und Nadelbäumen |
| **GEHÖLZE UND STAUDEN FÜR SCHLAGFLÄCHEN** | | | | |
| **Waldgeißbart** (*Aruncus dioicus*) | 1,50–2,00 | VI–VIII | weiß | braucht frische Böden |
| **Tollkirsche** (*Atropa belladonna*) | 0,50–1,50 | VI–VII | braun | einzelne schwarze Beeren sehr giftig |
| **Zweijähriger Fingerhut** (*Digitalis purpurea*) | 1,00–1,50 | VI–VII | rosa, weiß | sät sich selbst aus, sehr giftig |
| **Waldweidenröschen** (*Epilobium angustifolium*) | 1 | VI–VIII | rosa | braucht frische, etwas kalkarme Böden |
| **Wilde Stachelbeere** (*Ribes uva-crispa*) | 0,50–1,20 | IV | grün | Früchte rötlich, sehr aromatisch |
| **Waldhimbeere** (*Rubus idaeus*) | 0,50–2,00 | V–VI | weiß | Ausläufer, Beeren sehr aromatisch |
| **Roter Holunder** (*Sambucus racemosa*) | 1–4 | IV | weiß/gelb | rote Beeren ab VIII gekocht eßbar |
| **Greiskraut** (*Senecio nemorensis* ssp. *fuchsii*) | 1 | VII–IX | gelb | braucht frische Böden |
| **LAUBWALDÄHNLICHE STANDORTE MIT LICHTEM SCHATTEN** | | | | |
| **Haselwurz** (*Asarum europaeum*) | 0,10 | III–IV | unauffällig | braucht frische Böden |
| **Waldtrespe** (*Bromus ramosus*) | 0,60–1,00 | VI–VIII | unauffällig | braucht frische u. kalkreiche Böden |
| **Seidelbast** (*Daphne mezereum*) | 1–2 | III–IV | rosa | braucht Kalk, Beeren stark giftig |
| **Efeu** (*Hedera helix*) | 1–20 | – | unauffällig | Flächendecker oder zum Beranken |
| **Christrose, Nieswurz** (*Helleborus foetidus*) | 0,50–0,60 | II–IV | weiß | immergrün, braucht kalkreiche Böden |
| **Stechpalme** (*Ilex aquifolium*) | 2–3 | IV–V | weiß | immergrün, rote Beeren leicht giftig |
| **Frühlingsplatterbse** (*Lathyrus vernus*) | 0,30 | IV–V | violett | braucht kalkreiche Böden |
| **Türkenbundlilie** (*Lilium martagon*) | 1 | VII | orange | zieht nach der Blüte ein |
| **Waldgeißblatt** (*Lonicera periclymenum*) | 3–6 | VI–VII | gelb | duftende Blüten, Kletterpflanze, Beeren leicht giftig |
| **Rote Heckenkirsche** (*Lonicera xylosteum*) | 1,00–2,50 | V | weiß | rote Beeren ab VIII–IX, leicht giftig |
| **Salomonssiegel** (*Polygonatum multiflorum*) | 0,60 | V–VI | weiß | braucht frische Böden |
| **LICHTER SCHATTEN UNTER KIEFERN U. EICHEN** | | | | |
| **Bergaster** (*Aster amellus*) | 0,50 | VII–IX | violett | braucht Kalk, auch sonniger |
| **Blasenstrauch** (*Colutea arborescens*) | 1–3 | V–IX | gelb | braucht Kalk und viel Licht, Früchte leicht giftig |
| **Bunte Kronwicke** (*Coronilla varia*) | 0,40 | VI–VII | rosa | braucht Kalk, auch sonniger |
| **Besenginster** (*Cytisus scoparius*) | 1–2 | V–VI | gelb | braucht viel Licht und wenig Kalk. Früchte leicht giftig |
| **Krähenbeere** (*Empetrum nigrum*) | 0,10–0,50 | – | unscheinbar | dunkelblaue Beeren ab XI eßbar |

älter, und die dazugekommenen großen Kiesel haben schon Moos angesetzt. In diese Umgebung passen ein kleiner Bachlauf oder ein feuchter Graben. Wegen der dadurch entstehenden Luftfeuchtigkeit und der angenehmen schattigen Kühle bietet sich der Rand dieses Schattengartens als Sitzgelegenheit für heiße Sommertage geradezu an.

Der mittlere Gartenteil ist ein Vorschlag für den Fall, daß an einer Stelle alte Bäume entfernt werden müssen. Hier ist es teils sonnig, teils schattig, und alte Baumstümpfe, Wurzeln und Bruchholz lassen noch den früheren Bewuchs erkennen. Für viele Tiere bieten solche Kahlschläge über mehrere Jahre hinweg einen idealen Lebensraum. Blumen und Sträucher dieser Zonen zeichnen sich durch ihre interessanten Farben in Blüte und Frucht aus. Die Kahlflächen wachsen schnell zu und werden mit den Jahren durch die größer werdenden Büsche auch wieder schattiger. Im Grunde sind sie nur ein Übergangszustand, es sei denn, man reguliert konsequent das Wachstum der aufkommenden Sträucher und Bäume.

Im rechten, waldähnlichen Garten wachsen vor allem Buchen und Eschen, eine Mischung aus verschiedenen anderen Laubbäumen ist genauso vorstellbar. Die Bäume und ihre Pflanzengesellschaften gedeihen hier auf kalkreichem, lehmigem und ausreichend feuchtem Boden. Im nördlichen Teil ist das Klima eher kühl und feucht, zum Süden hin breitet sich ein Heckensaum aus, der die Waldpflanzen etwas vor dem Austrocknen schützt. Eine Auswahl an Pflanzen für den sonnigen Heckenrand finden Sie auf den Seiten 72 bis 79.

## Gestaltung und Pflanzenauswahl

Die Illustration auf Seite 142 zeigt drei typische Unterpflanzungsbeispiele für alte Baumgärten. In der Tabelle sind alle verwendeten Pflanzen nochmals genauer vorgestellt und um eine Liste von Arten für den Kiefern- und Eichenwald erweitert worden. Natürlich ist dies nur eine kleine Auswahl von Möglichkeiten. Nicht berücksichtigt wurden Farne und frühjahrsblühende Zwiebel- und Knollenpflanzen.

Es hat sich in der Praxis gezeigt, daß gerade die Unterpflanzung von alt eingewachsenen Bäumen im Schatten etwas Geduld erfordert. Wenn Sie eines der vorgeschlagenen Beispiele in ihrem Garten verwirklichen möchten, messen Sie dort am besten erst einmal den Kalkgehalt. Prüfen Sie die Bodenfeuchtigkeit und den Lichteinfall. Wichtig sind außerdem die Baumarten, die unterpflanzt werden sollen. Erst nach dieser Bestandsaufnahme kann eine recht genaue und passende Auswahl für den jeweiligen Standort getroffen werden. Das erspart spätere Schwierigkeiten, wenn zum Beispiel die Pflanzen nicht gedeihen wollen oder gar nicht anwachsen.

Mit der entsprechenden Standortbestimmung ist die Auswahl der Pflanzen vorgegeben. Bevor man nun zum eigentlichen Bestellen und Setzen der Gewächse übergeht, noch ein paar Gedanken zur Gestaltung. Typisch für alte Gärten mit hohen Bäumen sind größere Schattenflächen, die bei einfallendem Sonnenlicht sehr lebendig und an bewölkten Tagen oft kahl und dunkel wirken. Der Unterbau mit Sträuchern und Stauden lockert hier auf und bringt Farbe ins Spiel. Was ist aber im Herbst und Winter?

Mit einem „Überraschungseffekt" werden gut einsehbare Schattenplätze unter Bäumen aufgewertet. Es können Naturmaterialien wie große Steine, interessante Wurzeln und querliegende Stämme mit auffälliger Rinde den Blick auf sich ziehen. Die Schattenpartien bekommen auch durch künstlerische Werkstücke in helleren Farben neuen Glanz. Skulpturen, mit einer Kletterpflanze umrankt, größere Vasen ohne Boden, zwischen Bodendeckern plaziert, oder sogar Formen aus glitzerndem Metall beleben die sonst nur graugrünen Stellen. Alle erwähnten Gegenstände wirken mit der Zeit wie gewachsen, setzen vielleicht Moos an oder werden überwuchert. Sie sollen harmonisch zum Garten und der Umgebung passen und wie zufällig das Auge des Betrachters beim Vorbeigehen auf sich lenken.

Man kann den wirkungsvollsten Platz mit einem Alltagsgegenstand in der Größe des späteren Schmuckgegenstandes ausloten. Wer erst später merkt, daß zum Beispiel die Skulptur an einem falschen Platz steht, braucht womöglich mehrere Personen, die beim Umstellen helfen.

Sollten in dem Schattengarten noch Wege fehlen, bieten sich Rindenmulch und Holzhäcksel als natürlichste Beläge an. Ansonsten sind alle rauhen Beläge einsetzbar. Bahnschwellen und glattes Material können bei Feuchtigkeit rutschig werden!

*Pflanzung und Pflege*

Die ausgewählten Sträucher und Stauden sind in Baumschulen und Staudengärtnereien mit Wildpflanzensortiment erhältlich. Manche Firmen haben auch einen Versandhandel, was die

Beschaffung sehr erleichtern kann. Die besten Zeiten für das Pflanzen sind das Frühjahr, bis etwa Mitte Mai, und der Herbst. Gräser und Farne wachsen am ehesten bei der Frühjahrspflanzung an.

Laubabwerfende Büsche können noch im November in den Boden kommen und sollen auch im Frühling im unbelaubten Zustand gepflanzt werden. Viele Gehölze und Stauden gibt es heute in Plastiktöpfen oder Containern zu kaufen. Dadurch läßt sich die Pflanzperiode verlängern. Die so gesetzten Pflanzen erfordern aber auch ein gutes Nachwässern, was im Frühling und Herbst oft der Regen „übernimmt".

Beim Pflanzvorgang beginnt man mit dem Setzen der Sträucher, dann sind die größeren Stauden dran, und zum Schluß bekommen die flächendeckenden Stauden ihren Platz. Der Boden wird nur – so gut wie möglich – gelockert und kann mit einer 5–10 cm dicken Mulchschicht aus Laub- oder Nadelerde, je nach Standort, verbessert werden. Dadurch haben die Pflanzen bessere Startbedingungen. Nach dem Pflanzen wird gut angegossen. Aufkommende Wildkräuter muß man entfernen, bis sich die Pflanzen angemessen ausgebreitet haben.

**Der weiß blühende Sauerklee gedeiht auch an schattigen Standorten, zum Beispiel unter dichten Nadelbäumen**

## Zäune und Sichtschutzelemente

Auch Natur- und Wildgärten sind vom Menschen bewußt beeinflußte Natur und verlangen häufig aus den verschiedensten Gründen eine Begrenzung. Zäune haben eine greifbare rechtliche Bedeutung: „Hier ist etwas zu Ende", „Bitte hier nicht betreten!", „Hier beginnt Privatraum". Der Sichtschutz hält außerdem unerwünschte Blicke und unschöne Aussichten ab und vermittelt dem Gartenbesitzer einen in sich abgeschlossenen Raum des Rückzugs.

Sichtschutz und Zaun können sowohl aus Pflanzen als auch aus anderem Material geschaffen werden. Man wird als Naturgartenbesitzer wahrscheinlich heimische Pflanzen und heimisches Baumaterial verwenden. Zu den typischen naturnahen Möglichkeiten der Begrenzung gehören die verschiedensten Hecken: einreihig und mehrreihig, streng geschnitten oder frei wachsend, immergrün, bunt oder bevorzugt mit Blüten, vom hohen Feldgehölz bis zur kleinen Buchsbaumhecke. Begrenzungen aus Holz, Metall oder Stein findet man sowohl bei den Zäunen als auch bei den Sichtschutzbauten. Wer Platz dafür hat, kann auch eine Trockenmauer errichten.

**Wie das linke Beispiel für einen Garteneingang zeigt, schließen sich ein ambitioniertes Gestaltungskonzept und die Verwendung heimischer Pflanzen nicht aus**

# Gartenelemente
## *Gestaltungsbeispiele von Gartenteilen*

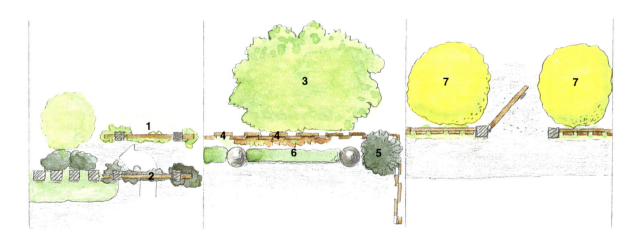

- ❶ Geißblatt
  (Lonicera-Arten)
- ❷ Kletterhortensie
  (Hydrangea-Arten),
  nicht heimisch
- ❸ Hängebirke
  (Betula pendula)
- ❹ Wilder Wein
  (Parthenocissus quinquefolia), nicht heimisch
- ❺ Stechpalme
  (Ilex aquifolium)
- ❻ Buchsbaum
  (Buxus sempervirens)
- ❼ Kornelkirsche
  (Cornus mas)

In dem Beispiel unten flankieren zwei Kornelkirschen das Eingangstor des rustikal wirkenden Spalt-Eichenzauns

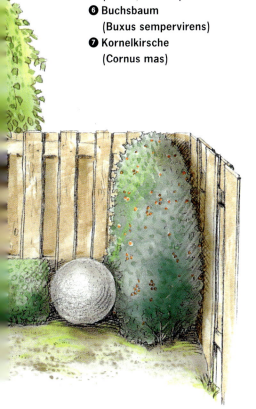

Wem jeder Quadratmeter lieb und teuer ist, der wird die Grenze eher schmaler auslegen. Berankte Pergolen, Zäune und Rankgitter bilden dann oft den Sichtschutz.

Drei Beispiele unterschiedlichster Art zeigen hier nun mögliche Begrenzungen als Zaun und auch als Sichtschutz.

**Die linke Variante** ist geprägt von den grauen Granitstelen, die senkrecht gestellt sind und die Grenzlinie darstellen. Sie können in verschiedenen Abständen stehen und noch mit Metallverstrebungen verbunden werden. Die Eingangspforte besteht aus zwei dieser Granitstelen, oben verbunden mit einem Rundholz und unten optisch ergänzt durch Trittsteine aus demselben Material. Der Torbogen wird nach hinten versetzt noch einmal wiederholt. Dieser zweite Bogen ist aber mit Drahtseilen verspannt und üppig berankt. In dieser Zusammenstellung kann am besten der Eingangsbereich gestaltet sein. Der Weg führt dann von außen über die Eingangspforte links vorbei an der berankten Konstruktion des zweiten Torbogens. Nimmt man nur die Granitstelen mit Querverbindungen und stellt sie im rechten Winkel zueinander, ergibt das einen Sichtschutz für einen Sitzplatz. Die Höhe der Eckkonstruktion kann hier unterschiedlich gehalten werden.

Die 1–1,30 m hohen, frei stehenden Stelen markieren eine Grenze zu dem Bürgersteig, der Straße oder den Nachbarn. Stehen sie enger zusammen, bilden sie außerdem ein Hindernis, ist der Stelenabstand größer, können die dazwischen wachsenden Pflanzen hervorschauen und, bei Bedarf, mit ihren Dornen oder Stacheln

## Gartenelemente
*Gestaltungsbeispiele von Gartenteilen*

den Zutritt verwehren. Interessant sieht die Steleneinfassung auch aus, wenn sie halbrund verläuft.

Die Idee der Stelen läßt sich auch mit Basaltsäulen und anderem Steinmaterial verwirklichen. Auch Holzformen, wie zum Beispiel unbehandelte Bahnschwellen, lassen sich einsetzen. Je dunkler allerdings das Material ist, um so „schwerer" kann es wirken. Daher wird hellgrauer Granit in einem schattigen Eingangsbereich einen viel leichteren und freundlicheren Eindruck machen als dunkelbraune Bahnschwellen. Der Vorteil von Steinmaterial ist natürlich seine unbegrenzte Lebensdauer, obwohl es in der Anschaffung teurer kommen wird als Holz.

**Die mittlere Variante** zeigt einen doppelseitigen Lattenzaun mit einer runden Aussparung, durch die man genau auf den Stamm der im Hintergrund stehenden Hängebirke sehen kann. Der Blick durch den Zaun ist immer dann interessant, wenn der dadurch sichtbare Hintergrund etwas Attraktives zu bieten hat. Wahrscheinlich wird es nicht unbedingt Nachbars Garten sein, vielmehr ein zweiter Gartenteil, eine interessante Einzelpflanze oder der Ausblick auf eine schöne Landschaft.

**Eine Pergola, zum Beispiel bepflanzt mit einer Kletterhortensie, bietet einen guten Sichtschutz und sorgt für ein angenehm schattiges Plätzchen**

Als Variationsmöglichkeit kann der Zaun auch eine 1–2 m breite Unterbrechung zeigen und so einen weiteren Blick nach hinten gewähren. Setzt man den Zaun als Sichtschutz ein, kann er auch im rechten Winkel gesetzt werden und zum Beispiel insgesamt niedriger sein oder in unterschiedlichen Höhen an den Seiten enden. Ein interessanter Blick durch einen Spalt, eine Rundung oder eine andere Lücke bietet sich auch hier an. Bei größeren Zwischenräumen ist darauf zu achten, daß der Platz davor nicht zugig wird. In unserem Beispiel steht in der Zaunecke eine immergrüne Stechpalme. Die Holzbegrenzung besteht aus dem doppelseitigen Lattenzaun, den von links her Wilder Wein überrankt. Der Vordergrund ist formal gehalten. Zwei Betonkugeln und eine Buchsbaumhecke in derselben Höhe begrenzen den Raum bis zur Stechpalme, die sich in der Nische ausbreiten darf.

Das Holz für den Zaun besteht aus gehobelten oder gespaltenen Latten und ist, ganz im Sinne des Umweltschutzes, nicht oder nur mit umweltverträglichen Mitteln gestrichen. Bei der Entscheidung für oder gegen einen Anstrich spielt eine entscheidende Rolle, ob man die kürzere Lebensdauer bei unbehandeltem Holz in Kauf nimmt. Im gezeigten Beispiel könnte die Begrenzung durchaus mit unbehandelten Latten gebaut werden. Der Buchsbaum kann bis zum Verfall des Holzzaunes hochwachsen und dann die Sichtschutzfunktion übernehmen.

Eine vergleichbare Übergangslösung bieten Pergolen in vielen neu angelegten Gärten. Man braucht einen Sichtschutz, die gesetzten Pflanzen sind aber noch zu klein.

**Die rechte Variante** zeigt einen Spalt-Eichenzaun, wie er in ältere Gärten passen würde. Die Eichenbalken werden längs gespalten und sind deswegen unterschiedlich stark, aber etwa gleich in der Breite. Die Latten werden dicht oder in größerem Abstand aneinandergesetzt. Als Pfosten können Eichenbalken dienen. Eventuell nagelt man die Latten mit Holznägeln auf Querverbinder. Eiche hat eine lange Lebensdauer und verfärbt sich mit der Zeit gräulich. Auf eine Behandlung des Holzes kann man verzichten. Das Eingangstürchen aus demselben Material bekommt zwei Leitpflanzen, an jeder Seite eine. Im gezeichneten Beispiel sind es zwei alte und zu Hochstämmen geformte Kugelkornelkirschen. Sie blühen ab März schwefelgelb und bringen ab August leuchtend rote Früchte hervor, die zu Marmelade verarbeitet werden können.

Als Sichtschutz kann man den Spaltzaun in der passenden Höhe und Form aufbauen und ihn dann mit Kletterpflanzen beranken lassen.

### Traditionelle Zäune

In Natur- und Wildgärten liegt die Betonung immer wieder auf möglichst „naturnahen" Ausführungen auch von Zäunen und Sichtschutzelementen. Eine alte Möglichkeit der Begrenzung sind Flechtzäune, die bis in die Mitte des 19. Jahrhunderts viele Bauerngärten umzäunt haben. Dazu werden im Abstand von 40–60 cm angespitzte Holzpfosten in den Boden gehauen und frische, unverzweigte und entblätterte Ruten von Weiden und Haselnußsträuchern um die Pfosten geflochten. Die Weiden treiben zum Teil wieder aus, und mit der Zeit wird aus dem

Flechtzäune sind heutzutage kaum noch zu finden. Das Flechten macht sehr viel Mühe, und die Zäune sind nicht sehr haltbar

Flechtzaun ein lebender Weidenzaun. Leider sind diese Zäune nicht sehr lange als Geflecht haltbar und deshalb nur in bestimmten Fällen im Garten einsetzbar. Als Variante gibt es noch den senkrecht geflochtenen Weidenzaun. Rundhölzer werden als Pfosten gesetzt, mit zwei Querpfosten verbunden und dickere Weidenäste senkrecht durch die Querträger geflochten. Das Holz hat allerdings in beiden Beispielen direkten Bodenkontakt und ist deswegen anfällig für Fäulnis.

Auf Seite 103 ist eine einfache Form des Sichtschutzes für den Selbstbau dargestellt. Zwei Vierkanthölzer werden jeweils gegenüber im Boden verankert. Dies wiederholt man im Abstand von ca. 50 cm. In den Zwischenraum der Kanthölzerreihen kommen von oben trockene Äste in Längsrichtung. Die Äste und Zweige können ab und zu nachgefüllt werden. Einen Farbtupfer erhält dieser Sichtschutz zum Beispiel durch rankenden Efeu.

## *Feuchte Gräben und Mulden in bunten Farben*

Ein feuchter Graben unterscheidet sich von der feuchten Senke oder Mulde nur durch die Wasserführung. Im Graben fließt gelegentlich ganz langsam etwas Wasser, in Senken und Mulden dagegen steht das Wasser. In beiden Fällen wird das Niederschlagswasser kaum oder gar nicht nach unten abgeleitet und überwiegend von Sumpfpflanzen verwertet, oder es verdunstet einfach. In vielen Gärten findet man solche tiefer gelegenen Stellen, an denen es ewig naß zu sein scheint. Liegt diese Stelle in der Sonne, sind von Natur aus die besten Möglichkeiten für ein kleines Feuchtgebiet gegeben. Gelegentlich entstehen solche Naturfeuchtgebiete in Gärten mit schwerem Boden und undurchlässigen Tonschichten. Natürlich sind ein Feuchtgraben oder eine Feuchtmulde auch „künstlich", also von Menschenhand herstellbar. Es stellt sich gerade im Naturgarten dann aber die Frage, ob ein Feuchtgebiet auch zur Umgebung paßt und ob es am Ende nicht sehr fremdartig wirkt. Ein Feuchtgraben in einem reinen Sandboden oder auf felsigem Untergrund ist in der Natur nicht vorzufinden. Vielleicht würden hier eher Teich-

**Was für viele Gärtner ein Ärgernis ist, läßt sich relativ leicht in eine farbenfrohe Oase verwandeln**

# Gartenelemente
*Gestaltungsbeispiele von Gartenteilen*

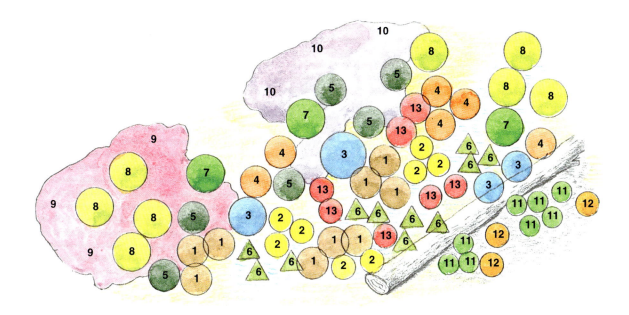

❶ Sumpfvergißmeinnicht
 (Myosotis palustris)
❷ Sumpfdotterblume
 (Caltha palustris)
❸ Sumpfbaldrian
 (Valeriana officinalis)
❹ Blutweiderich
 (Lysimachia salicaria)
❺ Sumpfschafgarbe
 (Achillea ptarmica)
❻ Sumpfbinsen
 (Scirpus lacustris)
❼ Kohldistel
 (Cirsium oleraceum)
❽ Mädesüß
 (Filipendula ulmaria)
❾ Baskenstorchschnabel
 (Geranium endressii)
❿ Kuckuckslichtnelke
 (Lychnis flos-cuculi)
⓫ Falsche Kamille
 (Matricaria maritima)
⓬ Huflattich
 (Tussilago farfara)
⓭ Gefleckte Kuckucksblume
 (Dactylorhiza maculata)

becken oder große Kübel mit Wasser passen. Auf felsigem Untergrund kann auch zum Beispiel ein Bach hinunterplätschern.

Mit Hilfe von moderner Technik kann man natürlich auch auf einem Hügel einen Teich bauen. Dabei müssen aber die Kosten und die Folgen für die Natur einkalkuliert werden. So trocknet eine feuchte Senke in einem Sandboden sehr rasch aus, und unmittelbar am Rand der Senke müssen sich die Pflanzenarten schon von feucht auf trocken umstellen.

Das hier vorgestellte Feuchtgebiet wird über die ganze Vegetationsperiode Farbe zeigen und braucht einen sonnigen Platz, um sich gut zu entfalten. Die Pflanzen- und Tierwelt ist mit dem Uferbereich eines Teiches zu vergleichen. Die Pflanzen leuchten mit ihren oft recht intensiven Farben, und die Tiere des wechselfeuchten Lebensraumes (Frösche, Kröten) werden sich hier wohlfühlen. Das feuchte Areal liegt am günstigsten im Blickfeld eines gemütlichen Sitzplatzes, will aber nicht zu häufig betreten werden.

Für manche Naturgärtner und Naturgärtnerinnen wird die Anlage eines sumpfigen Grabens vielleicht die erste Erfahrung mit Wasseranlagen sein. Familien mit kleinen Kindern wählen diesen Einstieg ins Wassergärtnern, weil die Gefahr des Ertrinkens für die Kleinen nicht so groß ist.

| Stauden und Gehölze für Feuchtgebiete | | | | | |
|---|---|---|---|---|---|
| Deutscher, botanischer Name | Höhe (m) | Blütezeit | Blütenfarbe | Früchte | Bemerkungen |
| Sumpfschafgarbe (Achillea ptarmica) | 0,70 | VI–IX | weiß | – | – |
| Sumpfdotterblume (Caltha palustris) | 0,30 | IV–V | gelb | – | lehmhaltiger Boden bevorzugt |
| Kohldistel (Cirsium oleraceum) | 0,80 | VII–IX | gelb/weiß | – | – |
| Gefleckte Kuckucksblume (Dactylorhiza maculata) | 0,30–0,40 | V–VI | violett rosa | – | braucht Zeit zum Einwachsen |
| Mädesüß (Filipendula ulmaria) | 1 | VI–VIII | weiß | – | duftet etwas |
| Baskenstorchschnabel (Geranium endressii) | 0,50 | VI–IX | rosa | – | blüht nach Schnitt nochmals |
| Kuckuckslichtnelke (Lychnis flos-cuculi) | 0,40 | VI–VIII | rosa | – | – |
| Blutweiderich (Lysimachia salicaria) | 1,00 | VI–VIII | violettrot | – | sehr auffällig |
| Sumpfvergißmeinnicht (Myosotis palustris) | 0,30 | V–IX | hellblau | – | Rückschnitt im Herbst möglich |
| Sumpfbinsen (Scirpus lacustris) | 0,50–1,00 | VI–VIII | braun | – | breitet sich stark aus |
| Sumpfbaldrian (Valeriana officinalis) | 0,90 | VI–VIII | hellrosa | – | Arzneipflanze |
| Strauchbirke (Betula humilis) | 0,50–1,50 | IV | unscheinbar | Nüßchen | kalkmeidend |
| Roter Hartriegel (Cornus sanguinea) | 1–5 | V | weiß | schwarz | sehr anpassungsfähig, Früchte roh leicht giftig |
| Pfaffenhütchen (Euonymus europaea) | 1,50–6,00 | V–VI | unscheinbar | rosa, ab VIII | Früchte stark giftig |
| Faulbaum (Frangula alnus) | 1,50–5,00 | V–VI | unscheinbar | rot, später schwarz | rote Früchte leicht giftig |
| Schwarze Johannisbeere (Ribes nigrum) | 1,20–2,00 | IV–V | grünlich | schwarze Beeren | Beeren eßbar |
| Ohrweide (Salix aurita) | 0,50–2,00 | IV–V | gelbe Kätzchen | Fruchtkätzchen | kalkmeidend |
| Schneeball (Viburnum opulus) | 1–4 | V–VI | weiß | rot, ab VIII | attraktiver Wildstrauch |

# Gartenelemente
## Gestaltungsbeispiele von Gartenteilen

Je nach Wunsch kann der Graben nach ein paar Jahren zu einem Teich oder Bachlauf erweitert werden. Die ersten Erfahrungen sind ja bereits gemacht, der Grundstock an Pflanzen ist vorhanden.

Manche Reihenhausbesitzer haben die Idee des feuchten Grabens aufgegriffen, um die Grenze zweier Gärten als Feuchtgebiet zu gestalten. Ein geschlängelter kleiner Graben trennt die Anwesen, das Hin- und Hergehen ist erschwert, und trotzdem wirkt jeder Garten großräumiger, als das mit einer gewöhnlichen Begrenzung aus Hecken oder Zäunen der Fall gewesen wäre.

### Aufbau eines Feuchtgrabens und einer Feuchtmulde

Für den Graben braucht man ein leichtes Gefälle: von der höchsten Stelle, an der gelegentlich Wasser eingeleitet wird, bis hin zur tiefsten Stelle, an der sich das Wasser etwas sammeln kann. 1–2 % Gefälle genügen hierfür, da das Wasser nicht fließen, sondern nur langsam „weiterlaufen" soll. Als „Wasserquelle" kann das Regenwasser einer Regenrinne, zum Beispiel von einem Garagendach, verwendet werden. Bei dem Bau einer feuchten Senke oder Mulde genügt im Normalfall allein das Niederschlagswasser. Nur in ganz heißen Sommern wird man mit einigen Eimern Wasser das Gebiet vor dem völligen Austrocknen schützen müssen.

Die Senke oder Mulde braucht nicht unbedingt ein Gefälle. Der erste Arbeitsschritt bei der Anlage ist das Ausheben einer Mulde von etwa 10–20 cm Tiefe mit flachen, langgezogenen Seitenrändern. Hier hinein kann eine

Teichfolie gelegt werden. Sie dient als Sperre gegen das Versickern des Wassers.

Alternativ kann auch natürliches Material, wie beim Teichbau, Verwendung finden. Die dann etwas größer auszuhebende Mulde wird zum Beispiel mit Tonziegeln ausgelegt. Diese stampft man dann fest. Es gibt auch Tonpulver zu kaufen, das vor Ort mit Wasser zu Ton angerührt wird. Nachdem man die Vertiefung schichtartig ausgekleidet hat, wird das Material verdichtet.

Auf den Unterbau kommt nun etwas lehmige Erde, und dann folgen schon die Pflanzen für das Feuchtgebiet und die angrenzende Umgebung. Auf der Zeichnung endet die Feuchtzone rechts an einem Baumstamm, der hier langsam verrotten darf. Davor ist ein Schotterweg eingeplant. Auf diese Weise werden mit dem Stamm zwei ganz unterschiedliche Lebensbereiche verbunden, die eine große Artenvielfalt von Pflanzen und Tieren ermöglichen. Das feuchte Gebiet hinter dem Stamm läuft in eine feuchtere Wiese mit Kuckuckslichtnelken und Storchschnabel aus. Auf kleinen Flächen kann man diesen äußeren Randstreifen einfach weglassen und nur die eigentliche feuchte Mulde bepflanzen.

Die Detailansicht des Grabens zeigt den Bewuchs im und am Wasser. Rechts ein Teil des Baumstamms

## Pflanzenauswahl

Die Pflanzenauswahl für dieses Beispiel umfaßt in der tiefsten Zone der Mulde die Sumpfdotterblume, das Sumpfvergißmeinnicht und Binsen. Im auslaufenden Feuchtgraben wachsen gern die Gefleckte Kuckucksblume (Knabenkraut), der Sumpfbaldrian und Blutweiderich, die Sumpfschafgarbe und Mädesüß. Im Randbereich sind Kohldistel, Kuckuckslichtnelke und Storchschnabel angesiedelt. Im Schotter wachsen Huflattich und Falsche Kamille.

## Faszinierende Blütenfolge

Der Huflattich läutet mit gelber Blüte den Frühling ein, bevor er große runde Blätter nachschiebt. Im Graben beginnt die gelb blühende Sumpfdotterblume ab März und April mit ihren Blütenreigen. Danach erscheinen ab Mai die hellblauen Blüten des Sumpfvergißmeinnichts und halten sich bis August. Eine Spezialität sind die Gefleckten Kuckucksblumen (Knabenkraut), die ab Mai in kräftigem Rosa erblühen. Sie brauchen Nässe und möglichst wenig Konkurrenz von größeren Blumen, um sich entfalten zu können. Das Ansiedeln dieser heimischen Orchideenart braucht etwas Geduld. Wenn es aber gelingt, verbreitet sie sich horstartig weiter.

Ab Juni beginnen die meisten Pflanzen in Weiß- und Rosatönen zu blühen. Die Kuckuckslichtnelke verzaubert den Randbereich mit einem zarten Rosa, der Baskenstorchschnabel begleitet sie in einem helleren Rosaton. Zusammen mit dem kräftigen Violettrosa des Blutweiderichs kommen auch die schneeweiße Sumpfschafgarbe und der hellrosa Sumpfbaldrian zu ihrem Auftritt. Die Kohldistel blüht vom Sommer bis zum September in hellem Grün.

Wer für Spätsommer und Herbst noch Stauden ergänzen möchte, wählt zum Beispiel das rosafarbene Seifenkraut, den grünen Sauerampfer, lila blühende Poleiminze und gelb blühenden Wiesenalant.

Für den Randbereich dieses feuchten Gebietes eignen sich kleine und mittelhohe Sträucher. Eines der schönsten Wildgehölze ist der Gewöhnliche Schneeball. Er braucht eine ausreichende Wasserversorgung, um sich gut zu entfalten. Auch die Anfälligkeit für Läuse ist dann nicht so hoch. Die schneeweißen Blüten erscheinen im Mai und Juni. Sie sind eine Nahrungsquelle für viele Insekten. Der Schneeball trägt ab August leuchtend rote Beeren, die roh nicht genießbar sind. Die Früchte wurden früher zu Gelee verarbeitet. Selbst die Vögel lassen die roten Farbtupfer noch bis in den Winter stehen, um sie dann erst recht spät als Nahrungsquelle in Anspruch zu nehmen.

Nicht ganz so attraktiv sind Strauchbirke und Ohrweide, die beide ca. 0,50–1,50 m hoch wachsen. Sie zieren allein durch die Blätter und bieten mit ihrer Blüte den Insekten Nahrung. Allerdings meiden sie kalkreiche Böden.

Für einen halbschattigen Platz in der Nähe einer feuchten Anlage ist auch die heimische Schwarze Johannisbeere geeignet. Sie nimmt bis zu 2 m in Höhe und Breite ein, blüht im April und Mai grünlich und trägt, wie das bekannte Obstgehölz auch, schwarze Beeren mit herbem Geschmack.

## Pflege und Gestaltungstips

Ein feuchter Graben oder eine feuchte Mulde bieten vielen Pflanzenarten gute Lebensgrundlagen. Dabei sind sie relativ einfach in Anlage und Pflege. Sobald sich die Pflanzen gut entwik-

kelt haben, wird man jährlich nur noch regulierend eingreifen müssen. Die wuchsstarken Arten werden dabei halbiert, um den langsam wachsenden Vertretern ihren Platz zur Entfaltung zu belassen.

Führt man über den Graben eine kleine Brücke oder einen Steg, oder setzt man während der Fertigstellung einen oder mehrere große Findlinge zum Überschreiten des Grabens zwischen die Bepflanzung, bringt das noch zusätzliche gestalterische Akzente. Auch passende Kunstgegenstände können diesen Zweck erfüllen, vor allem wenn sie allmählich durch Überwucherung in den Garten integriert werden.

Zusätzliche Lichtquellen, die diese Schätze im Dunkeln anstrahlen, sind ergänzend denkbar. Überhaupt wirkt Licht im Zusammenhang mit Wasserstellen sehr bereichernd. Die Beleuchtung bringt die Besonderheiten einzelner Pflanzen, besonders die der Gräser gut zur Geltung. In dem vorgestellten Gestaltungsvorschlag könnten zum Beispiel einige größere Steine als Übergang durch den Feuchtgraben führen. Eine punktartige Beleuchtung dieser Steine wäre sicher sehr effektvoll.

## Dachbegrünung

Die Begrünung von Bauwerken hat in den letzten Jahren immer mehr Freunde gefunden. Sie ist eine Möglichkeit, das Wohnumfeld ökologisch, funktional und zum Teil auch gestalterisch zu verbessern. Man unterscheidet zwei Arten der Begrünung. Die Intensivbegrünung erfordert eine gute Statik des Gebäudes, ist auf Substratschichten von ca. 20–100 cm Dicke aufgebaut und kann von Grasdecken, Blumenwiesen bis hin zu Stauden- und Strauchpflanzungen einiges umfassen. Zur intensiven Begrünung gehört auch eine intensivere Pflege, zum Beispiel Wässern, Düngen, Schneiden und die sonstigen Pflegearbeiten, die auch in jedem normalen Garten anfallen.

Eine Extensivbegrünung ist auf der Zeichnung abgebildet. Es sind im Sinne des Naturgartens angelegte Vegetationsformen, die sich weitgehend selbst erhalten und weiterentwickeln. Diese Dachbegrünung ist in der Regel kostengünstig auf Flachdächern, Garagendächern und Carports einsetzbar.

❶ Herbstsedum (Sedum telephium)
❷ Schnittlauch (Allium schoenoprasum)
❸ Karthäusernelke (Dianthus carthusianorum)
❹ Scharfer Mauerpfeffer (Sedum acre)
❺ Fetthenne (Sedum album 'Coral Carpet')
❻ Tripmadam (Sedum reflexum)
❼ Milder Mauerpfeffer (Sedum sexangulare)
❽ Spinnweb-Hauswurz (Sempervivum arachnoideum) Berghauswurz (Sempervivum montanum) Echte Hauswurz (Sempervivum tectorum)
❾ Fetthenne (Sedum spurium 'Fuldaglut')
❿ Fetthenne (Sedum floriferum 'Weihenstephaner Gold')
⓫ Schwingel (Festuca vivipara)
⓬ Teppichthymian (Thymus serpyllum)
⓭ Ysop (Hyssopus officinalis)

# Gartenelemente
## *Gestaltungsbeispiele von Gartenteilen*

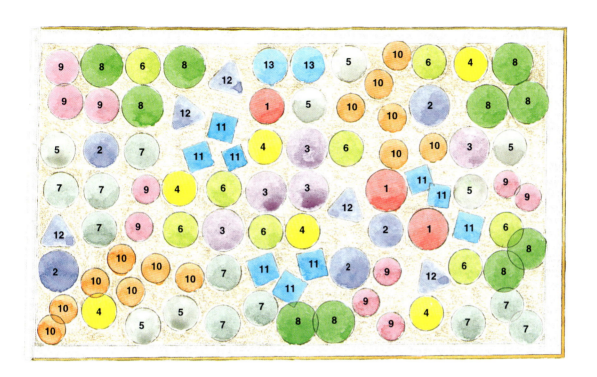

Eine extensive Dachbegrünung eignet sich vor allem für Flachdächer oder schwach geneigte Dachflächen

| Pflanzen für extensive Dachbegrünung | | | | |
|---|---|---|---|---|
| Deutscher, botanischer Name | Höhe (cm) (mit Blüte) | Blüte-zeit | Blüten-farbe | Bemerkungen |
| Schnittlauch (Allium schoenoprasum) | 20 | VI–VIII | violett | Blätter eßbar, scharf-würzig |
| Karthäusernelke (Dianthus carthusianorum) | 50 | VI–IX | purpurrot | nach Schnitt 2. Blüte möglich |
| Heidenelke (Dianthus deltoides) | 15 | VI–IX | dunkelrosa | kalkmeidend |
| Schwingel (Festuca vivipara) | 30 | – | – | nicht direkt heimisch |
| Ysop (Hyssopus officinalis) | 30 | VII–IX | blau | Heilpflanze |
| Scharfer Mauerpfeffer (Sedum acre) | 5 | VI–VIII | gelb | – |
| Weiße Fetthenne (Sedum album) | 5 | VI–VIII | weiß | – |
| Fetthenne (Sedum album 'Coral Carpet') | 10 | VI–VIII | weiß | nicht direkt heimisch, im Herbst rotblättrige Art |
| Fetthenne (Sedum cauticola) | 10 | VIII | rot | nicht direkt heimisch, Blätter blaugrün |
| Fetthenne (Sedum floriferum 'Weihenstephaner Gold') | 15 | VI–VIII | gelb | nicht direkt heimisch |
| Tripmadam (Sedum reflexum) | 15 | VII–VIII | gelb | – |
| Milder Mauerpfeffer (Sedum sexangulare) | 5 | VI–VIII | gelb | – |
| Fetthenne (Sedum spurium 'Fuldaglut') | 10 | VII–VIII | rot | nicht direkt heimisch, Blätter rot |
| Herbstsedum (Sedum telephium) | 40 | VII–IX | rosa | – |
| Spinnweb-Hauswurz (Sempervivum arachnoideum) | 3–10 | VI–VIII | rot | Blätter mit Spinnhaaren verbunden |
| Berghauswurz (Sempervivum montanum) | 5–15 | VII–VIII | violett | – |
| Echte Hauswurz (Sempervivum tectorum) | 10–20 | VII–IX | hellviolett | – |
| Teppichthymian (Thymus serpyllum) | 5 | VI–VIII | rosa-violett | auch als Gewürz verwendbar |

Die Vorteile von Dachbegrünungen sind in Zeiten wachsender Flächenversiegelung so wichtig geworden, daß viele Städte und Gemeinden Zuschüsse gewähren oder sie bei den Flächenausgleichsplanungen begünstigen.

Wenn sie gut sichtbar sind, haben Dachgärten durchaus auch optisch etwas zu bieten. Sie benötigen, in extensiver Form, sehr wenig Pflege und sind von den Kosten her in etwa mit einer Flachdachbedeckung inklusive Kiesauflage vergleichbar. Wohltuend wirkt sich die Dachbegrünung auch auf die darunter liegenden Flächen oder Räume aus. Im Winter ist es bedeutend wärmer, im Sommer wesentlich kühler, selbst unter einfachen Garagenkonstruktionen.

Besonders die extensive Dachbegrünung stellt an die Pflanzen hohe Anforderungen. Ein Leben auf dem Dach ist nicht mit dem in Gartenerde zu vergleichen. Zum einen sind die Windverhältnisse anders. Besonders an den Ecken und Kanten eines Daches pfeift es stark, und bodendeckende Pflanzen halten diese harten Bedingungen am besten aus. Einen zweiten wichtigen Faktor bilden Luft- und Bodenfeuchtigkeit. In niederschlagsreichen Gebieten wie an Küsten, am Voralpenrand und in Berglagen sorgt die gleichmäßigere Niederschlagsverteilung auch für bessere Bedingungen auf dem Dach. Grasdächer und anspruchsvollere Staudenzusammenstellungen können in solchen Regionen mit Erfolg gepflanzt werden.

Anders sind die Verhältnisse in den mittleren Landesteilen mit kontinentalem Klima. Lange, trockene Sommer mit kurzen, aber starken Regengüssen sind hier die Regel. Bei der Extensivbegrünung kommen an diesen Standorten Pflanzen zum Einsatz, die schon in ihrer Heimat auf Geröllfeldern solche Extreme gewöhnt sind. Dazu gehören viele *Sedum*-Arten (Fetthennen), Dachwurze und kleine Laucharten. Die Pflanzen auf dem Dach haben durch die begrenzte Menge an Substrat im Wurzelbereich mit sehr raschen Feuchtigkeitsveränderungen zu kämpfen. Deshalb wachsen die erwähnten Arten besonders gut in rauhen, losen Steinchen, weil es dort nicht zu Staunässe kommt. An heißen Sommertagen sorgt der hohe Luftanteil im Substrat für Abkühlung in den unteren Zonen, nachts bleibt es dagegen unten relativ warm. So findet man auf dem extensiv begrünten Dach fast die gleichen Verhältnisse wie auf Geröllfeldern in den Bergen.

*Arbeitsschritte bei einer extensiven Garagendachbegrünung*

■ **Die Vorarbeiten**

Wer ein Dach begrünen möchte, muß sich über die Statik, vor allem über die Belastbarkeit pro Quadratmeter, beim Architekten, Statiker oder eventuell beim Dachdecker informieren. Außer dem Dachaufbau mit Folie, Vlies und Substrat (man rechnet bei 10 cm Substratschicht mit etwa 100 kg/m² Belastbarkeit) müssen noch die Verkehrslasten durch das Begehen und die möglichen Wind- und Schneelasten einbezogen werden. Flachdächer sind recht einfach zu bauen, nur bei schrägen Konstruktionen werden ab 15° Dachneigung Schubschwellen vorgesehen.

Das in der Zeichnung abgebildete Flachdach über einer Garage hat eine Größe von 100 m², eine Neigung von 2° und eine Unterkonstruktion aus Holz. Es liegt in voller Sonne. Da dieses Dach keine Wärmedämmung benötigt, kann mit dem Bau auf einer entsprechend starken Bretterkonstruktion begonnen werden. Am tiefsten Dachende wird ein Ablauf vorgesehen. Die drei anderen Ränder bekommen durch Bretter, Rundhölzer oder Schienen einen seitlichen Abschluß.

Auf die Unterkonstruktion kommt ein Vliesgewebe, das immer zwischen verschiedenen Materialien verlegt werden sollte. Auf dieses Vlies verlegt man jetzt die Wurzelschutzbahn aus Kautschuk oder Weich-PVC. Die Folie hat eine ähnliche Funktion wie eine Teichfolie. Sie muß auf jeden Fall wurzeldicht sein und von Herstellerseite eine lange Garantiezeit haben. Gerade die UV-Beständigkeit ist wichtig und macht sich auch im Preis bemerkbar. Es gibt die

Möglichkeit, sich die Bahnen fertig zugeschnitten liefern zu lassen, oder man verarbeitet die Bahnen rollenweise. Grundvoraussetzung für ein dichtes Dach ist die absolut saubere Verarbeitung der Folie. Dazu werden die Bahnen, Ekken und Kanten mit Quellschweißung oder Thermoschweißung verbunden. Das ist Präzisionsarbeit und braucht etwas Übung. Wichtig ist, die Eckverbindungen und Überstände gut zu verarbeiten. Bei vorhandenen Anschlüssen soll die Folie ca. 20 cm über die spätere Substrathöhe geführt werden. Sie wird an den Rändern, außer am Ablauf, mit Klemmschienen verbunden und dort angeschweißt. Am Ablauf zur Regenrinne sorgt eine Substratsperre für einen guten Wasserablauf. Beim Verlegen der Folie wirken sich Falten ungünstig aus. Dort können sich wegen der Feuchtigkeit unerwünschte Pflanzen gut halten.

## ■ Das Substrat

Die ausgelegte und verschweißte Folie ist vergleichbar mit einer Wanne. In diese wird im nächsten Arbeitsschritt das Substrat gefüllt. Bei extensiver Begrünung, wie in diesem Beispiel, genügen 8–10 cm Schichtdicke. Auf die Ränder verteilt man eine 30–40 cm breite Kiesschicht. Das Material ist schwerer und kann nicht weggeblasen werden. Alternativ kann statt Kies auch eine Reihe Platten gelegt werden. Nur am Ablauf fällt dieser Randstreifen weg. Das Substrat, also das Material, in dem die Pflanzen später wachsen sollen, darf nicht aus Gartenerde bestehen. Am Extremstandort Dach würde dieses humusreiche Material teilweise wegfliegen, mit den Jahren verdichten und vor allem im Winter viel zu naß werden. Und winterliche Nässe läßt

die Pflanzenspezialisten für Trockenheit leicht faulen. In der Praxis hat sich als Material gebrochene Lava oder Blähschiefer in dunkler Farbe bewährt. Als Körnung wird eine Mischung von Grob- und Feinteilen empfohlen, zum Beispiel 2–4 mm und 8–16 mm. Ein zu feinkörniges Material kann leicht verwehen. Das Material gibt es in Säcken und lose in Baumärkten zu kaufen. Bei größeren Flächen kann das Substrat ganz einfach mit einem speziellen Gerät auf das Dach geblasen werden. Beim Verteilen ist es ratsam, das Material kräftig zu wässern, damit es weniger staubt und es gleichzeitig etwas Wasser aufnehmen kann.

## ■ Die Bepflanzung

Die beste Pflanzzeit für Dachgartenstauden ist von April bis Juni. Bei guter Witterung klappt es auch noch Ende August und im September. Eine praktikable Möglichkeit der Begrünung ist der Kauf von kleinen Dachgartenstauden in Paletten. Sie werden direkt vor dem Einpflanzen gegossen und danach aus den Platten geschüttelt oder gepreßt. Pflanzen für das Dach sollten schon in einem mageren Boden, zum Beispiel Sand oder Lava, vorgezogen sein. Dadurch sind sie auf den späteren Standort vorbereitet und entsprechend abgehärtet. Pflanzen in Erde tun sich damit schwerer, außerdem vermoost der Topfballen womöglich auf dem Dach. Die ausgetopften Ballenpflanzen werden jetzt noch an den Wurzeln kurz zusammengepreßt, in Gruppen von etwa 10 Pflanzen pro Quadratmeter ausgelegt und nur kurz mit der Schuhspitze in das Substrat getreten. Diese vergleichweise „rauhe" Methode des Pflanzens hat sich bestens bewährt, weil damit ein optimaler Bodenschluß

Wer möchte nicht sein eher ödes Flachdach gegen diese üppige Pflanzenpracht eintauschen?

in dem groben Material gewährleistet ist. Wer möchte, kann als Starthilfe noch etwas Vorratsdünger streuen.

Nach erledigter Pflanzarbeit ist nur noch eine gelegentliche Kontrolle erforderlich. Bei gutem Anwuchserfolg ist dies ein- bis zweimal im Jahr nötig. Beim Kontrollgang wirft man ein Auge auf die Verbreitung und den Wuchs der Pflanzen, die möglicherweise aufgetretene Besiedelung mit nicht gewünschten Pflanzen und auf die Funktion des Wasserablaufs.

Kleine Bäume oder wilder Klee mögen als Wildpflanzen zwar passend erscheinen, sie verdrängen aber auf Dauer die kleinen Stauden und sind, nachdem sie sich einmal ausgebreitet haben, nur schwer zu entfernen. Das Wurzelwerk hat sich dann großflächig verteilt, und es können beim Entfernen Kahlstellen entstehen.

Die Lebensdauer einer extensiven Dachbegrünung hängt weniger von den Pflanzen ab als vielmehr von Konstruktion und Foliendichte. Es gibt Anlagen, die 20 bis 30 Jahre alt und noch völlig intakt sind.

# Gartenanlagen

# Gestaltungsbeispiele von Gartenanlagen

In diesem Kapitel werden sowohl kleinere als auch größere Gartenanlagen ausführlich in Text und Bild vorgestellt. In dem breiten Panorama naturnaher Gartenideen präsentieren sich viele der Einzelelemente, die bereits in den beiden vorangegangenen Kapiteln porträtiert wurden. Nun werden sie wie die Teile eines Puzzles zusammengefügt.

In den vorgestellten Gärten rückt neben der standortgerechten Pflanzenauswahl vor allem die Gestaltung der verschiedenen Gartenräume in den Vordergrund. Manche der Zusammenstellungen aus den vorherigen Kapiteln sind dabei in das jeweils neue Gesamtkonzept übertragen worden.

Die Mustergartenanlagen stecken außerdem voller neuer Ideen. Sie laden den Leser und die Leserin ein, die Anregungen auf den eigenen Garten zu übertragen. Dabei sollte man allerdings nicht vergessen, daß sicherlich viele Einzelheiten der Anpassung an die Gegebenheiten und natürlich an die Wünsche und Vorstellungen der Gartenbesitzer bedürfen.

**Bild links:**

**Zäune sind ein wesentliches Gestaltungselement. Sie sollten in die Gartenplanung einbezogen werden**

**Bild rechts:**

**Diese bemooste Figur könnte man sich auch gut in einem Naturgarten vorstellen**

## Ein Garten im schattigen Hinterhof

Gestaltung und Bepflanzung schattiger Gartenanlagen stellen sich immer als besondere Herausforderung dar. Dabei steht man meistens vor zwei Hauptproblemen: Zum einen muß jeder einfallende Sonnenstrahl optimal genutzt werden, zum anderen sollen dunklere Bereiche durch möglichst viel Farbe freundlicher erscheinen. Der hier abgebildete Hinterhof liegt im Nordosten eines Hauses und bietet vor allem in den Morgenstunden Sonnenlicht und Wärme.

Davon profitiert die großzügig angelegte Terrasse, die vor dem Wohnzimmer und der Küche in Richtung Osten weist. Sie bietet ausreichend Platz zum Sitzen und Liegen. Wer Lust hat, kann noch ein paar Kübelpflanzen aufstellen. Ab Mittag wird es dann auch hier schattig, was in heißen, drückenden Sommern durchaus von Vorteil sein kann. Frische Kühle und ein angenehmes Plätschern verbreitet der in Terrassennähe gelegene Sprudelstein: Ein hellgrauer Findling wurde mit einem Bohrloch versehen, so daß von oben klares Wasser herablaufen kann. Der Stein muß eine gewisse Höhe haben, damit man ihn

**Bäume und Sträucher**
1. Spitzahorn auf Hochstamm in schmalwachsender Kugelform (Acer platanoides)
2. Stechpalme (Ilex aquifolium)
3. Haselnuß (Corylus avellana)
4. Schneeball (Viburnum opulus)
5. Bauernhortensien (Hydrangea macrophylla), nicht heimisch
6. Buchsbaum (Buxus sempervirens var. arborescens)
7. Kirschlorbeer (Prunus laurocerasus 'Barmstedt'), nicht heimisch
8. Korkflügelstrauch (Euonymus alata 'Compactus'), nicht heimisch
9. Seidelbast (Daphne mezereum)

Auch in sehr schwierigen Gartensituationen können optisch ansprechende Lösungen verwirklicht werden

**Kletterpflanzen**
- **I** Geißblatt (Lonicera caprifolium)
- **II** Geißblatt (Lonicera periclymenum)
- **III** Spindelstrauch (Euonymus fortunei var. radicans), nicht heimisch
- **IV** Waldrebe (Clematis alpina)

**Stauden**
- **A** Waldgeißbart (Aruncus dioicus)
- **B** Goldfelberich (Lysimachia punctata)
- **C** Pfeifengras (Molinia altissima 'Windspiel')
- **D** Frauenmantel (Alchemilla mollis)
- **E** Storchschnabel (Geranium sanguineum)
- **F** Tafelblatt (Rodgersia podophylla), nicht heimisch
- **G** Bodendeckender Efeu (Hedera helix)
- **H** Wurmfarn (Dryopteris filix-mas)
- **I** Riesensegge (Carex pendula)
- **J** Herbstanemone (Anemone hupehensis), nicht heimisch

auch noch von der ca. 20 cm höher gelegenen Terrasse aus sehen kann. Die neben dem Sprudelstein stehende Skulptur verleiht dem Ort einen ganz besonderen Akzent.

Am Beginn einer jeden Gartenidee steht zunächst einmal die Frage, welche der vorhandenen Pflanzen erhalten werden sollen und welche man besser austauscht. Viele Hinterhöfe dienen bekanntlich einfach als Abstellplatz für Fahrzeuge und Mülltonnen, eine Bepflanzung sucht man dort meist vergeblich. In unserem Beispielhof war die Fläche vorher im Eingangsbereich komplett versiegelt, unter dem großen Spitzahorn befand sich ein Minispielplatz mit einem alten Sandkasten, und die Fläche bei der Terrasse diente als Wäschetrockenplatz. Die Wünsche an Nutzung und Funktion dieses Hinterhofes wandelten sich nun radikal: Der Garten bietet heute Raum für Ruhe und Erholung. Sogar kleine Feste können dort gefeiert werden.

Bis auf den großen Spitzahorn mit dem gelbgrünen Frühlingskleid und der schönen Herbstfärbung in Gelborange wurde der Innenhof komplett umgestaltet. Im Vorfeld waren viele Bau- und Erdarbeiten notwendig. Wo früher zwei Stufen von der Küche zum Wäscheplatz führten, geht man heute ebenerdig von Küche

**Die Detailansicht zeigt den Blick von der großen Terrasse auf den östlichen Gartenteil. Im Hintergrund sind die abgestuften Zaunhöhen gut erkennbar**

und Wohnzimmer auf die Terrasse. Sie liegt ca. 20 cm höher als der übrige östliche Gartenbereich. Von der Terrasse aus führt ein schmaler Weg aus hellem, feinkörnigem Kies zu einem Durchgang aus Granitstelen. Hier gehen wiederum zwei Treppenstufen nach oben auf die zweite Gartenebene. Der Höhenunterschied wird von einer kleinen Trockenmauer aus hellem Kalkstein ausgeglichen. Auf der Mauerkante sind zwei gut sichtbare Steinenten plaziert worden, die auf die beiden mit einer heimischen Klematisart umrankten Granitstelen blicken. Der Kiesweg führt oben weiter und endet auf einem runden gepflasterten Platz aus hellem Granitkleinpflaster vor der Tür des Bades. Hier kann man gemütlich sitzen oder auch einfach Wäsche trocknen.

Von dem Platz aus wird der Weg mit demselben Belag bis zur Eingangspforte geführt, die aus Granitstelen besteht.

Eine hellgraue Holztür setzt dem Garten hier ein kunstvolles Ende. Die Türstelen sind mit einem hellgrauen Metallrohr verbunden, an dem Kletterpflanzen entlangranken können.

Zu den vorbereitenden Arbeiten gehörte auch das Setzen eines Zaunes nach Osten hin. Er soll in Richtung Nachbargarten zwar abschirmen, aber nicht wie eine Wand wirken. Daher kam ein heller Lattenzaun zum Einsatz, der später von Pflanzen überwuchert wird. Es wurden dafür zunächst im Abstand von 2 m wiederum Granitstelen aufgestellt, die im linken Teil 1,40 m hoch, im rechten als Sichtschutz 1,80 m hoch stehen. Zwischen den Stelen sorgt ein um 10 cm niedrigerer Lattenzaun für den Sichtschutz, läßt aber genügend große Spalten zum

Erahnen des Hintergrundes frei. Diese Zwischenräume bieten auch den drei verschiedenen Kletterpflanzen Raum zum Wachsen. Sie überdecken den Zaun mit den Jahren fast vollständig. Das Buchenholz der Latten behält seinen natürlichen Farbton.

Als Farbe für die Materialien wurde ein helles bis mittleres Grau gewählt. Da das Hausdach in einem rötlichen Ton gehalten ist und der Schatten und die angrenzenden Mauern den Garten schnell dunkler erscheinen lassen, wurde diese helle Farbe als Kontrast gewählt. Das Ganze mag etwas formal und kühl wirken, paßt aber dennoch gut in das gesamte Umfeld.

Nach den Pflaster- und Zaunarbeiten gilt die Aufmerksamkeit erst einmal dem vorhandenen Gartenboden. Auf der höheren Ebene am Eingangsbereich wird er tief gelockert. Zum Teil muß auch mit guter Gartenerde aufgefüllt werden. Es ist darauf zu achten, daß das aufgefüllte Material etwa dieselbe Struktur wie das darunter liegende hat. Auf eine mittelschwere Lehmerde kommt am günstigsten ein entsprechender Lehmboden. Nur bei extremen Bodenarten wie leichtem Sand oder schwerem Ton kann der aufgefüllte Boden gern etwas durchmischter sein. Auf einen leichten Sandboden kann also gern ein leichter Lehmboden mit hohem Sandanteil kommen, auf einen schweren Tonboden ein leichter sandiger Lehm. Das bindet beziehungsweise lockert die ganze Bodenzusammensetzung. Auf Dauer hilft bei leichten Böden das Einarbeiten von Tonmehlen, bei schweren Böden das Streuen von Sand. Es bietet sich an, diese Bodenverbesserungen einmal jährlich bei den Pflegearbeiten mitzuerledigen. Der hier vorgestellte Garten benötigt allerdings von vorneherein eine gute Bodenvorbereitung, da er flächendeckend zuwachsen wird. Eine nachträgliche Bodenverbesserung größeren Umfangs ist daher nur schwer möglich.

Unter dem Spitzahorn wird der Boden, so gut es geht, mit einer Grabgabel gelockert. Dann kann für die Pflanzung von Frauenmantel Waldgeißbart und Tafelblatt gute Komposterde, gemischt mit Lauberde, leicht hügelartig bis zu 15 cm hoch aufgefüllt werden. Das erleichtert das An- und Einwachsen der Pflanzen. Die Kompostschicht darf sogar eine maximale Dicke von etwa 30 cm erreichen, was der Fläche unter dem Baum eine interessante optische Wirkung verleiht.

### Farbaspekte im Jahreslauf

Neben den verwendeten Steinmaterialien wird der prächtige Baum das Gesamtbild dieses Gartens dominieren. Dazu kommen natürlich die ausgewählten Pflanzenarten mit ihren Blüten, Blättern oder Beeren. Um an diesem Schattenstandort mehr Farbe zu integrieren, sind auch manche nicht heimische, aber sehr pflegeleichte und wüchsige Sträucher und Bäume dazugekommen. Sie werden in der folgenden Beschreibung jeweils erwähnt.

In der laubarmen Jahreszeit haben die immergrünen Pflanzen ihren großen Auftritt. Das ist zum Beispiel in Terrassennähe die heimische Stechpalme mit dunkelgrünen Blättern und rotem Beerenschmuck. Eine nicht direkt heimische Verwandte mit weißbuntem Laub steht im Eingangsbereich. Sieben Buchsbäume in Kegel- oder Kugelform sind in dem hinteren Gartenteil

verstreut: ein schöner Anblick auch im Winter. Bodendeckender Efeu und eine immergrüne Segge prägen in der kalten Jahreszeit das Bild im Eingangsbereich. Dazu kommt der nicht heimische Kirschlorbeer. Ein immergrüner kletternder Strauch wertet mit weiß-gelb-grünen Blättchen den Zaun auf. Es ist die nicht heimische Kletterspindel.

Die Frühlingsblüte beginnt im März mit dem Seidelbast, der auffallend rosa Blüten mit starkem Duft hervorbringt. Die Beeren erscheinen in roter Farbe ab Juni und sind sehr giftig. Wenn man vorsichtig ist, kann man sie einfach vor der Reife entfernen. So ist jedes Risiko ausgeschlossen. Im März und April hat auch die Haselnuß Blühsaison. Dann setzt der Spitzahorn den Blütenreigen mit zitronengelben und duftenden Blüten fort, die vor dem Laubaustrieb erscheinen.

Im Mai startet ein regelrechtes Blütenfeuerwerk. Neben der Terrasse sind es in Weiß der Schneeball und die Stechpalme. Am Zaun zeigt sich in Rosa-Gelb und duftend das Echte Geißblatt. Unter dem Baum leuchtet das Gelb des Frauenmantels hervor. Jetzt beginnen auch die großen, hellgrünen Blätter des Tafelblatts sich zu entfalten. Die Pflanze ist zwar nicht heimisch, wirkt aber sehr interessant in ihrer Wuchsform.

Kurz nach dem Frauenmantel blüht der Storchschnabel in Rotviolett, oft bis Anfang August. Im vorderen Garten erscheinen an den Durchgängen die Alpenwaldrebe in Hellblau, der nicht heimische Kirschlorbeer in Schneeweiß (Beeren giftig!) und die grünen, überhängenden Blütenrispen der Segge. Die jungen

## Gartenanlagen
*Gestaltungsbeispiele von Gartenanlagen*

Variante in Blau: Wer nicht möchte, daß sich die rosa blühenden Bauernhortensien in den Vordergrund drängen, kann auch auf Pflanzen in dezentem Blau umsteigen

Austriebe des Wurmfarns wirken im Mai besonders zart.

Zum Sommer hin beginnt sich der prächtige Waldgeißbart am nördlichen Zaun zu entfalten. Er kann ca. 1,50 m hoch werden und blüht weiß. Im Hintergrund schiebt dann das Waldgeißblatt seine gelbweißen Blüten hervor, die bis August zart duften. Die Beeren beider Geißblattarten sind schwach giftig. In kräftigem Gelb tritt zur gleichen Zeit der Goldfelberich in Terrassennähe in den Vordergrund. Dazwischen schiebt das Pfeifengras seine hohen Blütenähren in die Höhe. Es bekommt zum Herbstanfang eine gelbe Färbung, die es bis zum Spätherbst behält. Das Gras kann so bis in den November hinein sehr grazil wirken und vielleicht noch im Rauhreif glitzern. Womöglich kann ein Punktstrahler das Licht an trüben Tagen auf diese Schönheit lenken.

Ab August bestimmen zwei rosa blühende Pflanzen das Gartenbild. An der Terrasse sind es die Bauernhortensien mit ihren großen Blütendolden, im vorderen Bereich drei zartrosa blühende Herbstanemonen, die sich sanft nach außen schwingen. Die beiden Arten sind nicht heimisch.

Im Herbst leuchten die roten Beeren des Schneeballs und des Seidelbastes, sofern sie nicht vorher entfernt wurden. Der Korkflügelstrauch wächst in die Breite und wird ab September leuchtend rot. Seine Früchte gleichen denjenigen des Pfaffenhütchens und sind ebenfalls giftig. Im Oktober und November taucht dann die gelborangefarbene Herbstfärbung des Spitzahorns den Garten in einen letzten Farbzauber. Das gefallene Laub kann zum Teil liegen bleiben, würde aber in allzu großen Mengen den Frauenmantel und die Tafelblätter ersticken. Man sollte also immer einen Teil des Laubes entfernen. In der freien Grundstücksecke, beim Zaunende links, ist unter dem Spitzahorn Platz für einen Laub- oder Komposthaufen, in dem das Laub, mit Erde gemischt, gut verrotten kann. Nach ein bis zwei Jahren ist daraus feinkrümelige Erde geworden. Sie kann zum Einstreuen zwischen Sträucher und Stauden verwendet werden.

*175*

## Gartenanlagen
*Gestaltungsbeispiele von Gartenanlagen*

## Der Hundert-Quadratmeter-Garten

Wie man auch auf kleiner Fläche, zum Beispiel in einem Reihenhausgarten, einen Naturgarten anlegen kann, zeigt dieser Gartenplan. Viele Aspekte der Naturgartenidee sind hier auf kleinem Raum konzentriert. Die Schotterfläche direkt am Haus stellt einen idealen Standort für trockenheitsliebende Pflanzen dar. Mauerpfeffer, Grasnelke und Zwergiris breiten sich hier gerne aus. Den Mittelpunkt der Schotterfläche bildet eine Kräuterspirale, die für einjährige und trockenheitsliebende mehrjährige Kräuter wie Salbei, Rosmarin, Thymian und Oregano gedacht ist.

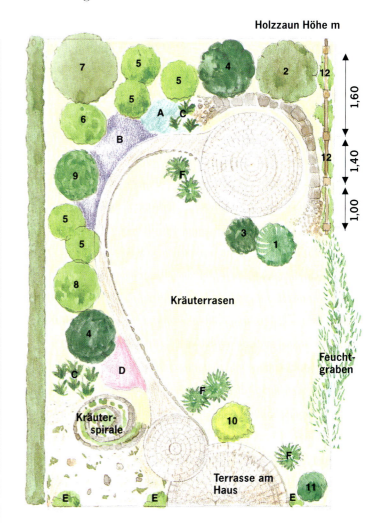

Die Seitenansicht zeigt hinter der Eibe an der Kräuterspirale statt der rot blühenden Hechtrose eine gelb blühende Art, die im angenehmen Kontrast zur dahinter wachsenden Kartoffelrose steht

❶ Hängekätzchenweide (Salix caprea 'Pendula')
❷ Sommerflieder (Buddleja davidii)
❸ Kriecheibe (Taxus baccata 'Repandens')
❹ Eibe (Taxus baccata)
❺ Kartoffelrose (Rosa rugosa)
❻ Bibernellrose (Rosa pimpinellifolia)
❼ Kornelkirsche (Cornus mas)
❽ Hechtrose (Rosa glauca)
❾ Berberitze (Berberis vulgaris)
❿ Schwarzer Ginster (Cytisus nigricans)
⓫ Gemeiner Wacholder (Juniperus communis)
⓬ Hopfen (Humulus lupulus)

Ⓐ Herbstsedum (Sedum telephium)
Ⓑ Lavendel (Lavandula angustifolia)
Ⓒ Zwergiris (Iris barbata nana)
Ⓓ Grasnelke (Armeria maritima)
Ⓔ Stockmalve (Alcea rosea)
Ⓕ Pfeifengras (Molinia altissima)

Der direkt daneben liegende Vorplatz bildet einen Schwerpunkt des Gartens. Er besteht aus zwei runden gepflasterten Flächen, die ineinander übergehen. Es entsteht ein gemütlicher Sitz- und Ruheplatz. Vom befestigten Wegbelag in sandfarbenem Klinker geht es nahtlos in die Schotterfläche über. Die rund aufgebaute Kräuterspirale nimmt nochmals das Gestaltungselement der Kreisform auf und bringt mit ihrer Höhe noch einen weiteren Akzent ins Spiel. Sie kann das ganze Jahr über gut von den Wohnräumen aus beobachtet werden. Auch die Kräuterernte ist aufgrund der günstigen Lage der Spirale kein Problem.

Den zweiten Schwerpunkt dieses kleinen Gartens bildet ein kreisrunder Sitzplatz im hinteren Gartenteil. Er fungiert als Gegengewicht zum Sitzplatz am Haus und ist mit diesem durch einen Weg optisch verbunden. Die runde Sitzbank stellt eine ebenso originelle wie harmonische Ergänzung der Fläche dar. Der Sitzplatz ist halbseitig mit einer etwa 1 m hohen Trockenmauer eingefaßt. Sie läuft an ihren beiden Endpunkten jeweils in eine kleine Geröllfläche aus und bietet dort Raum für weitere Pflanzen der Trockengebiete. Hier sind es Zwergiris und Herbstfetthenne. Außerdem grenzt die gepflasterte Fläche an den Kräuterrasen und an den die westliche Grundstücksgrenze bildenden Feuchtgraben.

Der Sitzplatz wird von der Mauer gut geschützt, die außerdem den verschiedenen Pflanzen für Steinfugen in halbschattigen und schattigen Lagen eine Lebensgrundlage bietet. Dazu gehören Streifenfarn, Ruprechtskraut und Erdbeerfingerkraut. Die Sitzecke liegt morgens in der Sonne und mittags im lichten Schatten. Auf der Westseite schützt eine mit Hopfen berankte Holz-Pergola in drei verschiedenen Höhenstufen vor zu starkem Sonnenlicht.

Die beiden Schwerpunkte dieses Gartens sind mit ein und demselben Material, einem hellen Klinker, gepflastert worden. Eine Verbindung schafft der geschwungene Weg aus Schottermaterial. Den Weg begrenzen zur Rasenseite hin kleine Randsteine, um das Mähen zu erleichtern und eine klare Linie zwischen Weg und Grünfläche zu ziehen. Die Seite zu der Strauchbepflanzung hin kann dagegen offen bleiben, da hier ein eventuelles Verwachsen keine Probleme macht.

Die östliche Gartenseite hat der Nachbar mit einer zwei Meter hohen immergrünen Hecke gestaltet. Sie bietet zwar einerseits einen guten Schutz, hat andererseits aber einen wandähnlichen Charakter. Vor diesen hellgrünen Hintergrund wurde eine Wildrosenhecke mit Staudensaum gepflanzt. Eine vergleichbare Hecke ist bereits auf Seite 130 gezeigt worden. Ergänzend kommen noch Kornelkirsche, Berberitze und in Sitzplatznähe ein Schmetterlingsstrauch und eine Hängekätzchenweide hinzu.

Die Fläche in der Gartenmitte wird von einem Kräuterrasen eingenommen, in dem auch Gänseblümchen, Löwenzahn und Veronica wachsen dürfen. Da die Fläche auch als Trittrasen genutzt werden soll, ist eine Blumenwiese nicht zu verwirklichen. In die Rasenfläche wurden einige Pflanzen zur Auflockerung gesetzt. In Hausnähe ist das auf sehr trockenem Platz der heimische und säulenförmig wachsende Wacholder. Etwas weiter weg ziert dann ein etwa

1 m hoher und breiter Ginsterstrauch das Terrassenende. Zum Herbst hin treten die Grannen des Pfeifengrases in den Vordergrund. Die Bewegungen im Wind sind auch vom Hausinneren aus gut zu beobachten, und das goldgelbe Gras bietet im ersten Rauhreif ein eindrucksvolles Bild. Am hinteren Sitzplatz wirken eine Kriecheibe und die Hängekätzchenweide das ganze Jahr hindurch.

Das Grundstück hat zum westlichen Nachbarn hin keinen Zaun, sondern läßt den Blick offen. Um dennoch eine interessante Grenze zu schaffen, wurde in Teamarbeit ein feuchter Graben auf der Grenze angelegt. Die leuchtenden Sommerfarben von Blutweiderich, Mädesüß und Lichtnelke bilden einen attraktiven Blickfang und locken zusätzlich vielerlei Tiere an, besonders Schmetterlinge. Im Gegensatz zum Bewuchs des Kräuterrasens wachsen die Pflanzen des Feuchtgrabens höher. Auf diese Weise ergibt sich eine natürlich wirkende Abgrenzung der beiden Grundstücke.

Wie in diesem Beispielgarten zu sehen ist, gibt es vielfältige Möglichkeiten, Naturgartenelemente in einen noch so kleinen Garten zu integrieren. Besonders wichtig sind dabei eine gründliche Vorplanung und die regelmäßige sachgerechte Pflege. Nur dann wird man auch längere Zeit an einem kleineren Naturgarten seine Freude haben.

## Die Kräuterspirale

Die Kräuterspirale ist ein spezielles Kräuterbeet aus Natursteinen, die schneckenhausförmig und zur Mitte hin leicht ansteigend ohne Mörtelverbindung an- und übereinander gelegt werden. Da der Feuchtigkeitsgehalt des Substrats von unten nach oben immer geringer wird, passen die verschiedensten Kräuterarten in diese Beetform. Die Größe hängt vom zur Verfügung stehenden Raum und von der Anzahl der Kräuter ab.

Beim Bau einer Kräuterspirale geht man folgendermaßen vor: An einem sonnigen Standort wird von unten nach oben eine spiralförmige Trockenmauer mit Natursteinen, Ziegeln, großen Pflastersteinen oder flachen Kieseln aufgeschichtet. Die entstehenden Innenräume bekommen bei höheren Spiralen eine Füllung mit lockeren Gesteinsabfällen. Der obere Bereich erhält einen mageren Oberboden. Hier wachsen anspruchslose und wärmebedürftige Kräuter. Es genügt auch, den vorhandenen Mutterboden mit viel Sand zu mischen und ihn oben einzufüllen. Der untere Teil, der gern nach Norden zeigen kann, wird mit Gartenerde oder Kompost aufgefüllt. Hier können Kräuter für den Halbschatten und nährstoffbedürftigere Arten wachsen. Wer viel Platz hat, kann am Fuß der Spirale eine Vertiefung ausheben, etwas Teichfolie verlegen und dafür sorgen, daß immer etwas Wasser in dieser Mulde stehen bleibt. Dann fühlen sich darin Wasserminze und, bei häufigem Wasserwechsel, auch Brunnenkresse wohl.

Auf jeden Fall ist die Kräuterspirale eine Augenweide. Vom Frühling bis zum Herbst werden durch die blühenden Kräuter viele Insekten angelockt, und auch im Winter wirkt die Anlage interessant. Wer Glück hat, entdeckt unter den Steinen in Bodennähe vielleicht Kröten und Eidechsen, und manch ein Igel hat sich schon für eine Kräuterspirale als Überwinterungsquartier entschieden. All diese Tiere werden aber nur dann häufiger zu Gast sein, wenn die Bepflanzung der Spirale und der näheren Umgebung auch mal ein wenig wuchern darf und nicht immer so akkurat und ordentlich aussieht.

Folgende Pflanzen sind für den oberen Teil einer Kräuterspirale geeignet:
- Majoran *(Origanum majorana)*
- Oregano *(Origanum vulgare)*
- Rosmarin *(Rosmarinus officinalis)*
- Salbei *(Salvia officinalis)*
- Thymian *(Thymus vulgaris)*

In den mittleren und unteren Teil passen:
- Schnittlauch *(Allium schoenoprasum)*
- Kerbel *(Anthriscus cerefolium)*
- Estragon *(Artemisia dracunculus)*
- Zitronenmelisse *(Melissa officinalis)*
- Basilikum *(Ocimum basilicum)*
- Petersilie *(Petroselinum crispum* ssp. *crispum)*
- Pimpinelle *(Sanguisorba minor)*
- Bohnenkraut *(Satureja hortensis)*

Wenn viel Platz vorhanden ist, können im Randbereich noch Borretsch, Maggikraut (Liebstöckel), Dill, Wermut, Beifuß, Weinraute, Pfefferminze, Echte Kamille und Sauerampfer gesetzt werden.

### Farbaspekte im Jahreslauf
Der kleine Hundert-Quadratmeter-Garten zeigt drei Hauptakzente: Trockenstandorte, Rosenhecke und Feuchtgraben. Der Kräuterrasen und die Kräuterspirale bleiben hier unberücksichtigt.

Vier Immergrüne bringen auch in den Wintermonaten etwas Grün in die Anlage. Es sind zwei größer wachsende Eiben, die in Form geschnitten werden können, eine Kriecheibe am hinteren Sitzplatz (nicht direkt heimisch) und ein Säulenwacholder direkt am Haus. Vorsicht bei kleinen Kindern, denn die Eiben sind in fast allen Teilen giftig!

Im Frühling beginnt die Kornelkirsche in intensivem Gelb zu blühen. Sie braucht in ihrer Ecke auf die Dauer einen regelmäßigen Schnitt, um nicht zu wuchtig zu werden. Die Hängekätzchenweide blüht etwa zur gleichen Zeit am hinteren Sitzplatz. Im April leuchtet die blaue Zwergiris, und die Berberitze zeigt gelbe Blütentrauben. Am Mai beginnen die Grasnelken bei der Kräuterspirale ihr Farbenspiel in Rosa, das bis in den Sommer andauern kann.

Jetzt kommt auch Farbe in den feuchten Graben. Die Kuckuckslichtnelke übersät ihn mit zartem Rosa. Im Juni wird die Blütensaison der Wildrosen in Rosa und Gelb eröffnet. Die Kartoffelrosen setzen den Reigen bis zum Herbst hin fort und bringen ab August schon die ersten roten Hagebutten hervor. Zur Hauptrosenblüte entfalten auch die zweijährigen Stockrosen direkt an der Hauswand ihre Pracht in Rosa und Weiß. Gegenüber kommt der Schwarzginster in hellem Gelb zur Hochblüte. Nach dem Abblühen im Juli werden die Blütentrauben schwarz, woher er auch seinen Namen hat.

Jetzt im Hochsommer lockt der Schmetterlingsstrauch Hunderte von Faltern an und paßt mit seinen violetten Blüten gut zu dem Lavendel. Einen farblichen Kontrast zum Violett bietet in dieser Jahreszeit der rotviolette Blutwei-

derich im Feuchtgraben, der bis in den August intensiv leuchtet, und zwar zusammen mit dem weiß blühenden Mädesüß. Zum Herbst hin setzt die Herbstfetthenne mit Rosatönen ein. Die Kornelkirsche bekommt nun knallrote Früchte, die gekocht verwertbar sind. Der Hopfen bringt seine grünlichen Früchte hervor, und das Pfeifengras entfaltet seine Blütenstände. Bis in den Winter hinein wirken sie zusammen mit den goldgelben Blättern.

Der Herbst bringt vielerlei Variationen von Hagebutten und die gelb-orangefarbene Herbstfärbung der Berberitze. Diese trägt außerdem noch herrlich rote Früchte, die gekocht verarbeitet werden können. Ansonsten wird der Herbst eher gelbe Töne in diesen Garten zaubern, wobei bis in den Winter hinein die Früchte von Rose, Kornelkirsche, Berberitze und Hopfen sichtbar bleiben. Diese kommen dann in der kalten Jahreszeit den Vögeln zugute, je nachdem welche ihnen am besten munden.

**Soll der Kräuterrasen betreten werden, ist so eine Blumenwiese nicht möglich. Gänseblümchen und Ehrenpreis dürfen aber trotzdem wachsen**

# Der Eckgarten

Es gibt Gartengrundstücke, die eine ungewöhnliche Form haben. Ein typisches Beispiel ist das gezeigte Eckgartengrundstück. Es läuft spitz zu und endet mit seiner Südseite direkt an der Rückseite des Hauses. Zudem liegt der Garten in einem kleinen Hang, der nach Osten geneigt ist. Dadurch bekommt er relativ wenig Sonne, obwohl er insgesamt hell erscheint. Entlang der östlichen Gartenseite verläuft eine Sackgasse, die an der Gartenspitze endet. Hinter dem Gehölzstreifen der Ostseite fällt das Grundstück nochmals einen Meter bis zur Grundstücksgrenze ab, wo dann ein Graben verläuft. Direkt daneben ist die erwähnte Sackgasse.

Die nordwestliche Gartenseite grenzt direkt an einen Feldweg. Somit ist dieser Garten sehr ruhig gelegen. Es fahren nur sehr wenige Autos, und ab und zu kommen Spaziergänger vorbei. Der Boden ist mittelschwer und hat einen mittleren Kalkgehalt.

# Gartenanlagen
*Gestaltungsbeispiele von Gartenanlagen*

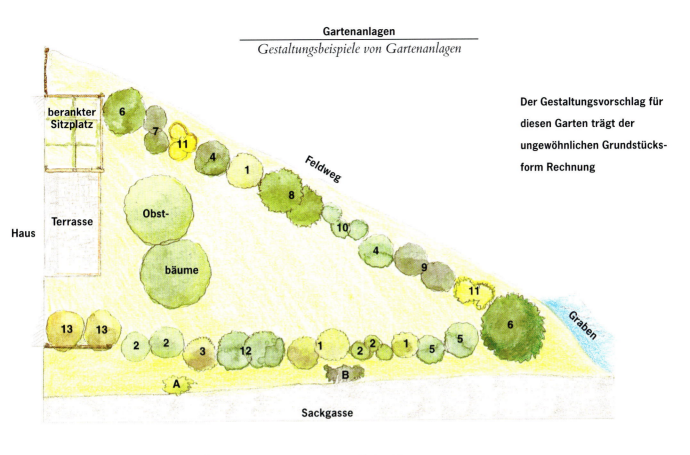

Der Gestaltungsvorschlag für diesen Garten trägt der ungewöhnlichen Grundstücksform Rechnung

❶ **Berberitze** (Berberis vulgaris)
❷ **Essigrose** (Rosa gallica) **Bibernellrose** (Rosa pimpinellifolia) **Hundsrose** (Rosa canina)
❸ **Liguster** (Ligustrum vulgare)
❹ **Hartriegel** (Cornus sanguinea)
❺ **Sanddorn** (Hippophaë rhamnoides ssp. fluviatilis), männliche und weibliche Pflanze kaufen!
❻ **Holunder** (Sambucus nigra)
❼ **Schneeball** (Viburnum lantana)
❽ **Feldahorn** (Acer campestre)
❾ **Pfaffenhütchen** (Euonymus europaea)
❿ **Seidelbast** (Daphne mezereum)
⓫ **Ginster** (Cytisus scoparius)
⓬ **Schlehe** (Prunus spinosa)
⓭ **Kornelkirsche** (Cornus mas)

Bodendecker für die Böschung
Ⓐ **Kriechweide** (Salix repens)
Ⓑ **Efeu** (Hedera helix), kriechende Sorten

Die Gartenbesitzer wollten dieses Gartenstück naturnah anlegen und sich eine festen Zaun als Begrenzung sparen. Deshalb wählte man eine Wildstrauchhecke als Saum, die in einigen Jahren das Grundstück nach außen hin abschirmen wird. Zwei Apfelbäume auf Hochstämmen prägen das Gesamtbild dieses Naturgartens. Sie sind in Hausnähe gepflanzt worden und können im Laufe der Jahre fast die ganze Gartenbreite einnehmen. Zur Blüte- und Erntezeit sind die beiden Obstbäume die unbestrittenen Stars des Gartens. Die Hochstämme haben den Vorteil, daß aufgrund ihrer Stammhöhe von 1,80 m auch die Fläche unter den Bäumen genutzt werden kann. In diesem Garten ist das sehr wichtig, denn die freie Fläche in der Mitte ist für eine Blumenwiese reserviert. Sie wird je nach Bedarf gemäht und nicht allzu oft betreten. Daher kann sie sich gut entfalten. Das Grundstück war bereits vor seiner Bebauung Weideland und wurde auch während des Hausbaus kaum verändert. Das ist eine günstige Voraussetzung für eine Blumenwiese, da die Fläche vorher schon ähnlich genutzt wurde.

Vom Haus aus führen eine Tür und zwei kleine Fenster auf eine befestigte Terrasse und den berankten Sitzplatz. Daneben ist eine kleine Gartentür, durch die man auch von außen in den Garten kommt. Der Zugang von außen ist eine wesentliche Erleichterung bei Gartenarbeiten, wenn zum Beispiel Astschnitt oder andere Gartenabfälle transportiert werden müssen. Obwohl in diesem Garten nur wenig derartiges anfallen wird, sollte man solche Details schon bei der Planung berücksichtigen, um sich unnötige Arbeit zu ersparen.

Um einen besseren Sichtschutz zu haben, ist neben der Terrasse ein wenige Meter langer Eichenspaltzaun gesetzt worden. Zwei Kornelkirschen überwachsen ihn bald. Sie werden durch gezielten Schnitt zu Hochstämmen erzogen. Unmittelbar daneben wachsen Hunds-, Essig- und Bibernellrosen in die das Grundstück begrenzende Wildhecke hinein.

*Zusammensetzung des Gartens*

In diesem Gartenbeispiel sind etwa fünf der bisher vorgestellten Naturgartenideen kombiniert worden. In Hausnähe prägen der Spaltzaun und die Kornelkirsche das Bild. Der Heckensaum zeigt Aspekte einer Wildrosen- und Wildfruchthecke. Die zwei Obstbäume erinnern an einen Obstgarten, der immer gut zur Blumenwiese paßt, die hier großflächig den Boden überwachsen darf. Natürlich bilden die genannten Teile jeweils nur einen kleinen Ausschnitt des Gartens, und dennoch ergeben sich daraus verschiedene interessante Lebensräume für Mensch, Tier und Pflanze.

Der Zaun mit den Begleitpflanzen dient als Sichtschutz und darf gerne auch mit Waldreben zuwachsen. Die den Garten umgebende Hecke wird nach einigen Jahren komplett zugewachsen sein und mit vielen dornigen und stacheligen Pflanzen einen würdigen Zaunersatz darstellen. Größere Bäume wurden nicht vorgesehen, weil sie aufgrund des knappen Platzangebotes zu wenig Raum hätten. Nur die Feldahorne können auf Wunsch größer wachsen. Man kann sie aber ebensogut durch Schnitt strauchartig halten. Ansonsten dürfen sich alle Pflanzen frei entfalten, ihre Ausläufer können nach außen oder innen wachsen, ohne dabei irgendwie hinderlich zu sein.

Als Ergänzung würden in die Hecke noch wilde Stachelbeeren und Himbeeren passen. Die Wildrosen sind in diesem Zusammenhang bewußt sparsamer eingeplant worden. Sie könnten aber durchaus in gleicher Anzahl nochmal auf der Westseite in die Zwischenräume gepflanzt werden.

Was die beiden Obstbäume betrifft, so fiel die Wahl auf die Sorten 'Jonathan' und 'Berlepsch'. Im Plan nicht eingezeichnet sind Beerenobststräucher. Sie können zum Beispiel am Rand der Blumenwiese und in der Nähe des Sitzplatzes ergänzt werden. Größere Obstbäume bekämen auf die Dauer gesehen zu wenig Licht wegen der Apfelbäume und des Heckensaums.

Die Wiese dominiert die mittlere Gartenfläche. Da sie vorher als Weideplatz für Kühe und Pferde genutzt wurde, ist sie sehr nährstoffreich und weist viele Gräser auf. Der Kalkgehalt ergibt einen pH-Wert von 6–7, und der mittelschwere Lehmboden hält das Wasser einige Zeit.

Die Hauptpflegearbeit der ersten drei bis fünf Jahre besteht im häufigeren Mähen (fünf- bis siebenmal pro Jahr) und dem anschließenden Abtragen des Grasschnitts. Dadurch magert die Wiese allmählich ab, und es kann langsam mit dem Nachpflanzen von gewünschten und dem Standort angepaßten Wiesenblumen begonnen werden. Dafür trägt man kleine Stücke (1–2 m²) mit Grassoden ab und vermischt den Oberboden mit Sand. Hier hinein pflanzt man nun eine passende Pflanzenauswahl von 10 bis

**Frühlingsblick von der Terrasse aus: Im Vordergrund blühen die Apfelbäume**

12 Stück je Quadratmeter, gießt sie an und achtet auf ein gutes Anwachsen. Haben sich die Pflanzen ausgebreitet, können im Jahr darauf neue Teilstücke auf die gleiche Weise „umgestellt" werden. Manchmal samen sie sich auch allein aus und siedeln sich an den passenden Stellen an.

Die Umwandlung einer Weide in eine blumenreiche Wiese gelingt durch die Anpflanzung von ausgesuchten Stauden am leichtesten. Natürlich können auch kleine Flächen neu angesät oder mit einer Heublumenschicht bedeckt werden. Wie das genau vonstatten geht, ist ab Seite 80 nachzulesen.

Blumenauswahl für eine halbschattige Wiese mit mittelschwerem Boden:
- Gemeiner Frauenmantel *(Alchemilla vulgaris)*
- Pfirsichblättrige Glockenblume *(Campanula persicifolia)*
- Wiesenflockenblume *(Centaurea jacea)*
- Wiesenmargerite *(Chrysanthemum leucanthemum)*
- Wiesenpippau *(Crepis aurea)*
- Wilde Möhre *(Daucus carota)*
- Wiesenlabkraut *(Galium mollugo)*
- Wiesenstorchschnabel *(Geranium pratense)*
- Große Bibernelle *(Pimpinella major)*
- Hohe Schlüsselblume *(Primula elatior)*
- Scharfer Hahnenfuß *(Ranunculus acris)*
- Wiesenbocksbart *(Tragopogon pratensis)*

**Die Bibernellrose entfaltet im Mai und Juni ihre weißen bis hellgelben Blüten. Der Strauch ist sehr blütenreich**

Für den Frühling können in Hausnähe und am Wiesenrand noch Wildblumenzwiebeln im Herbst gesetzt werden, die bei passendem Standort jedes Jahr von neuem erscheinen:
- Frühlingskrokus *(Crocus chrysanthus)*
- Schachbrettblume *(Fritillaria meleagris)*
- Schneeglöckchen *(Galanthus nivalis)*
- Märzenbecher *(Leucojum vernum)*
- Wildnarzisse *(Narcissus pseudonarcissus)*
- Wildtulpe *(Tulipa sylvestris)*

## Farbaspekte im Jahreslauf

Zwei Immergrüne bringen selbst im Winter etwas Farbe in den Eckgarten. Es sind der Immergrüne Schneeball und Liguster. Im März läuten nicht nur die Blumenzwiebeln, sondern auch der rosa blühende Seidelbast und die gelben Kornelkirschen den Frühling ein. Der Seidelbast hat neben seinen giftigen Blättern ab Juni auch rote, giftige Beeren. Gleich nach der Seidelbastblüte öffnen sich die schneeweißen Blüten der Schlehen, und die gelben Weidenkätzchen der Kriechweide locken bereits viele Insekten an. Der Immergrüne Schneeball stellt Ende April seine runden und weißen Blütenteller zur Schau. Es folgen mit dem Blattaustrieb im Mai die gelb blühenden Berberitzen und danach Besenginster in derselben Farbe. Letzterer kann in strengen Wintern durchaus zurückfrieren, er treibt aber trotzdem von unten wieder aus.

Ab Mai können wir aus den Holunderblüten wieder Sirup oder Sekt bereiten. Auch die Rosen erreichen nun bald ihren Blütenhöhepunkt. Im Juni zeigt der Liguster weiße Blüten, und der Seidelbast bringt leuchtend rote Beeren hervor. Viel auffälliger und üppiger beginnt ab August das Pfaffenhütchen mit seinen Früchten zu leuchten. Sie sind wie die Blätter leider giftig. Das gilt aber nicht für die Vögel, denn ab Oktober fallen die Früchte ab, und besonders das Rotkehlchen frißt sie dann gerne. Im Spätsommer entwickeln sich auch die orange gefärbten Sanddornfrüchte. Sie bleiben bis zum ersten Frost am Strauch, können dann geerntet und zu vitaminreichem Saft oder Mus verarbeitet werden. In der Beerensaison zeigen sich jetzt auch die schwarzen Beeren des Ligusters, die leicht giftig sind. Schwarz und rot gemischt treten außerdem die Beerendolden des Immergrünen Schneeballs hervor. Im September tragen die Berberitzen ihr rotes Früchtekleid. Die Beeren sind gekocht verwertbar. Gleichzeitig mit der herbstlichen Blattfärbung sind jetzt auch die Holunderfrüchte schwarz geworden. Sie sollen nur dann verarbeitet werden, wenn alle Einzelbeeren einer Dolde wirklich schwarz gefärbt sind. Holunder braucht einen kalkhaltigen Boden und gleichmäßige Bodenfeuchtigkeit, um nicht von Schädlingen, besonders von Läusen, befallen zu werden. Außer dem hier vorgestellten Schwarzen Holunder gibt es noch den kleiner wachsenden Roten Holunder oder Traubenholunder. Eine andere heimische Art zählt zu den Stauden und wird etwa 1 m hoch.

Der Herbst bringt auch eine Berberitzen-, Kornelkirschen- und Hagebuttenernte. Die Früchte wurden früher gerne zu Marmelade verarbeitet. Im späteren Herbst beginnt der Garten nochmals durch die Färbung der Blätter zu leuchten: Es sind die roten Blätter der Berberitze und des Pfaffenhütchens, das Gelb des Seidelbastes und der Rosen und das Gelborange des Feldahorns. Efeu ist einer der wenigen herbstblühenden und immergrünen Sträucher. Er blüht grün im September und Oktober und bringt im Jahr darauf blauschwarze, leicht giftige Beeren hervor, die sehr lange an der Pflanze bleiben. Der Efeu läßt sich allerdings viele Jahre Zeit bis zur ersten Blüte. Nach dem ersten Frost beginnt die Erntezeit der Schlehen. Im Winter treten die leuchtend roten einjährigen Triebe des Hartriegels in Erscheinung.

## Ein Garten für Sonnenhungrige

Dieses Beispiel zeigt einen Garten, der vom späten Vormittag bis zum Abend von der Sonne durchflutet wird, ideale Voraussetzungen für sonnenhungrige Pflanzen und Bewohner. Dazu kommt, daß die Gartenerde vorwiegend aus leichtem und kalkhaltigem Sandboden besteht, mit dem die Bepflanzung in heißen Sommern auch ohne große Zusatzbewässerung auskommen muß.

## Gartenanlagen
*Gestaltungsbeispiele von Gartenanlagen*

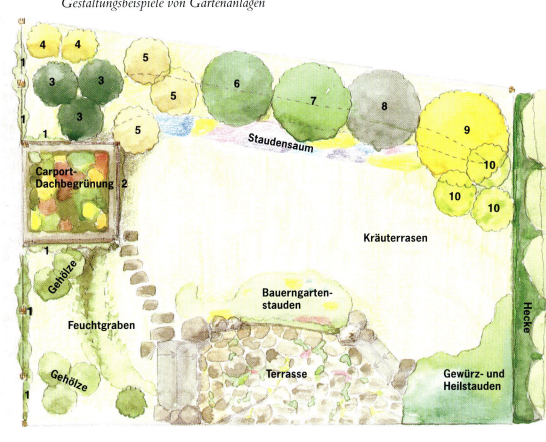

❶ Wilder Wein (Parthenocissus quinquefolia)
❷ Efeu (Hedera helix)
❸ Gemeiner Wacholder (Juniperus communis)
❹ Schwarzer Ginster (Cytisus nigricans)
❺ Berberitze (Berberis vulgaris)
❻ Gemeiner Flieder (Syringa vulgaris)
❼ Kornelkirsche (Cornus mas)
❽ Wolliger Schneeball (Viburnum lantana)
❾ Felsenbirne (Amelanchier ovalis)
❿ Kartoffelrose (Rosa rugosa)

Die Seitenansicht zeigt den Blick in den Garten vom ersten Stock des Wohnhauses aus

Der Garten liegt in einem Hang, der nach Westen hin leicht ansteigt. Diese natürlichen Gegebenheiten wurden genutzt, um das Grundstück in drei Ebenen zu modellieren. Die Terrasse liegt am tiefsten. Der größte Teil des Gartens, mit Feuchtgraben, Wiese und Staudenbeeten, ist auf mittlerem Niveau. Die Strauchhecke im Westteil wächst an der Grundstücksgrenze auf einem hügelartig erhöhten Terrain. Rechnet man die Dachbegrünung des Carports noch hinzu, kommt man auf vier Ebenen.

Begrenzt wird der Garten im Osten durch die Front des zweistöckigen Hauses und im Süden durch einen doppelseitigen Lattenzaun, der mit Wildem Wein berankt ist (genaue Beschreibung S. 151). An dieser Seite war der Sichtschutz zur Straße wichtig. Der Carport unterbricht den Zaun und ist zum Kräuterrasen hin, also nach hinten, offen. Bis auf einen Durchgang zur Terrasse ist die Carport-Rückseite mit Drähten verspannt, die dem Efeu als Rankhilfe dienen.

Die Westseite der Gartenanlage wird mit einem Maschendrahtzaun vom Nachbargarten abgegrenzt. Entlang dieser Grenzlinie sind die Büsche locker gepflanzt, damit zu beiden Seiten hin ein Blickkontakt möglich wird. Der Nachbar im Norden hat seinerseits mit einer dichten und immergrünen Ligusterhecke eine Barriere geschaffen. Sie kam unserer Gartenplanung zugute, weil vor dem ruhigen grünen Hintergrund die Rosen und die Staudenbeete gut zur Geltung kommen.

Der mittlere Gartenraum ist für den Kräuterrasen reserviert. Später, wenn die Kinder ihn nicht mehr zum Spielen brauchen, soll hier Stück für Stück eine Blumenwiese entstehen.

**In den Fugen des Terrassenbelags gedeihen spezielle Pflanzen**

## Die Terrassenanlage

Das Schmuckstück dieses Sonnengartens ist die Terrasse. Man betritt sie ebenerdig vom Wohnzimmer aus und gelangt entweder rechts oder links über eine Treppe in den Garten. Die Terrasse ist groß genug für einen Tisch, Stühle und Sonnenliegen. Nicht ohne Grund liegt sie in einer kleinen Vertiefung: Dieser Niveauunterschied bietet einen angenehmen Schutz. Die angrenzenden Stauden, Gewürze und Heilpflanzen sind stets gut zu sehen, und Tiere können optimal beobachtet werden.

Fast schon extravagant präsentiert sich die Terrassengestaltung. Der Belag für die Terrasse und für die Trittstufen der nördlichen Treppe besteht aus verschieden großen Porphyrkrustenplatten. An den Rändern und den Treppenstufen kommen außerdem größere Einzelsteine zum Einsatz. In den Fugen, die zwangsläufig beim Verlegen der Platten entstehen, bekommen verschiedene kleine und meist trittfeste Sonnenpflanzen ihren Platz. Die sogenannten „Fugenpflanzen" lassen die befestigte Fläche bunt und lebendig erscheinen, ganz besonders dann, wenn sie während der Sommermonate blühen.

Der Unterbau besteht aus einer Schicht aus Splitt und Mineralbeton. Die äußeren Reihen und die Einzelsteine brauchen einen festeren Halt und können daher in Magerbeton gesetzt werden. Besonders die tiefste Fläche dieser Gartenanlage braucht ein Gefälle, damit das Regenwasser abfließen kann, und entsprechende Entwässerungseinrichtungen. Die Fugenpflanzen können nur einen Teil des Niederschlags auffangen und haben bei weitem nicht die Wasserspeicherkapazität eines nicht versiegelten Bodens.

Bruchsteine sind gelegentlich günstig als Reststücke in Steinbrüchen erhältlich. Sie sollten alle aus einem Material bestehen, etwa dem erwähnten Porphyr oder auch Muschelkalk. Die Größe ist variabel. Die ideale Stärke beträgt etwa 10 cm. Durch das Verlegen der unterschiedlich geformten Einzelsteine entstehen auch unterschiedlich große Fugen, die für die Fugenpflanzen wie geschaffen sind. Doch erst nach dem Legen der Steine und dem Einkehren beziehungsweise Einwaschen des Fugenmaterials (Sand, Erde, Splitt) kommen die Pflanzen an die Reihe. Sie sollten schon in kleinen Topfballen vorgezogen sein und müssen nur noch in die entsprechenden Lücken gedrückt werden, nachdem man das Fugenmaterial an den betreffenden Stellen wieder entfernt hat. Damit ist die

Arbeit beendet, die Pflanzen können wachsen und gedeihen ohne weitere Pflege.

Einen kleinen Nachteil hat die Pflasterung mit Fugen. Beim Stellen der Stühle und Tische muß man manchmal öfters rücken, bis die Gartenmöbel gerade stehen. Die Fugen sollten einerseits nicht zu klein sein, damit sich die Fugenpflanzen noch wohl fühlen. Andererseits bereiten zu große Fugen die erwähnten Probleme beim Aufstellen der Möbel. Fugenpflanzen wollen außerdem nicht dauernd betreten werden. Es wird günstig sein, den „Haupttrampelpfad" von der Terrasse zum Carport richtig abzuschätzen und entlang dieser Strecke weniger Pflanzen und kleinere Fugen zu wählen. Auf jeden Fall sind die erwähnten Pflanzen sonnenhungrig und vertragen eine längere Beschattung nur schlecht. Dafür schadet ihnen die Hitze nicht, im Gegenteil, dann fühlen sie sich erst richtig wohl. Zudem entfallen auf dieser Terrasse auch das Wässern, Kehren und Düngen.

## TIPS & HINWEISE

**Auswahl an geeigneten Fugenpflanzen**

- Katzenpfötchen (*Antennaria dioica*)
- Frühlingssegge (*Carex caryophyllea*)
- Gewöhnliche Kugelblume (*Globularia punctata*)
- Sandfingerkraut (*Potentilla cinerea*)
- Milder Mauerpfeffer (*Sedum sexangulare*)
- Gamander (*Teucrium chamaedrys*)
- Frühlingsblühender Thymian (*Thymus praecox*)
- Wilder Thymian (*Thymus serpyllum*)

### Die Staudenanlage an der Terrasse

Das Ziel dieser Gartenplanung war es, während der Vegetationszeit Farben- und Formenvielfalt genießen zu können. Die Staudenbeete um die Terrasse sind dafür besonders geeignet. In nördlicher Richtung grenzt ein Beet mit Gewürz- und Heilpflanzen an den Sitzplatz. An dieser sonnigen und geschützten Stelle sind unter anderem einjährige Kräuter wie Kamille, Ringelblume, Dill, Petersilie, Borretsch und Basilikum zu Hause. Außerdem finden hier mehrjährige Pflanzen zum Würzen einen langfristigen Lebensraum. Dazu gehören Luft- und Winterheckzwiebel, Weinraute, Zitronenmelisse, Pfefferminze, Thymian, Salbei, Dost, Bohnenkraut und Ysop. Im Hintergrund bekommen Liebstöckel, Rosmarin und Beifuß ihren Platz. Für einen dauerhaften Farbakzent sorgt außer dem Rosmarin auch Buchsbaum, der gut zwischen die Kräuter gesetzt werden kann. Ein ähnliches Kräuterbeet ist ab Seite 112 genau beschrieben.

### Heimische Gartenstauden

Der Platz vor der Terrasse soll den sonnenliebenden Stauden mittlerer Größe vorbehalten bleiben. Zunächst bringen auf diesem Beet Wildblumenzwiebeln wie Wildtulpen, Wildnarzissen, Schneeglöckchen, Märzenbecher und Traubenhyazinthen die ersten Farben hervor. Unterstützt werden sie von den folgenden Stauden: gelb blühendes Steinkraut, hellblaue Frühlingsastern, gelbgrüne Wolfsmilch, rosafarbene Grasnelken und himmelblaue Jakobsleitern.

Im Sommer entfalten sich die Fugenpflanzen auf der Terrasse in ihrer vollen Schönheit. Farb-lich abgestimmt passen in das höher gelegene Beet der blau blühende Ährige Ehrenpreis, weiße Wiesenmargeriten, violette Bergflockenblumen und das weißrosa blühende Aufgeblasene Leimkraut.

Der Herbst ist die Zeit der letzten Blütenfülle. In dem Beet blühen dann die weißen Silberdisteln, purpurrote Fetthennen und hellviolette Bergastern.

Alle erwähnten Stauden sind dem leichten Boden mit mittlerem Kalkgehalt angepaßt und müssen kaum gewässert werden.

### Der Feuchtgraben

Von der Terrasse aus führt ein Weg am feuchten Graben entlang zum Carport. Die Regenrinnen des Carports und des Hauses können in diesem Fall in den Feuchtgraben geleitet werden. Dieser Umstand führte überhaupt erst zu der Idee, an dieser günstigen Stelle einen feuchten Graben einzuplanen, der in bestimmten Zeiten viel Wasser führen kann. Durch den Zaun ist er recht geschützt, und die Luftfeuchtigkeit kann sich hier besser als an anderen Stellen halten. Das Gefälle verläuft vom Carport zum Haus hin. Die blühenden Sumpfpflanzen schmücken den Graben von April bis August und können dann teilweise auch von der Terrasse aus bewundert werden. Sechs Kleinsträucher – je zwei einer Art – bilden zum Zaun hin eine Höhenstaffelung. Es sind der heimische Zwergschneeball, die wilde Schwarze Johannisbeere und die Rosmarinweide.

Der genaue Aufbau und die richtige Pflanzenzusammensetzung können ab Seite 154 nachgelesen werden.

## Dachbegrünung auf dem Carport

Hier wurde die einfachste Art der Dachbegrünung, nämlich die extensive, gewählt. Sie hat einen ca. 10–15 cm dicken Schichtaufbau und ist ohne zusätzliche Wärmeschutzmaßnahmen für diesen Carport bestens geeignet. Die Anleitung zu Bau und Bepflanzung ist ab Seite 160 nachzulesen.

Das Carport-Dach würde nur der Natur, nicht aber den Betrachtern dienen, wenn es nicht sichtbar wäre. In diesem Beispiel kann man das sommerliche Farbenspiel vom ersten Stock des Hauses aus gut beobachten.

### TIPS & HINWEISE

**Gründüngung**

Wenn nicht alle Flächen einer Gartenneuanlage gleich bepflanzt werden können, sind einjährige Gründüngungspflanzen die ideale Übergangslösung. Sie werden im April oder Mai gesät, kommen im Sommer zur Blüte und können kurz danach ebenerdig abgeschnitten werden. Bei der Herbstpflanzung der mehrjährigen Nachfolger ist die Erde dann gut gelockert und von unerwünschten Wildkräutern frei.

Geeignet sind:

■ Bitterlupine *(Lupinus lutea)*

■ Gelbklee *(Medicago lupulina)*

■ Bienenfreund *(Phacelia tanacetifolia)*

■ Ölrettich *(Raphanus sativus* var. *oleiformis)*

■ Gelbsenf *(Sinapis alba)*

## Die einreihige Strauchhecke

Eine locker gepflanzte Strauchhecke bildet den Gartenabschluß nach Westen. Dabei wurden die Pflanzen mit Absicht in weitem Abstand gesetzt. Aber die Lücken können gerne langsam zuwachsen. Die Sträucher entfalten sich erst mit den Jahren zu ihrer vollen Größe. Der leichte Hügel, auf dem sie größtenteils stehen, wird sicherlich mit der Zeit von ihnen überwachsen. In die Zwischenräume können vorübergehend einjährige Gründüngungspflanzen gesät werden. Nur sollten den Sträuchern dabei genügend Licht und Luft zum ungestörten Wachsen bleiben. Alle gewählten Arten gedeihen auch auf trockenen Böden und sind hitzeverträglich.

Zwei Immergrüne bestimmen das Bild im Winter: die Wacholdergruppe beim Carport und der Schneeball. Im Frühling beginnt die Kornelkirsche das Jahr mit gelber Blüte. Ihr folgen die Felsenbirne in Weiß, Berberitzen in Gelb und der Schneeball mit weißen Blütentellern. Im Wonnemonat Mai ist die Hochsaison für den duftenden violetten Flieder und den gelb blühenden Schwarzen Ginster im Hintergrund. Jetzt starten auch die Kartoffelrosen in Rosa ihren Blütenreigen, der bis in den August andauert. Zum Sommer hin kommen zu den Blüten die auffallend roten und großen Hagebutten dazu. Ab August zieren die leuchtend roten Früchte der Kornelkirsche und des Schneeballs die Hecke. Schöne rote Herbstfärbung zeigen ab Oktober Felsenbirne und Berberitze.

Alle hier vorgestellten Sträucher sind nicht giftig. Genau beschrieben ist die Hecke mit Staudensaum ab Seite 72.

## Terrassengarten mit Duft-, Gewürz- und Heilpflanzen

Es ist auf den ersten Blick erkennbar, daß Duft-, Gewürz- und Heilpflanzen das Erscheinungsbild dieses Gartens dominieren. Diese sicherlich sehr spezielle Ausrichtung der Anlage verleiht dem Garten unter gestalterischen Gesichtspunkten eine fast südländische Atmosphäre, gepaart mit einer durchaus angenehmen Transparenz.

Das hier vorgestellte Beispiel zeigt einen nicht allzu großen Garten, dessen leichte Hanglage in Kombination mit der Südausrichtung wie geschaffen ist für die gewünschten Pflanzen. Hätte man mehrere Gestaltungselemente wie zum Beispiel Wasser, Sitzplätze, Sichtschutzhecken und Blumenbeete in diese kleinere Fläche integrieren wollen, so würde der Garten sehr schnell überladen wirken und sich dadurch optisch noch verkleinern.

**Gartenanlagen**

*Gestaltungsbeispiele von Gartenanlagen*

Dieser sehr anspruchsvoll gestaltete Garten verbreitet eine mediterrane Atmosphäre

❶ Hopfen (Humulus lupulus)
❷ Himbeeren (Rubus idaeus)
❸ Brombeeren (Rubus fruticosus)
❹ Wilder Wein (Parthenocissus quinquefolia)
❺ Echtes Geißblatt (Lonicera caprifolium)
❻ Echter Wein (Vitis vinifera)
❼ Hainbuche (Carpinus betulus)
❽ Schwarzer Holunder (Sambucus nigra)
❾ Seidelbast (Daphne mezereum)
❿ Echte Mispel (Mespilus germanica)
⓫ Schwarzer Ginster (Cytisus nigricans)
⓬ Teppichthymian (Thymus serpyllum)
⓭ Tripmadam (Sedum reflexum)
⓮ Malve (Malva sylvestris)
⓯ Diptam (Dictamnus albus)
⓰ Zitronenmelisse (Melissa officinalis)
⓱ Lavendel (Lavandula angustifolia)
⓲ Ysop (Hyssopus officinalis)
⓳ Weinraute (Ruta graveolens)
⓴ Dill (Anethum graveolens)
㉑ Schnittlauch (Allium schoenoprasum)
㉒ Pimpinelle (Sanguisorba minor)

**Die Säulenpergola erzeugt auf der Terrassenanlage ein behagliches Raumgefühl**

Die leichte Hanglage des Grundstücks erlaubte den Aufbau mehrerer Terrassen ohne größere Erdbewegungen. Es entstehen vier Ebenen mit jeweils ca. 30–40 cm Höhenunterschied. Die Terrasse am Haus liegt am höchsten. An sie schließt sich direkt die zweite Ebene an. Eine kleine Trockenmauer mit angrenzendem Weg bildet die Abstufung zur nächsten, etwas tiefer gelegenen Ebene. Der Übergang von der dritten zur vierten Fläche ist genau so angelegt. Die unterste Ebene besteht nur aus einer streng geschnittenen Eibenhecke mit einem schmalen Beet.

Ausgehend von der viereckigen Grundstücksform und der ebenfalls fast quadratischen Hausform, entwickelte sich die Idee eines ebenso symmetrischen Gartens. Es entstand in der Mitte eine Längsachse von der Terrassentür bis zur Nische in der Eibenhecke, die Platz für eine kleine Bank bietet. Die gesamte Terrasse und der Längsweg samt Nische sind mit hartgebrannten Ziegeln oder Klinkern gepflastert. Im Gartenmittelpunkt wird der Belag durch Natursteinplatten aufgelockert. Allerdings bestehen die halbrunden Stufen wieder aus den rötlichbraunen Ziegeln oder Klinkern. Der auffällige Mittelpunkt ist vom ganzen Garten aus gut erkennbar und wird besonders betont. Die Pflasterung ist rund gehalten, und in der Mitte präsentiert sich eine ein Meter hohe alte Säule. Unmittelbar daneben formen sich auf der zweiten Ebene aus den Trockenmauern zwei kleine Kräuterspiralen und tragen so ebenfalls zur Gestaltung des Mittelpunkts bei. Genau gegenüber stehen auf der dritten Gartenebene zwei flache Schalen etwas erhöht und ergeben eine weitere interessante Höhenstaffelung im Bereich der Gartenmitte. Die Schalen werden je nach Gartensaison mit Tulpen, Narzissen, Ringelblumen und einjähriger Kamille dekoriert, später im Herbst dann mit Beerenschmuck und grünen Zweigen.

Der Weg vom Zentralpunkt führt über zwei weitere Stufen nach Süden zur Nische. Diese ist halbkreisförmig und mit Ziegeln oder Klinkern gepflastert. Die Hecke wird mit den Jahren so breit sein, daß aus ihr bequem eine Nische geformt werden kann. Hier findet dann eine weiße Bank ihren Platz. Die zwei Eckpunkte links und rechts von der Bank werden durch zwei Buchsbaumkugeln gebildet. Ausgehend von diesen formalen Elementen führen zwei kleine Buchsbaumhecken zur West- und zur Ostseite der Anlage. Dort markieren wiederum zwei Buchskugeln deren Endpunkte.

Außer dem beschriebenen Mittelweg sind alle übrigen Wege mit einer etwa 20 cm dicken Rindenmulchschicht aufgefüllt worden. Die Wegränder werden entweder durch die Trockenmauern oder durch Kantensteine befestigt. Dadurch liegt das Mulchmaterial sicher wie in einem Bett, wird zur Seite hin gehalten und ist gleichzeitig nach unten hin offen. Die natürlichen Materialien sollen sich nicht mit der angrenzenden Gartenerde vermischen, dürfen aber dennoch verrotten. Rindenmulch hat wie die Pflasterung eine leichte Braunfärbung und muß einfach nur in die vorbereiteten Wege eingefüllt werden. Durch die ausreichende Schichtdicke wird kaum ein Wildkraut durchwachsen, und der Belag ist dennoch gut wasserdurchlässig. Da in den nächsten Jahren Flächenversiegelungen durch entsprechende Abgaben an die Gemeinden immer mehr erschwert werden, ist in diesem Gartenbeispiel nur die wichtigste Sichtachse versiegelt, sprich gepflastert worden. Im engeren Sinne sind eigentlich nur die Terrasse und die Nische ganz versiegelt, die restliche Fläche kann mit breiten Fugen versehen werden, die Platz für kleine Fugenpflanzen lassen.

In der zweiten Ebene fungieren die Natursteine der Wegpflasterung als Trittsteine für die beiden diagonal verlaufenden Pfade. Aus derselben Gesteinsart sind auch die Kräuterspirale und die Trockenmauern aufgebaut. Eine Beschreibung zum Bau einer Trockenmauer ist ab Seite 106 zu finden.

Dieser Garten wird bevorzugt im Sommer genutzt und hat einen leicht südländischen Charakter. Der streng formale Aufbau wird noch durch die symmetrische Bepflanzung unterstrichen. Um die Transparenz der Anlage zu betonen, also einen möglichst freien Blick zu gewährleisten, sind nur wenige Bäume und Sträucher mit Bedacht gepflanzt worden. Vor allem neben der Terrasse wurden sie eingeplant, und zwei Echte Mispeln haben auf der dritten Gartenebene Gelegenheit zur Entfaltung. Sie können hier an geschützter Stelle ihre apfelförmigen Früchte ausbilden. Nach dem ersten Frost werden sie teigig und schmecken dann süß-säuerlich.

## Kletterpflanzen

Da auf den Nachbargrundstücken in westlicher und östlicher Richtung bereits Sträucher einen Sichtschutz bieten, steht dort nur jeweils ein einfacher Lattenzaun. Er darf auf der Gartenseite gerne mit interessanten Kletterpflanzen zuwachsen. Nach Westen hin sind es Himbeeren, die eigentlich nicht zu den Kletterpflanzen zählen. Doch mit ihrem schmalen Wuchs passen sie auf schmaler Fläche gut vor diesen Zaun. Brombeeren und Wilder Wein stehen gegenüber in voller Besonnung. Beide brauchen einen regelmäßigen Schnitt, damit sie sich nicht allzu sehr ausbreiten. Etwas abseits wächst auf dieser Seite, gegenüber der Terrasse, das Echte Geißblatt. Es verträgt volle Sonne nicht so gut. Dieses weiß, gelb und leicht rötlich blühende Gewächs verströmt während der Blütezeit im Mai/Juni einen wunderbaren Duft. Am Haus ist eine Klettervorrichtung für zwei Echte Weinstöcke angebracht. Sie ranken an der Hauswand entlang und über die Pergola. Im Herbst können dann die grünen und blauen Trauben geerntet werden. Ansonsten bleibt die Pergola für den heimischen Hopfen reserviert, der an der Terrassenseite gesetzt wird.

### Die Terrassenanlage (1. Fläche)

Die mit Klinkern oder roten Ziegeln gepflasterte Terrassenfläche hat einen Zugang zum Haus. Zwei Fenster lassen ganzjährig die Mittagssonne herein. Um diesen Vorteil während des ganzen Jahres genießen zu können, durfte diese Fläche nicht dunkler werden.

Natürlich ist die Terrasse als Übergangsbereich ein beliebter Sitzplatz. Sie schafft mit ihrer locker gebauten Pergola eine beachtliche Raumwirkung. Runde Säulen, vier am Haus und vier am Südende der Terrasse, bilden das tragende Element für die knorrigen alten Äste, die in Längsrichtung und am Rand auch in Querrichtung miteinander verbunden sind. Dadurch hat das Sonnenlicht freie Bahn, und man kann Sommer wie Winter auch von innen den Blick in den Garten genießen. Echter Wein und Hopfen können die Pergola umranken und bringen zusätzlich eine behagliche Atmosphäre in den „Vorraum".

Rechts und links der Terrasse sind für Bäume und Büsche noch ein paar Ecken eingeplant. Die Hainbuchen zu beiden Seiten sind kegelartig geschnitten und stehen wie zwei Wächter neben der Terrasse. Der hellgrüne Austrieb der Blätter wirkt sehr zart. Ansonsten sind die Blätter grün und bleiben nach dem Herbst bis zum Frühling an der Pflanze hängen. Dadurch ist im

Winter bei Wind ein leichtes Rascheln des vertrockneten Laubes zu hören.

Die davor gepflanzten Holunder bringen mit ihrer Blüte und dem Fruchtbehang nicht nur Farbe, sondern auch verwertbares Wildobst in den Garten. An den vorderen Ecken wurde beidseitig Seidelbast plaziert. Während der rosafarbenen Blüte ab März verströmt er einen intensiven Duft, der bis ins Haus wehen kann. Die Beeren sind stark giftig und können noch im grünen Zustand abgeerntet werden, um auf Nummer Sicher zu gehen.

### Der mittlere Gartenteil (2. Fläche)

Von der Terrasse aus führen zwei Stufen zum mittleren Gartenteil. Die beiden rechtwinkeligen Flächen sind gegengleich angelegt. Zwei Wege aus Trittplatten führen jeweils diagonal durch die Gartenteile. Teppichthymian und Tripmadam säumen die Diagonale. Der etwas entfernter gesetzte Lavendel kann stets mit seinen graufilzigen Blättern schmücken. Die rosafarbene Malve neben dem prächtigen Diptam und die breit wachsende Zitronenmelisse füllen den seitlichen Teil. Damit sind die Farben Rosa, Violett, Weiß und Gelb vertreten und auch gut untereinander abgestimmt. Alle Pflanzen entfalten eine Heilwirkung. Teppichthymian, Zitronenmelisse und Diptam duften außerdem sehr angenehm.

An den Ecken zum zentralen Platz in der Mitte sind relativ kleine Kräuterspiralen entstanden. Für sie sind die einjährigen Kräuter vorgesehen, unter anderem Basilikum, Petersilie, einjähriges Bohnenkraut, Majoran, Portulak und Kapuzinerkresse.

# Gartenanlagen
*Gestaltungsbeispiele von Gartenanlagen*

Um einen geschützten Platz für die Bank zu erhalten, wurde in die relativ breite Eibenhecke eine Rundung geschnitten

Die Trockenmauern sind nur ca. 40 cm hoch und können daher nur im oberen Bereich mit Polsterstauden bepflanzt werden. Passend zum Gartenthema sind das zum Süden hin Salvien, Dost und verschiedene Duftthymianarten. Wegen ihres Duftes kommen noch Prachtnelke und Römische Kamille hinzu. Die etwas schattigeren Ausläufer der Mauer zum Osten und Westen hin bekommen Frauenmantel, Apfelminze, Katzenminze und Pfefferminze als Bei-

werk. In ähnlicher Weise wird der untere Bereich der Mauer bestückt, da auch hier die Sonne nicht so gut hinkommt.

### Der untere Gartenteil (3. Fläche)

Hauptattraktion sind auf dieser Ebene die bereits beschriebenen Mispeln, die mit den Jahren aufgrund ihres breit ausladenden Wuchses gut ein Drittel jeder Flächenhälfte einnehmen können. Über die Trockenmauer fallen im Mai die gelb blühenden Rispen des Ginsters. Am Fuße der Mispeln breiten sich flächig der blauviolett blühende Ysop und die hellgelb blühende Weinraute aus. Die beiden Stauden ergänzen

**Kräuterspiralen sind ein reizvolles und nützliches Gestaltungselement**

sich gut durch ihre verschiedenen Blattstrukturen und Blütenfarben. Außerdem macht sie ihre sommerliche Blühwilligkeit ausgesprochen beliebt. Dazu paßt der filigrane einjährige Dill mit seinen hellgelben Blüten. Klein und kompakt bleibt dagegen die Pimpinelle, die rotviolette Blüten hervorbringt. Am Wegrand ist die Fläche mit heimischem Schnittlauch und Winterheckzwiebeln ausgefüllt.

*Das Beet an der Eibenhecke (4. Fläche)*

Das halbschattige Beet vor der Eibenhecke wird im Vordergrund von einer Buchsbaumhecke gesäumt. Zu diesem ruhigen Umfeld passen größere Stauden, die sich gerne ausbreiten dürfen. Dazu gehören der hellgraublättrige Wermut, das weiß blühende Mutterkraut, der gelbe Enzian, Estragon, Liebstöckel (Maggikraut), der zweijährige Goldlack mit seinem starken Frühlingsduft, Alant, Beinwell und die rot blühende Indianernessel. Von den einjährigen Arten passen noch Borretsch und Kümmel dazwischen.

Die Pflanzen dieses Duft-, Heil- und Gewürzgartens sind heimisch und für viele Insekten und Schmetterlinge eine ideale Nahrungsquelle. Zur Hauptblütezeit der meisten Arten wird es hier summen und brummen, und die Gartenbesitzer werden mit Duft, Farbe und Würze verwöhnt.

*Die Kräuterspiralen*

Kräuterspiralen sehen so ähnlich wie liegende Schneckenhäuser aus. Man braucht dafür nur Steine beliebiger Größe und Art: große Kiesel, Ziegel oder sogar Pflastersteine. Zunächst wird ein Mäuerchen in Kreisform aufgeschichtet. Hier hinein kommt Gartenerde, mit etwas Sand gemischt. Dann beginnt man an irgendeiner Stelle des Kreises mit dem Aufschichten der Spirale, die wie ein Schneckenhaus nach innen hin immer enger und höher wird. In die entstehenden Zwischenräume kommt wieder Erde, nach oben hin soll diese immer sandiger werden. Größe und Höhe einer Kräuterspirale hängen ganz von den Wünschen und Platzverhältnissen ab. Große Anlagen von 2 m Durchmesser

sind reizvolle Gestaltungselemente auf weiträumigen Flächen. Sie können auch größere Gewürzpflanzen wie Liebstöckel, Borretsch, Estragon, Dill und Kümmel aufnehmen. Je kleiner allerdings eine Spirale wird, um so mehr passen auch nur kleinere Pflanzen hinein.

Der obere Bereich ist den trockenheitsverträglichen Arten vorbehalten. Das wären Thymian, Salbei, Dost, Majoran und Bohnenkraut. Weiter unten wird es etwas feuchter, und Petersilie, Basilikum, Melisse und Pimpinelle fühlen sich hier wohl. Bei größeren Spiralen kann unten eine kleine Mulde mit Folie ausgeschlagen werden, um wasserliebende Brunnenkresse und Wasserminze hineinzusetzen.

In dem vorgestellten Terrassengarten sind die Kräuterspiralen sehr klein ausgefallen. Sie dienen lediglich einjährigen Kräutern als Lebensraum. Die Vorteile der Spiralen liegen in der Wärmespeicherung der Steine und der Höhenstaffelung, die eine Anpassung an verschiedene Kräuterarten ermöglicht. Besonders reizvoll wirken Kräuterspiralen an Auf- und Abgängen, wie es im Terrassengarten gezeigt wird.

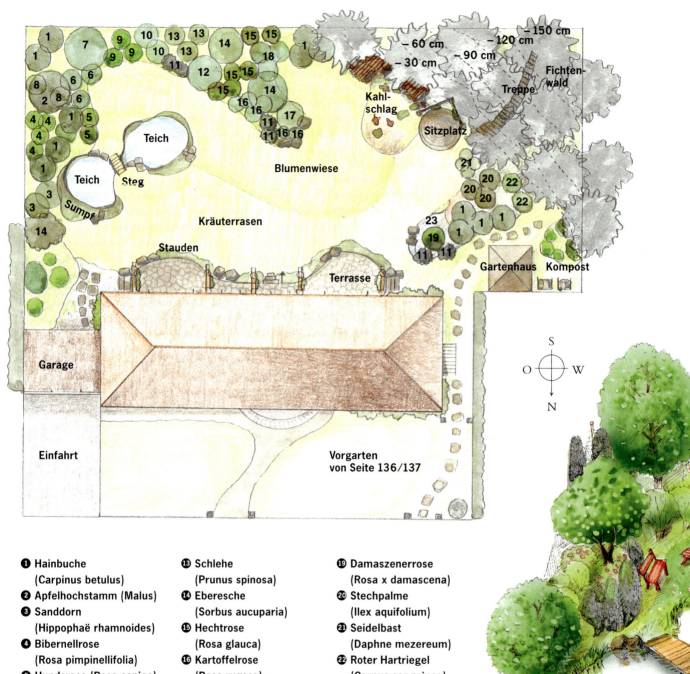

- ❶ Hainbuche
  (Carpinus betulus)
- ❷ Apfelhochstamm (Malus)
- ❸ Sanddorn
  (Hippophaë rhamnoides)
- ❹ Bibernellrose
  (Rosa pimpinellifolia)
- ❺ Hundsrose (Rosa canina)
- ❻ Haselnuß
  (Corylus avellana)
- ❼ Speierling
  (Sorbus domestica)
- ❽ Schwarze Johannisbeere
  (Ribes nigrum)
- ❾ Alpenheckenrose
  (Rosa pendulina)
- ❿ Pfaffenhütchen
  (Euonymus europaea)
- ⓫ Kiefer (Pinus mugo
  ssp. mugo)
- ⓬ Traubenkirsche
  (Prunus padus)
- ⓭ Schlehe
  (Prunus spinosa)
- ⓮ Eberesche
  (Sorbus aucuparia)
- ⓯ Hechtrose
  (Rosa glauca)
- ⓰ Kartoffelrose
  (Rosa rugosa)
- ⓱ Vielblütige Rose
  (Rosa multiflora)
- ⓲ Wolliger Schneeball
  (Viburnum lantana)
- ⓳ Damaszenerrose
  (Rosa x damascena)
- ⓴ Stechpalme
  (Ilex aquifolium)
- ㉑ Seidelbast
  (Daphne mezereum)
- ㉒ Roter Hartriegel
  (Cornus sanguinea)
- ㉓ Lavendel (Lavandula)

Ein großes Grundstück bietet eine Vielzahl von verschiedenen Gestaltungsmöglichkeiten

202

**Gartenanlagen**

*Gestaltungsbeispiele von Gartenanlagen*

## Eine große Gartenanlage mit verschiedenen Gartenräumen

Mit einer Gartenfläche von etwa 730 m² und einem Vorgarten von immerhin noch 180 m² gehört diese Anlage sicherlich zu den größeren. Die geschwungenen Formen und Wege, die in beiden Gartenteilen zu finden sind, prägen den Charakter dieser sehr aufwendigen Gartenanlage. Der gezeigte Vorgarten wurde bereits ab Seite 136 ausführlich beschrieben. Er bekommt hier lediglich eine Erweiterung zur westlichen Seite hin. Dort führt ein geschwungener Weg aus Trittplatten an der schmalen Hausseite vorbei in den hinteren Gartenbereich. Die Idee der „offenen" Pergola, die schon im Vorgarten am Eingang mit dem Briefkasten verwirklicht wurde, kommt an zwei Stellen entlang dieses

Pfades wieder zum Einsatz. Auch hier beranken duftende Geißblätter die Pergola. Der Weg beginnt an der Straße mit einem sanften Schwung nach rechts. In der entstehenden Ecke steht eine Haselnuß. Dadurch wird der Blick von der Straße in den Garten unmöglich. Beide Vorgartenwege haben dieselbe schwungvolle Linie.

Der große Hauptgarten liegt südlich vom Haus und hat eine beachtliche Breite. Der Boden ist in diesem Bereich mittelschwer, kalkhaltig und neigt an den Rändern zum Austrocknen. In der südwestlichen Ecke geht der Garten in einen halbdunklen Fichtenwald über, der langsam nach unten in eine Schlucht mündet. Nur der Anfang dieses Waldes gehört noch zum Grundstück, und ein einfacher Maschendrahtzaun trennt im unteren Bereich Gartenende und Wald. Da das Gelände fast überall von Sträuchern und Bäumen gesäumt ist, genügt ein einfacher Maschendrahtzaun als Einfriedung. Die Gartennachbarn im Osten und Süden haben ihre Flächen überwiegend noch offen gelassen, und der Nachbar zur Westseite hat seinerseits Büsche oder Hecken gesetzt. Durch die Bepflanzung ist ringsherum ein Sichtschutz gewährleistet, der trotzdem für die Pflanzen noch genügend Sonnenlicht durchkommen läßt.

Den optischen Schwerpunkt dieses Gartens bildet der durch einen Holzsteg geteilte Gartenteich. Er kann gut von der etwas höher gelegenen Terrasse aus beobachtet werden. Der niedrige Kräuterrasen im Vordergrund läßt stets den Blick auf die Sumpfzonen zu. Dafür geht im hinteren Teichbereich der Rand in eine bunte Blumenwiese über. In geschwungenen Linien schließt sich nach Osten und Süden ein Saum

von heimischen Sträuchern und Bäumen an, deren Gemeinsamkeit die Wildfrüchte sind. Der Saum endet in einer Bucht, direkt am waldähnlichen Bereich im Südwesten des Gartens. Ein kleiner Teil der Bäume im Vordergrund wurde für die Anlage eines Kahlschlags geopfert. Dabei verbleiben die Baumstümpfe im Boden, die gefällten Stämme werden aufgestapelt und bilden im Hintergrund einen kleinen Sichtschutz nach unten.

Direkt neben dem Kahlschlag lädt ein runder, gepflasterter Sitzplatz mit rückwärtiger Wand an heißen Tagen zum Verweilen ein. Dahinter führt eine Holztreppe in den tiefsten Teil des Gartens. Vor allem dieser wird gerne von den Kindern zum Spielen genutzt. Sich vom Sitzplatz in Richtung Terrasse erstreckend, schließt ein Beet mit Bäumen und Sträuchern den Kreis. Vom westlichen Terrassenende aus fällt der Blick auf ein reizvolles Arrangement aus Damaszenerrosen und Lavendel.

### Die Terrassenanlage

Die Terrassenanlage schafft eine Verbindung zwischen den beiden Flügeltüren der langen südlichen Hausfront. Um die Türen ist die Fläche jeweils halbrund erweitert, um für Stühle und Tische Platz zu schaffen. Ein relativ schmaler Streifen verbindet die beiden Terrassenflächen miteinander. Die Terrasse liegt erhöht, jeweils zwei Stufen führen an drei Stellen nach oben. Der Terrassenrand ist von einer kleinen Brüstung umgeben, die für allerlei Topfpflanzen, Balkonkästen und Schalen genutzt werden kann. Um eine Raumwirkung zu erzielen, erheben sich an jeweils fünf Punkten zu beiden

# Gartenanlagen
## *Gestaltungsbeispiele von Gartenanlagen*

Romantischer Blick auf die berankte Hauswand neben der Terrasse

bracht. Er kann sehr trocken stehen und kommt mit den wenigen „natürlichen" Wassergaben aus, die dort hin gelangen. Die restliche Gartenanlage wird fast ausschließlich von heimischen Arten bestimmt.

Hinter der Garage wird der Hintergrund eines Beetes von einer dichten Eibenhecke eingenommen. Da das Beet relativ wenig Sonnenschein abbekommt, konnte eine Idee des schattigen Hinterhofs (siehe ab Seite 170) übernommen werden.

Mit Ausnahme der Terrasse sind die Flächen nicht versiegelt, sondern mit Trittsteinen versehen. Wie auch im Vorgarten bestimmt die Farbe Grau das Bild des Kleinpflasters auf der Terrasse. Auch die Natursteine auf den Wegen sind grau. In ähnlichen Farbtönen ragen an markanten Punkten im Garten die Findlinge aus den Büschen und Stauden hervor. Sie sind wie geschaffen als Zielpunkte von Lichtquellen, die während lauer Abendstunden und in der Dämmerung die Findlinge und ihre Umgebung ins rechte Licht tauchen. Außerdem treten die Findlinge in der laubarmen Zeit als Attraktion in den Vordergrund.

Eine weitere Besonderheit dieses Gartens: In der Vielfalt von unterschiedlichen Bäumen, Büschen und Blumen treten immer wieder Gruppen von streng geformten Hainbuchen verschiedener Höhen aus der Bepflanzung hervor. Sie geben der Umgebung einen optischen Halt, indem sie kompakt, dicht und grün wie Kegel die Säume dominieren. Vier Bereiche sind so hervorgehoben: der Platz hinter der linken Teichhälfte, die südöstliche Gartenecke, der Übergang von Sträuchern zum Wald und das

Längsseiten der Terrasse weiße Rundsäulen, die an der Oberkante mit Rundhölzern verbunden sind. An dieser Säulenreihe ranken, blühen und duften den ganzen Sommer über verschiedene Kletterrosen. Sie werden von duftenden Sommerblumen begleitet. Am Mauerfuß wird außerdem ein schmales Beet von mehrjährigem Lavendel, Rosmarin und Buchsbaumkugeln dominiert. Dazwischen wachsen Frühlingsblumen und einjährige Sommerblumen. Dieser Bereich ist teilweise auch mit nicht heimischen Pflanzen angelegt worden, da es im Interesse der Besitzer war, in Hausnähe die Farbenpracht und den Duft von Rosen und einjährigen Sommerblühern zu genießen.

An der Hauswand sind neben den äußeren Fenstern Rankgerüste für Echten Wein ange-

Beet westlich der Terrasse. Im Gegensatz zu den übrigen Pflanzen benötigen Hainbuchen etwas mehr Pflege. Ein guter Schnitt, ein- bis dreimal im Jahr, gibt ihnen auf Dauer die kegelartige Gestalt. Es dauert einige Jahre, bis sie die entsprechende Größe haben, sie sind dann im Alter aber recht leicht auf demselben Niveau zu halten. Hainbuchen sind sehr robust und schnittverträglich. Als Alternative stehen Eiben und Rotbuchen zur Verfügung.

*Ein Garten mit Zukunft*

Der Garten ist auch in Hinblick auf die Zukunft geplant. Für den Fall, daß das große Haus auch einmal von zwei Parteien bewohnt und genutzt werden könnte, gibt es eine einfache Möglichkeit, den Garten zu teilen, ohne ihn dabei zu zerstückeln: Die Grenzlinie verliefe einfach von der Terrassenmitte aus bis zu dem gegenüber liegenden Beet. Solche Überlegungen sind zwar zu Beginn einer Neuanlage selten, können später aber viel Umstände ersparen.

*Kräuterrasen und Blumenwiese*

Dieser großräumige Garten besteht zu einem großen Teil aus Kräuterrasen und Blumenwiese. Die beiden Flächen wirken beruhigend und können an einer unsichtbaren Grenze zusammenfließen.

Der Kräuterrasen ist als Nutzrasen geplant. Hier ist Platz zum Spielen und zum Wäschetrocknen. Man kann ungehemmt zum Teich laufen oder auch zum Sitzplatz am Waldrand.

Die Blumenwiese wird etwa zwei- bis fünfmal im Jahr gemäht und ist nur im Frühling und nach dem Mähen gut zum Begehen geeignet.

**Die Sichtschutzwände des Sitzplatzes werden bald von Kletterpflanzen berankt**

Ansonsten sind „Trampelpfade" in die hinteren Gartenteile erlaubt. Für die eingeschränkten Nutzungsmöglichkeiten entschädigt die Blumenwiese im Juli und August mit einem schönen Farbenspiel in Weiß, Gelb und Blau. Der Untergrund besteht aus mittelschwerem Lehm, der pH-Wert liegt bei 6–7. Vor der Neuanlage war dieses Stück Land über lange Jahre sich selbst überlassen. Das sind ideale Voraussetzungen für eine Blumenwiese. Stickstoff- und Phosphorgehalt des Bodens sind gering, und die ersten Wiesenblumen fühlen sich gleich wohl. In den Oberboden wurde noch etwas Sand und grober Splitt eingearbeitet, um den Boden noch etwas lockerer zu machen. Die vorbereiteten Flächen wurden neu angesät mit Wiesenblumen für den Halbtrockenrasen (Arbeitsvorgang und Auswahl siehe S. 84). Nach einigen Jahren hat sich die Zusammensetzung stabilisiert, das Mähen kann reduziert werden. Auf kleinen Flächen kann man zusätzlich gewünschte Arten nachpflanzen. Natürlich ist eine schöne Blumenwiese ein Geschenk der Natur, und nur wer auch warten kann, unter Umständen Jahre, wird belohnt.

Als Übergangslösung kann man auf kleinen „Zwischenflächen" jedes Frühjahr einjährige Wiesenmischungen aussäen, die ebenfalls eine schöne Blumenpracht hervorzaubern.

### Sträucher und Bäume

Die Bepflanzung zum Osten und Süden hin besteht überwiegend aus Wildobstarten. Drei Ebereschen mit ihrer attraktiven Blüte und den auffallend orangefarbenen Beerendolden ragen über die Sträucher hinaus. Ein Apfelhochstamm und der selten gewordene Speierling bestimmen die Grundstücksecke. Eine weiß blühende Traubenkirsche und die bereits vorgestellten, in Form geschnittenen Hainbuchen gestalten nachfolgend die Höhenstaffelung der Gehölzanlage. In der Rangordnung folgen jetzt die Sträucher. Es sind Sanddorn, Haselnuß, Pfaffenhütchen, Schlehe, Wolliger Schneeball, Stechpalme und Roter Hartriegel. Bunt gemischt, ergänzt noch eine Anzahl von Wildrosen das Bild: Bibernellrosen, Hundsrosen, Alpenheckenrosen, Hechtrosen, eine vielblütige Rose und die robusten und blühwilligen Kartoffelrosen sind in Gruppen gepflanzt. Die Schwarze Johannisbeere steht unter dem Apfelhochstamm, kleine Krummholzkiefern finden an den Randzonen ein Plätzchen, und eine Gruppe von Seidelbast

steht, wie in der Natur, gern im Schutz von großen Bäumen. Einzig die Damaszenerrose gehört nicht ganz zu den heimischen Rosenarten. Sie verströmt während der Blüte im Juni einen einzigartigen Duft und gilt unter den Rosen als duftstärkste Art. Aus diesem Grund wurde sie in Terrassennähe gesetzt, umgeben von einer Lavendelgruppe.

Eng verwandt mit den Sträuchern sind die Kletterpflanzen. In diesem Garten sind außer Rosen und Wein an der Südfront noch schattenverträgliche Arten an Spalieren am Haus und an einer Hecke gesetzt. Selbstkletternd entfaltet sich die Kletterhortensie *(Hydrangea petiolaris)*, an Rankgerüsten wachsen Geißblatt *(Lonicera caprifolium* und *L. periclymenum)* und heimische *Clematis*-Arten *(Clematis montana* und *C. vitalba).*

---

### TIPS & HINWEISE

**Formgehölze**

Manchmal wirken naturnahe Hecken und Strauchpflanzungen im Winter kahl und im Sommer etwas unstrukturiert. Es gibt die Möglichkeit, mit streng geformten Pflanzen etwas mehr Ruhe in das Gartenbild hineinzubringen.

Dazu eignen sich als Immergrüne:

- Buchsbaum *(Buxus sempervirens)*
- Säulenwacholder *(Juniperus communis)*
- Liguster *(Ligustrum vulgare)*
- Eibe *(Taxus baccata)*

Schnittverträgliche, laubabwerfende Arten:

- Berberitzen *(Berberis vulgaris)*
- Hainbuche *(Carpinus betulus)*
- Rotbuche *(Fagus sylvatica)*

*Die Teichanlage*

Der zweigeteilte Teich ist in dieser Anlage ein wesentlicher Schwerpunkt des Gestaltungskonzepts. Die Wasserfläche beträgt je Teil ca. 15 m², dazu kommen die Sumpfzonen mit insgesamt ca. 10 m². Der Steg in der Mitte ist bewußt höher gelegt und verbindet beide Teichhälften harmonisch miteinander. Er lenkt die Blicke auf sich und verleiht der Zweiteilung des Teiches einen besonderen Akzent. Im Sommer lädt eine kleine Sitzbank zum Verweilen ein. In diesem Bereich würden auch eine interessante Statue und eine frostfeste Terrakotta- oder Keramikfigur passende Blickfänge ergeben.

Der Teich wurde mit Tonplatten gebaut und abgedichtet. Da an den Rändern viel Platz für ein sanftes Auslaufen der Uferzonen sein muß, ist mit Tonplatten gut zu arbeiten. Nach dem Erdaushub (etwa 40–60 cm tiefer als der geplante Teichgrund) verlegt man auf den glatten Untergrund in Ziegelform geschnittene Tonstücke in leicht angefeuchtetem Zustand. Mit einer Rüttelplatte wird die Schicht nun verdichtet. Während dieses Arbeitsgangs sollte es weder stark regnen noch sehr sonnig sein, damit das Material in seiner Konsistenz etwa gleich bleibt. Dieser Vorgang wird nochmals wiederholt. Zur Abdeckung kommt eine 8–12 cm dicke Schicht aus Kies oder Sand auf die bearbeitete Fläche. Nach und nach wird im letzten Arbeitsgang Wasser eingelassen und der Uferrand bepflanzt. Wassertrübungen sind am Anfang normal. Der Bau von Tonteichen erfordert etwas Erfahrung und das nötige Handwerkszeug. Daher ist für den Anfänger eine Fachfirma zu empfehlen. Bepflanzen kann den Teich der Hobbygärtner

**Gartenanlagen**
*Gestaltungsbeispiele von Gartenanlagen*

dann wiederum alleine. Die besten Jahreszeiten sind der Frühling und der Herbst.

Pflanzen für das flache Ufer:
- Sumpfdotterblume *(Caltha palustris)*
- Mädesüß *(Filipendula ulmaria)*
- Seesimse *(Scirpus lacustris)*
- Blutweiderich *(Lythrum salicaria)*
- Sumpfvergißmeinnicht *(Myosotis palustris)*

Pflanzen für tieferen Wasserstand:
- Kalmus *(Acorus calamus)*
- Froschlöffel *(Alisma plantago-aquatica)*
- Schwanenblume *(Butomus umbellatus)*
- Sumpfschwertlilie *(Iris pseudacorus)*
- Pfeilkraut *(Sagittaria sagittifolia)*

In tiefem Wasser wollen stehen:
- Tannenwedel *(Hippuris vulgaris)*
- Teichrose, Teichmummel *(Nuphar lutea)*
- Seerose *(Nymphaea)*
- Wasserknöterich *(Polygonum amphibium)*

Die zauberhafte Atmosphäre an einem sommerlichen Teich läßt einen schnell die Mühen des Teichbaus vergessen

❶ Walnuß (Juglans regia)
❷ Eberesche (Sorbus aucuparia)
❸ Berberitze (Berberis vulgaris)
❹ Vielblütige Rose (Rosa multiflora)
❺ Stechpalme (Ilex aquifolium)
❻ Schneeball (Viburnum opulus)
❼ Filzige Felsenmispel (Cotoneaster tomentosus)
❽ Hängekätzchenweide (Salix caprea 'Pendula')
❾ Buchsbaum (Buxus sempervirens)
❿ Sommerflieder (Buddleja davidii)
⓫ Haselnuß (Corylus avellana)
⓬ Birnen-Halbstamm (Pyrus)
⓭ Apfel-Halbstamm (Malus)

# Gartenanlagen
## Gestaltungsbeispiele von Gartenanlagen

## Ein Familiengarten

Diese Gartenanlage ist für eine große Familie konzipiert, die draußen Platz zum Spielen braucht, gern gesellig beisammen sitzt und so oft wie möglich im Freien grillt. Außerdem soll die Selbstversorgung mit eigenem Obst und Gemüse gewährleistet sein. Einige ruhige Plätzchen zum Ausruhen sind ebenfalls noch vorgesehen in dieser etwa 530 m² großen Anlage. Das Grundstück liegt an der Kreuzung zweier Straßen und sollte deshalb einen möglichst guten Sichtschutz haben.

Der Wunsch nach einem geschützten und abgeschlossenen Gartenraum in grüner Idylle spielte bei den Planungen eine wesentliche Rolle. Um dies zu erreichen und gleichzeitig auf der begrenzten Fläche nicht zuviel Platz für einen Sichtschutz mit Pflanzen zu verlieren, ergab sich die Idee einer rötlichen Ziegelmauer. Sie paßt vom Stil her gut zu dem Haus und der ländlichen Umgebung, in der viele alte Fabrikgebäude mit Ziegeln errichtet wurden. Die Straßenfront im Süden und Osten wurde in unterschiedlichen Höhen ummauert, damit keine langweilige Einheitsmauer entsteht. Neben

⓮ **Johannisbeere**
(Ribes nigrum)
⓯ **Brombeere**
(Rubus fruticosus)
⓰ **Stachelbeere**
(Ribes uva-crispa)
⓱ **Rhabarber**
(Rheum rhaponticum)
⓲ **Sauerkirsche**
(Prunus cerasus)
⓳ **Süßkirsche**
(Prunus avium)
⓴ **Himbeere**
(Rubus idaeus)
㉑ **Wilder Wein** (Parthenocissus quinquefolia)
㉒ **Kletterhortensie**
(Hydrangea petiolaris)
㉓ **Gemeine Felsenbirne**
(Amelanchier ovalis)
㉔ **Kleine Kiefer**
(Pinus mugo ssp. mugo)
㉕ **Pfeifengras**
(Molinia altissima)

Die Gestaltung dieser Gartenanlage ist auf die Bedürfnisse einer großen Familie zugeschnitten

dem Vorgarten ist die Mauerhöhe natürlich am geringsten.

An der Südfront bietet die Ziegelmauer einen interessanten Sichtschutz, wenn sie zusätzlich auf der Innenseite mit Wildem Wein berankt wird. Der sehr angenehme Rotgrünkontrast schmückt im Frühling und Sommer, bevor er dann ab September in ein feuerrotes Leuchten übergeht. Im Vorgartenbereich bestimmen selbstklimmende Kletterhortensien die Wandbegrünung an Mauer und Hauswand.

An der Nord- und Ostseite des Bauerngartens wurde ebenfalls eine Ziegelmauer errichtet. Sie verleiht dem Nutzgarten eine reizvolle räumliche Dimension und strahlt zudem am Abend die Sonnenwärme des Tages ab. Am südlichen Ende des Bauerngartens trennt ein besonders attraktiv gearbeitetes Mauerstück den Nutzgarten vom Ziergarten. Zum Westen hin endet die Mauer mit einem Bogen, der die Mauer auf die halbe Höhe herunterführt. Das Mauerstück ist im vorderen Bereich aus zwei Materialien gearbeitet und endet in einem Sockel aus Ziegelsteinen, auf dem eine Kugel thront. Dieses Schmuckelement liegt im Blickfeld von Terrasse, Grillhütte und Bauerngarten. Auf der Nutzgartenseite der Mauer kann man sich auf einer einfachen Bank ausruhen. Das Gestaltungselement „Sockel mit Kugel" wiederholt sich im Garten mehrere Male in unterschiedlichen Größen. Ein gegengleiches Stück steht direkt gegenüber der vorgestellten Bauerngartenmauer und schafft damit eine Begrenzung des nordwestlichen Eckgartenbereichs. Im Vorgarten bilden drei kleiner gehaltene Sockel dieser Art eine Einheit, und an der Südmauer

wird der Höhenunterschied mit dem Aufsetzen einer solchen Steinkugel elegant ausgeglichen.

Neben den Sichtschutz- und Trennmauern übernimmt die Begrenzung auf der West- und Nordseite der Anlage ein einfacher, unbehandelter Lattenzaun. Diese durchlässige Zaunform läßt genügend Licht herein, und an beiden Seiten ist ein Durchblick nach draußen sehr lohnenswert.

*Die Spielecke*
Eine Mauer zum Spielen und Entdecken bildet den Anfang des Spielbereichs. Sie ist im Prinzip wie eine lockere Trockenmauer aufgebaut. Der obere Abschluß muß allerdings sehr gut verlegt sein, damit das Betreten und Klettern nicht zur Ablösung einzelner Steine führt. In die Mauer eingebaut sind Beton- und Ziegelröhren mit unterschiedlichen Durchmessern. Durch das Weglassen von einzelnen Steinen entstehen außerdem kleine Nischen. An beiden Mauerseiten liegen einige Steine, Sand und Splitt, so daß kleine Kinder die Mauer den ganzen Tag als Spielgerät nutzen können. Sind große Röhren eingearbeitet, ist sogar ein Durchkriechen möglich. Eine Rutsche kann vom höchsten Punkt nach unten führen, und eine Wanne voll Wasser genügt schon, um Kinder an heißen Tagen zum Spielen mit Erde und nassem Lehm zu animieren. Ein Sandkasten, eine Schaukel und ein Zelt aus Weidenruten ergänzen die vielfältigen Spielmöglichkeiten. Zwei Birnbäume eignen sich gut zum Klettern.

Wenn die Kinder später größer werden, kann dieser Platz auch einfach zum Fußballspielen genutzt werden.

Blick von der Terrasse am Haus auf den Abenteuerspielplatz und die Grillhütte

## Viele Plätze zum Sitzen und Ruhen

Vier Sitz- und Ruheplätze sind im Garten eingeplant. Die meistbenutzte Zone liegt direkt am Haus. In der Nische zwischen vorgebautem Hausteil und der 2 m langen, vorgezogenen Mauer ist eine geschützte Terrasse, nicht nur für warme Sommertage, entstanden. Dazu gehört eine kreisrunde und um eine Stufe erhöhte Sitzfläche mit einem halbkreisförmigen Mäuerchen als Einfassung. Darauf passen viele Schalen und Kübel, und wer Lust hat, kann hier ein Sitzkissen hinlegen und sich die Sonne auf den Rücken scheinen lassen.

Ausgefallen ist die Pflasterung des kreisrunden Sitzplatzes. Ein Muster aus Klinkern und Kleinpflastersteinen hebt die Fläche von der in einfachem Klinker gearbeiteten restlichen Terrassenebene ab. Bei jedem Sonnenstrahl wird die vordere Terrasse genutzt. Sie geht nach hinten in ein Beet mit Sträuchern und Bäumen über. Buchsbaumkugeln, eine Hängekätzchen-

**Sehr ansprechend wirkt die Mauergestaltung am Eingang zum Bauerngarten**

weide und zwei Sommerflieder erheben sich aus den Flächen mit Lavendel, *Sedum*-Arten und Glockenblumen. Lichten Schatten wirft die Eberesche auf die Sitzfläche. Sie bringt ab Mai weiße Blüten hervor, und die orangefarbenen Fruchtdolden zieren ab September. Sie dienen den Vögeln als Nahrung.

Im Kräuterrasen verlegte Trittplatten aus flachen Steinen führen zum zweitwichtigsten Ort des Gartens, der Grillhütte. Eine runde, gepflasterte Fläche aus Klinkersteinen dient als Stellfläche für Sitzmöbel. In der offenen Hütte ist ein gemauerter Grill mit Kamin, der bei jedem Wetter problemlos genutzt werden kann. Hier finden auch Stühle und Tische Schutz vor Wind und Wetter. Der gesellige Ort bekommt Morgensonne und dient als Sommerresidenz, zum Beispiel für Oleander. Neben der Hütte haben drei Sträucher Raum zur freien Entfaltung. Es sind eine Stechpalme, ein weiß blühender Schneeball mit herrlich rotem Fruchtbehang und im Hintergrund eine Filzige Felsenmispel. Der Weg verläuft auf der anderen Seite weiter. Die Trittplatten führen in gerader Linie nach hinten und durch zwei Pergolabogen zum Nutzgarten. Hier befindet sich der dritte Sitz- und Ruheplatz, der sich besonders nach Gartenarbeiten für eine Verschnaufpause anbietet.

Der vierte Sitzplatz ist an der Südseite, zwischen Mauer und Haus. Eine Glastür führt von innen auf den mit unterschiedlich großen Platten ausgelegten Ruheplatz. Die Platten-Zwischenräume sind mit Gras bewachsen, und eine Raumwirkung entsteht durch zwei Holzträger in 2,40 m Höhe. Darüber ranken Wilder Wein oder Kletterhortensie. Als Sichtschutz nach vorne kann noch eine Stellwand aus Holz aufgestellt werden.

### Der Vorgarten

Das Areal des Vorgartens erstreckt sich vom Ruheplatz an der Südseite des Hauses bis zur Garage an der Vorderseite. Die Eingangsfläche vor der Haustür wurde mit den schon erwähnten Natursteinen belegt, in deren Zwischenräumen sich Fugenpflanzen und Gräser entfalten dürfen. Eine Felsenbirne, vier klein wachsende Kiefern und fünf Kletterhortensien bestimmen das Gartenbild hier vorne. Ein zartes Weiß zeigt die Felsenbirne im April und Mai, Kletterhortensien folgen in derselben Farbe im Juni und August. Die wintergrüne Frühlingssegge ist auf der ganzen Fläche als Bodendecker gepflanzt worden, da sie sich sehr gut auf dem trockenen Boden durchsetzt. Im Spätsommer und Herbst treten das Pfeifengras mit gelber Färbung und weit nach außen schwingenden Rispen und die Felsenbirne mit ihrer roten Herbstfärbung hervor. Für zusätzliche Farbtupfer sorgen im Sommer am Eingang aufgestellte Kübelpflanzen. Im Winter erfreuen dort bunte Herbstzweige in frostfesten Vasen das Auge des Betrachters.

## Die Fläche hinter der Garage

Von der Rückseite der Garage aus führt ein Weg aus Trittplatten zu einem Seiteneingang des Hauses. Am Ende des schmalen Gartenteils steht ein Walnußbaum, der sich hier in seiner vollen Größe ausbreiten darf. Walnußbäumen sollte man schon bei der Pflanzung genügend Raum belassen, denn sie möchten nicht geschnitten werden und zeigen ihren breitkronigen schönen Wuchs erst im Alter. Das Laub verrottet nur schwer und sollte separat kompostiert werden. Der Walnuß sagt man nach, sie dulde keine Nachbarn. In der Tat ist es schwierig, sie mit anspruchsvollen Stauden oder Büschen zu unterpflanzen. In diesem Beispiel wurden ihr Wildrosen und Berberitzen zugeordnet. Beide gelten als sehr robust und können sich unter der Walnußkrone durchsetzen. Eine einmalige

Kompostgabe pro Jahr verhilft ihnen zu einem guten Wachstum. Das Fallaub der Walnuß wird am besten entfernt.

Nun zurück zur Anlage der Fläche hinter der Garage. Dort ist es meistens schattig. Der auf Seite 170/171 gezeigte Hinterhofgarten kann deshalb hier mit wenigen Änderungen übertragen werden. Zunächst genügt es, einen geschwungenen Rasenweg vom Seiteneingang bis zu den Berberitzen zu führen. Hier endet er nahtlos im Kräuterrasen. Pergolen, Trockenmauer und kleine Sitzplätze – alles Elemente des Beispiels von Seite 170/171 – fallen weg. Die Pflanzung kann vom bereits vorgestellten Hinterhofgarten (Ausschnitt „Eingang bis Waldgeißbart") kopiert werden. Lediglich die zwei Waldgeißbart-Pflanzen am Ende der Pflanzanlage müssen auf die andere Seite gesetzt werden, und die Kletterspindel kann je nach Wunsch wegbleiben. Auch hier würde eine interessante Figur, zum Beispiel aus rötlichem Terrakotta, dem Garagenhinterhof einen zusätzlichen Blickfang verleihen.

---

**TIPS & HINWEISE**

**Prioritäten setzen**

Bei jeder Gartenplanung sind wichtige und weniger wichtige Aspekte und Wünsche zu erfassen und umzusetzen. Je kleiner die Gartenfläche ist, um so mehr wird man sich auf das Wesentliche beschränken. In diesem Gartenbeispiel sind geschützte Plätze zum Ruhen, Grillen, Feiern und Spielen vorrangig. Zweitwichtigster Punkt ist das Anbauen von eigenem Obst und Gemüse.

*Der Obst- und Gemüsegarten*
Neben dem Trittplattenweg in Nord-Süd-Richtung beginnt der Nutzgartenteil. An der Westgrenze erstreckt sich der von einer Blumenwiese umsäumte Obstgarten mit Birnen, Äpfeln, Süßkirschen, Sauerkirschen und Beerenobst. Auf der jetzigen Spielfläche soll später noch eine Zwetsche gepflanzt werden. Neben der Süßkirsche befindet sich ein großräumiger Kompostplatz, denn der Garten wird naturnah bearbeitet. Daher muß außerdem Platz für Jauchefässer eingeplant werden. Später kann sogar noch ein kleiner Verschlag für diverses Werkzeug dazukommen.

In dem von einer Ziegelmauer umsäumten Gelände wurde ein Garten in Form eines Bauerngartens angelegt. Ihn prägen das Wegekreuz mit Wegbelag aus Rinde, Buchsbaumkugeln und Gemüsebeete im inneren Bereich. Die Kräuter und Blumen wachsen in den Randbeeten. Es entsteht eine angenehm ländliche Atmosphäre. Eine genauere Darstellung eines Bauerngartens ist ab Seite 112 zu finden. Außer der Kräuterspirale in der Mitte ist der dort gezeigte Garten fast genauso übertragbar.

Neben der ohnehin großen Auswahl an Obst, Gemüse und Kräutern sind sogar die Bäume und Sträucher im Zier- und Spielbereich auf den Nutzen ausgerichtet. Haselnüsse und Walnüsse liefern eine zusätzliche Ernte, die Früchte von Eberesche, Felsenbirne und Berberitze können gekocht verwertet werden.

Die Auswahl der anderen Büsche und Stauden richtet sich nach der Ungiftigkeit. Wegen der Kinder ist keine stark giftige Pflanze verwendet worden.

# Gartenanlagen
## Gestaltungsbeispiele von Gartenanlagen

### Bauabschnitte vernünftig planen

Manchen Gartenliebhabern mag die Gesamtkomposition dieses Familiengartens etwas aufwendig erscheinen. Natürlich ist der Bau solcher langen Mauerteile sehr kostenintensiv. Deshalb kann in der ersten Bauphase zunächst die Südfront gemauert werden. Danach folgen sukzessive Vorgarten, kleiner Ruheplatz, Terrassenanlage, Grillhütte und Spielplatz. Lattenzaun und Obstgarten folgen im nächsten Abschnitt. Zuletzt nimmt man sich den Nutzgarten vor. Auch wenn zwischen den Abschnitten mehrere Jahre liegen, so hat der Garten doch ein Gesamtkonzept und kann Schritt für Schritt verwirklicht werden. Die Bäume sollten in der ersten Phase möglichst mit dabei sein, denn sie brauchen Zeit, um zu einer ansehnlichen Größe heranzuwachsen.

### Gartenpflege

Der Nutzbereich mit Gemüse und Obstanlagen wird arbeitsmäßig gesehen am aufwendigsten sein. Obstbaumschnitt und Erntearbeiten, Gemüseanzucht, -ernte und die anschließende Verarbeitung gehören zu den typischen Tätigkeiten.

Ansonsten wird man im Hinterhof, im Vorgarten und am Terrassenbeet manchmal Hand anlegen, um das Gartenbild zu erhalten. Ab und zu muß außerdem der Kräuterrasen gemäht werden.

**Auch ein Nutzpflanzenteil sollte im Familiengarten zu finden sein**

# Gärten im Wandel

# Mit der Zeit . . .

Ein Garten ist in jeder Phase seiner Entwicklung interessant, spannend und voller Überraschungen. Beginnt man die Gartengestaltung bei Null, also auf einer grünen Wiese oder auf einem unbepflanzten Grundstück, sind die ersten Jahre nur dem Wachstum vorbehalten.

Die frisch gesetzten Bäume, Sträucher, Hecken, Kletterpflanzen und Stauden brauchen Zeit, um ihre endgültige Wuchsform zu entwickeln. Wer diese Phase verkürzen möchte, setzt die Pflanzen etwas dichter, um zum Beispiel einen Sichtschutz zu schaffen. In den folgenden Jahren kann es dann allerdings förderlich sein, wieder einen Teil der Pflanzen auszulichten, um mehr Luft in die Pflanzung zu bekommen.

Nach einigen Jahren ist der Garten gut eingewachsen: Pergolen wurden überrankt, Bäume, Sträucher und Stauden haben sich meist den Vorstellungen entsprechend entwickelt. Jetzt kommen eventuell Ergänzungen oder kleinere Änderungen in Frage. Regelmäßige Pflege- und Schnittarbeiten sind längst zur Routine geworden. Oft wird diese Gartenphase als optimal empfunden, und durch sachgerechte Pflege kann sie längere Zeit aufrecht erhalten werden.

Aber etwa 15–30 Jahre nach der Neuanlage kommt jeder Garten in die Phase, wo eine Verjüngung oder Änderung des Gartenbildes erforderlich wird. Manche Stauden blühen nicht mehr so recht, Bäume und Büsche sind entweder zu groß oder zu kahl geworden. Gelegentlich fällt älterer Pflanzenbestand durch Windbruch, Frostschäden oder auch durch Baumaßnahmen aus. Man steht plötzlich vor einer schwierigen, aber auch reizvollen Aufgabe: Die neuen Gartenelemente müssen geschickt mit den alten verbunden werden.

**Bis die frisch gesetzte Trockenmauer von attraktiven Pflanzen überwuchert wird, dauert es ein paar Jahre**

# Gärten im Wandel
## Mit der Zeit...

## Vom Spiel- zum Hobbygarten

Beim folgenden Beispielgarten änderte sich nicht nur die Bepflanzung. Der Garten erfüllt nunmehr für seine Besitzer eine völlig andere Funktion.

Ein Wohnhausgarten in Südwestlage mit etwa 700 m² Fläche wurde vor etwa 15 Jahren neu angelegt. Dabei wurden die folgenden Wünsche berücksichtigt:

- Ein Großteil der Fläche sollte als Spielgelände für Kinder zur Verfügung stehen.
- Die Bepflanzung sollte pflegeleicht sein.

Daher wurden als Sichtschutz und gleichzeitig als Abgrenzung an drei Seiten Strauchhecken in sanften Linien entlang der Grundstücksgrenzen gesetzt. Die Terrasse am Haus zeigt sich durchgängig gepflastert, während die Gartenfläche mit einem trittfesten Kräuterrasen befestigt wurde. Die großzügig angelegte Spielfläche bot Platz für Geräte, einen Sandkasten und am Rand noch für einen Wäschetrockenplatz. Weil die Gartenbesitzer sich überwiegend auf der Terrasse aufhielten, gehörte der Garten mehr den Kindern.

Nach etwa 15 Jahren verlor der Garten seine Funktion als Spielgelände, da die Kinder erwachsen wurden und teilweise aus dem Haus gingen. Die Eltern hingegen gewannen immer mehr Freude an der Gartenarbeit und wollten das Gelände als Ruhe- und Erholungsraum auch für Naturbeobachtungen nutzen.

Der Garten wurde zum Hobby. Viele neue Ideen konnten umgesetzt werden, und besonders der Anbau von Kräutern rückte in den Vordergrund.

**Teichbau Schritt für Schritt:**
1. Die ausgehobene Grube muß von allen Steinen befreit werden. Die Erde vor dem Verlegen der Folie verdichten
2. Beim Verlegen der Folie müssen vor allem die Schweißnähte sauber verarbeitet werden
3. Folienteich mit Bepflanzung

## Die Umgestaltung

Für die Umgestaltung ergeben sich folgende Schwerpunkte:

- Gartenteich mit großzügiger Uferzone
- Zweiter Sitzplatz
- Sprudelstein in Terrassennähe
- Kräutergarten
- Mehr Blütenstauden
- Weniger Rasen, dafür mehr Wiese

Zunächst beginnen die baulichen Veränderungen. Von der Terrasse am Haus führt ein mit Trittplatten ausgelegter Weg zu dem neu angelegten Teich. Dieser wird wegen seiner Lage und seiner Größe von etwa 45 m² (mit Uferzone) zum eindeutigen Mittelpunkt der neuen Anlage. Ein kleiner Holzsteg führt vom Teichufer zu einem dahinter liegenden zweiten Sitzplatz. Die neue Blickachse Terrasse – Weg – Teich – Steg – zweiter Sitzplatz setzt einen weiteren Akzent in der Anlage. Für den neuen Sitzplatz mußten am Grundstücksrand einige alte Sträucher weichen. Eine kleine Mauer und eine berankte Pergola fungieren als Ersatz für den entfallenen Sichtschutz.

Von dem neuen Sitzplatz aus sieht man das Haus und die gesamte Gartenfläche. Im Vordergrund bieten das Wasser und die Uferzone einen Einblick in die faszinierende Wasserwelt. Die bereits vorhandene Terrasse erhält als Ergänzung eine kleine Staudenrabatte und einen Sprudelstein, der auch von der Wohnung aus beobachtet werden kann.

Die beschriebene Achse von der Terrasse zum zweiten Sitzplatz trennt den Garten in zwei Hälften. Auf der wenig genutzten Seite konnte der alte Kräuterrasen abgetragen und durch eine passende Wildblumenwiese ersetzt werden. Diese „Umwandlung" wurde allerdings zu einer jahrelangen Beschäftigung, bis endlich mehr Blumen und damit auch mehr Farben Einzug hielten. Anfangs behalf man sich an einigen Stellen mit einjährigen Wiesenblumen, um wenigstens etwas Farbe in in die junge Wiese zu bekommen.

Die andere Gartenhälfte behält ihren Kräuterrasen, da sie noch häufig betreten wird. Hier ist Platz zum Aufstellen der Wäschespinne. Am Rand dieser Gartenhälfte ist es

**Mit der Zeit siedeln sich auch typische Tierarten am Teich an**

recht trocken und heiß. Deshalb bekam an dieser Stelle ein Kräutergärtlein seinen Platz. Zunächst wird die Grasnarbe entfernt und der Boden gelockert. Dann umrandet man den rechteckigen Kräutergarten mit einer Buchsbaumhecke, die gerne ab und zu durch Buchskugeln aufgelockert werden darf. In der Mitte entsteht eine Kräuterspirale aus Natursteinen, die vor allem für einjährige Gartenkräuter gedacht ist. Auf der Restfläche zwischen Spirale und Hecke finden Trittplatten aus denselben Natursteinen ihren Platz. Die Platten-Zwischenräume dürfen dabei unterschiedlich groß gehalten werden, um danach mit trockenheitsliebenden Kräutern bepflanzt zu werden. So wandert man trockenen Fußes durch den ganzen Kräutergarten. Lavendel, Rosmarin, Salbei, Thymian, Weinraute, Oregano, Zitronenmelisse, Maggikraut und Wermut überdecken im Sommer die Fläche. Aber auch im Winter sind Hecke und Kräuterspirale schön anzusehen.

Da der Garten in diesem Beispiel zum Hobby geworden ist und für die Umsetzung der Ideen fünf Jahre Zeit zur Verfügung standen, machte die Neugestaltung viel Freude. Es ist daher sicherlich sinnvoller, für größere Umgestaltungsaktionen eine ausreichende Zeitspanne zu reservieren. Wer auf zeitsparende Hau-Ruck-Lösungen setzt, bringt sich nämlich um das genußvolle Erlebnis, die Gartenidee langsam wachsen zu sehen.

### TIPS & HINWEISE
**Umgestaltung alter Gärten**

- Die neu hinzugekommenen Garten-Bedürfnisse genau notieren. Beispiele: Gartenteich, Gemüse- und Kräuterbeet, Sitzplatz, Sichtschutz etc.

- Anhand eines Gartenplans festlegen, welche „alten" Gartenelemente weiterhin bleiben können und welche entfernt beziehungsweise umgestaltet werden müssen.

- Die Arbeiten in einer sinnvollen Reihenfolge planen. Bei Umgestaltungen kann dieser Punkt viel komplizierter sein als bei Neuanlagen!

- Genügend Zeit für die Umsetzung der Ideen vorsehen.

# Von der Kunst, mit der Natur zu leben

Wie das im vorangegangenen Kapitel beschriebene Beispiel zeigt, ist ein „reiner" Naturgarten, sozusagen als Kopie der „echten" Natur, kaum zu realisieren. Die Grenzen für eine möglichst naturnahe Gartengestaltung ergeben sich aus den Nutzungsbedürfnissen der jeweiligen Gartenbesitzer.

So wird eine Familie mit Kindern mehr Wert auf große Spielflächen legen. Und was liegt da näher als ein pflegeleichter Kräuterrasen? Die das Grundstück umsäumende Wildstrauchhecke stellt hier womöglich das einzige Naturgartenelement dar.

Wenn die Kinder aus dem Haus sind, ändern sich dann meistens die Ansprüche an den Garten. Mit dem zunehmenden Interesse an der Natur und auch an Gartenarbeit wächst meistens die Aufgeschlossenheit gegenüber naturnaher Gartengestaltung. Aber auch hier gibt es große individuelle Unterschiede. Den einen stört der Löwenzahn im Pflaster, der andere freut sich über dessen Kraft und Durchsetzungsfähigkeit und reguliert die Ausbreitung, indem er die Blüten nach dem Verblühen entfernt. Ein Dritter gestattet der Wildpflanze sogar, die ganze Pflasterfläche einzunehmen. Die Meinungen der Gärtner über die Anlage und Pflege der Na-

turgärten gehen also weit auseinander. Die einen plädieren für eine möglichst ungestörte natürliche Entwicklung, bei der der Mensch lediglich als Beobachter akzeptiert wird. Die anderen stellen die eigenen Bedürfnisse an den Garten mehr in den Vordergrund und wollen diese möglichst in Einklang mit der Natur bringen.

Da diese Vielfalt an Anschauungen niemals unter einen Hut zu bringen sein wird, ist hier vor allem Toleranz gegenüber den Anschauungen anderer gefordert. Dies gilt insbesondere da, wo sich verschiedene Gartenanschauungen in nebeneinander liegenden Anlagen dokumentieren. Hier ist nicht nur die Kunst, mit der Natur zu leben, gefragt, sondern auch die Kunst, mit dem Nachbarn auszukommen. So mancher „Krieg der Gartenzwerge" hätte durch ein vernünftiges Gespräch verhindert werden können. Es gibt im Grunde nur wenige Feststellungen über Naturgärten, die die Zustimmung der meisten Naturgärtner finden würden. Dazu gehört sicherlich die Übereinkunft, daß in einem Naturgarten nur nach ökologischen Gesichtspunkten gegärtnert wird. Kunstdünger und chemische Keulen gegen Krankheiten und Schädlinge haben in einem Naturgarten nichts verloren. Auch die standortgerechte und möglichst landschaftstypische Bepflanzung dürfte von allen Natur-

gärtnern praktiziert werden. Dabei sollte die Verwendung von heimischen Pflanzen allerdings nicht zum Dogma werden, zumal hier wissenschaftlich exakte Festlegungen zum Teil nicht möglich sind. Es ist also sicherlich keine „Sünde", den Komposthaufen mit nicht heimischer Kapuzinerkresse überwachsen zu lassen.

Last not least ist allen Naturgärten gemeinsam, daß sie vielen verschiedenen Pflanzen und Tiere einen Lebensraum bieten. Und das ist genau der Punkt, der viele Naturgartenfreunde am meisten fasziniert. Der eigene Garten wird zum Naturerlebnis, welches das Verständnis für die Natur und deren Abläufe fördert. Viele Naturgärtner haben erst durch die vielfältigen Beobachtungsmöglichkeiten im Garten zu einem völlig neuen Naturverständnis gefunden.

**Selbst im tiefsten Winter bietet der Naturgarten eine Fülle faszinierender Beobachtungsmöglichkeiten. Man muß nur die Augen offen halten**

**Gärten im Wandel**
*Mit der Zeit...*

# Der liebe Nachbar

Obwohl es wahrscheinlich sehr viele verschiedene Meinungen darüber gibt, wie ein Garten aussehen soll und wie nicht, kann man generell sagen, daß ein Naturgarten im Vergleich zu einem „normalen Garten" immer ein wenig „unaufgeräumt" und „ungepflegt" wirkt. Sieht man Naturgärten durch die Brille eines „Normalgärtners", dann ergibt sich folgendes:

Im Naturgarten

- dürfen Wildkräuter („Unkraut") meistens wachsen oder werden zumindest weniger bekämpft.
- werden Rasen, Kräuterrasen und Wiesen nicht so oft gemäht und nicht so intensiv gepflegt. Wildblumen werden geduldet.
- finden Wildsträucher oder Hecken Verwendung, die teilweise Wurzelausläufer bilden.
- wird im Herbst nicht sauber abgeräumt, zurückgeschnitten und auch nicht immer umgegraben.
- wirkt die Natur ursprünglicher, und es kann im wahrsten Sinn des Wortes „wild" aussehen. Das wird von außen oft als Nachlässigkeit oder einfach als befremdend angesehen.
- setzt man Vorbilder aus der Natur um, die für den an ordentliche Gärten gewöhnten Passanten erst einmal neu und merkwürdig erscheinen können.

## Die „Wirkung" von Naturgärten auf die Umgebung

Der Naturgarten kann bereichernd wirken und zum Nachahmen auffordern. Oder er wird nur geduldet und mißtrauisch beäugt. Zum Stein des Anstoßes wird er dann, wenn die Nachbarn sich auf längere Sicht damit nicht anfreunden oder sich belästigt fühlen. Häufiger sind Besitzer von Naturgärten auf der schwächeren Seite und brauchen Geduld und gute Nerven, um ihren Gartentraum gegenüber Andersdenkenden über längere Zeit zu verteidigen. Selbst bei gerichtlichen Entscheidungen bekommen die Verfechter der Natur- und Wildgartenidee nicht immer die erhoffte Unterstützung.

## Wann gibt es Streit?

Der Erfahrung nach sind Meinungsverschiedenheiten und Streitfälle unter Gartennachbarn dann sehr häufig, wenn die räumlichen Verhältnisse eng sind und die Ansichten über Gärten weit auseinander liegen. Das trifft zu, wenn zum Beispiel in einer Siedlung kleine Gartenanlagen direkt aneinanderliegen. Man hat dadurch oft Tuchfühlung mit dem Nachbarn. Fehlt der Platz für eine dichte Abgrenzung durch Sträucher, Hecken, einen dichten Zaun oder eine

Mauer, fließen die Gärten fast zusammen, und jede Abweichung fällt deutlicher ins Gewicht. Hier wären Naturgärten ganz gut zusammenhängend als Gemeinschaftswerk aller Beteiligten umsetzbar. Oft sind die Garteninhaber aber ganz unterschiedlicher Meinung.

Um bereits im Vorfeld Diskussionen und Streitfragen zu umgehen, könnte man hier beispielsweise im eigenen Bereich lediglich Teile eines Naturgartens einplanen, zum Beispiel Trockenmauern, Einzelsträucher oder einen Feuchtgraben. Bei besonders heiklen Nachbarn sollte man darauf achten, daß keine Wurzelausläufer oder Flugsamen auf Nachbars Terrain gelangen. Wer seinen Wunsch nach einem Naturgarten so vorsichtig wie möglich verwirklicht, hat gute Chancen, daß die auf diese Weise vorgelebte Idee auch im Umfeld Befürworter und Nachahmer findet. Die Anhänger dieser Gartenrichtung sind noch in der Minderheit, aber die Zahl steigt. Doch werden traditionelle und seit Jahrzehnten eingefahrene Gartenvorstellungen nur selten durch Streitigkeiten verändert. Mit kompromißbereiten Handeln erreicht man auf jeden Fall mehr.

In der Beratungspraxis zeigt sich immer wieder, daß Nachbarn erschreckend lange erbittert streiten können. Selbst wenn ein Rechtsstreit gewonnen wurde, rächt sich oft der Verlierer mit geheimnisvollen Pflanzenschäden oder vergleichbaren Boshaftigkeiten. Wenn nachbarschaftliche Kontakte dieses Stadium erreicht haben, sind sie nur langsam wieder in einen friedlichen Normalzustand zurückzuführen. Aus dieser Erfahrung heraus ist es manchmal günstiger, den Naturgarten Stück für Stück zu verwirklichen, auf Widerstände positiv einzugehen und im Gespräch auch einmal einzulenken.

In jedem Fall ist es anzuraten, gesetzliche Vorschriften beim Anlegen des Gartens zu berücksichtigen, wie zum Beispiel Abstands- und Überhangregelungen.

## Gesetzliche Vorschriften für Abstände bei Anpflanzungen

Natürlich kann ein Eigentümer auf seinem Grundstück anpflanzen, was er möchte. Dabei sind aber sogenannte Grenzabstände einzuhalten. Die Abstände von der Grenze bis zu den Pflanzen – bis Stammmitte oder Pflanzenmittelpunkt gerechnet – werden von den jeweiligen Bundesländern festgelegt und sind sehr unterschiedlich geregelt. Manchmal geht die Bestimmung sehr ins Detail, das heißt bis zur Festlegung von Abständen für bestimmte Baumarten. Fehlen solche

---

### TIPS & HINWEISE

**Stets die Rechtslage ermitteln!**

Leider können hier nicht alle Einzelregelungen wiedergegeben werden. Es empfiehlt sich daher, vor jeder finanziell aufwendigen Pflanzung fachkundigen Rat einzuholen. Häufig gibt es schon auf Gemeindeebene Regelungen, die zu beachten sind.

Auf jeden Fall sollte man die Nachbarn über das Vorhaben informieren.

---

Vorschriften – zum Beispiel in manchen neuen Bundesländern – ist vieles erlaubt, was womöglich zu Ärger führen könnte.

Hier eine kurze Zusammenfassung der landesrechtlichen Vorschriften für die Bundesländer Deutschlands, in denen bisher Gesetze vorliegen. Die Aufstellung ist nicht vollständig und greift nur für dieses Buch wesentlich erscheinende Punkte auf.

In Österreich und der Schweiz gelten vergleichbare Regelungen, die allerdings von Bundesland zu Bundesland beziehungsweise von Kanton zu Kanton recht unterschiedlich sein können. Hier empfiehlt sich eine Anfrage bei den zuständigen Behörden.

---

### Baden-Württemberg

Mit Hecken bis zu 1,50 m Höhe ist ein Abstand von 0,50 m, mit höheren Hecken ein um das Maß der Mehrhöhe größerer Abstand einzuhalten. Die Hecke ist bis zur Hälfte des eben beschriebenen Abstands zurückzuschneiden. Das gilt nicht für Hecken bis zu 1,50 m Höhe innerhalb eines geschlossenen Wohnbezirks.

Rückschnitt: Der Besitzer von Hecken, Bäumen und Sträuchern ist zur Verkürzung und zum Zurückschneiden der Zweige nur in der Zeit vom 1. Oktober bis 15. März verpflichtet.

Sonstige Gehölze:
Beerenobst, Ziersträucher, Rosen und Kleingehölze bis 1 m Höhe: Abstand 0,50 cm.
Mittelhohe Sträucher bis 2 m Höhe: Abstand 1 m.
Schwach wachsende Obstbäume bis 4 m Höhe: Abstand 2 m, mittelstark wachsend: 3 m, und stark wachsend (Walnuß, Süßkirsche): 4 m Abstand.

In geschlossenen Wohnbezirken können mittelhohe Birken, Walnußbäume, Vogelbeeren, Erlen und Weiden mit nur 2 m Abstand gesetzt werden, außerhalb gelten 4 m. Groß wachsende Bäume: Abstand 8 m.

Pflanzungen hinter geschlossenen Einfriedungen, die diese nicht überragen, sind von den Abstandsregelungen ausgeschlossen.

### Bayern

Der Eigentümer kann verlangen, daß auf dem Nachbargrundstück nicht Bäume, Sträucher oder Hecken, Weinstöcke oder Hopfen in einer geringeren Entfernung als 0,50 m, falls sie über 2 m hoch sind, in einer geringeren Entfernung als 2 m von der Grenze seines Grundstücks gehalten werden.

Ausnahmen: Pflanzen hinter geschlossenen Einfriedungen, die diese nicht erheblich überragen, sind davon ausgenommen; die Mindestabstände gelten ferner nicht für Bepflanzungen längs einer öffentlichen Straße oder eines öffentlichen Platzes sowie bei Pflanzungen zum Schutz von Abhängen und Böschungen.

### Berlin

Mindestabstände für Hecken: Bis zu 2 m Höhe 0,50 m, über 2 m Höhe 1 m (Ausnahme: Hecken, die auf der Grenze gesetzt werden).

Mindestabstände für Bäume und Sträucher:

Stark wachsende Bäume, insbesondere Rotbuche, Linde, Platane, Roßkastanie, Stieleiche, Pappel, Weißbirke, Douglasfichte und Walnußbaum 3 m; mittelstark wachsende Bäume 1,50 m; nicht hochstämmige Obstbäume 1 m; Sträucher 0,50 m

Ausnahmeregelungen: Grenzabstände gelten nicht an den Grenzen zu öffentlichen Verkehrs- und Grünflächen und zu Flächen für die Land- und Forstwirtschaft. Anpflanzungen auf öffentlichen Verkehrsflächen und Anpflanzungen hinter geschlossenen Einfriedungen, die diese nicht überragen, fallen ebenfalls nicht unter die Abstandsklausel.

Alle Vorschriften in Berlin gelten auch für wild wachsende Pflanzen.

### Hessen

Grenzabstände für Hecken: Hecken über 2 m Höhe 0,75 m, Hecken bis zu 2 m Höhe 0,50 m, Hecken bis zu 1,20 m Höhe 0,25 m. Dies gilt nicht für Hecken, die das öffentliche Recht als Einfriedung vorschreibt.

Grenzabstand 4 m für Allee- und Parkbäume, insbesondere Eschenahorn, Lindenarten, Platane, Roßkastanie, Rotbuche, Stieleiche, große Zedern, Douglasfichte, Eibe *(Taxus baccata)* und Österreichische Schwarzkiefer; stark wachsende Allee- und Parkbäume 2 m, insbesondere Mehlbeere, Weißbirke, Weißerle, Fichte, Kiefer *(Pinus sylvestris)* und Thuja; alle übrigen Allee- und Parkbäume 1,50 m. Obstbäume auf stark wachsender Unterlage 2 m Abstand, auf schwach wachsender Unterlage 1,50 m und Walnußsämlingsbäume 4 m.

Stark wachsende Ziersträucher 1 m Abstand, insbesondere Feldahorn, Flieder, Haselnuß, Forsythie, Wacholder, alle übrigen Ziersträucher 0,50 m; Brombeeren 1 m, alle übrigen Beerenobststräucher und Rebstöcke 0,50 m.

Ausnahmen in Hessen: Die angegebenen Abstände gelten nicht für Anpflanzungen hinter einer Wand oder Mauer, sofern sie diese nicht überragen, an Grenzen zu oder auf öffentlichen Straßen.

---

**TIPS & HINWEISE**

**Gemeinschaftliche Nutzung von Grenzanlagen nach § 921 BGB**

„Werden zwei Grundstücke durch einen Zwischenraum, Rain, ... Hecke oder eine andere Einrichtung, die zum Vorteile beider Grundstücke dient, voneinander geschieden, so wird vermutet, daß die Eigentümer der Grundstücke zur Benutzung der Einrichtung gemeinschaftlich berechtigt seien, sofern nicht äußere Merkmale darauf hinweisen, daß die Einrichtung einem der Nachbarn allein gehört."

---

**Des einen Freud', des andern Leid: So manche Wildwiese war schon Gegenstand jahrelanger Auseinandersetzungen**

# Gärten im Wandel
*Mit der Zeit...*

### Niedersachsen

Grenzabstände für Bäume, Sträucher und Hecken:

| | |
|---|---|
| bis zu 1,20 m Höhe | 0,25 m |
| bis zu 2 m Höhe | 0,50 m |
| bis zu 3 m Höhe | 0,75 m |
| bis zu 5 m Höhe | 1,25 m |
| bis zu 15 m Höhe | 3,00 m |
| über 15 m Höhe | 8,00 m |

Die Abstände gelten auch für ohne menschliches Zutun gewachsene Pflanzen; sie gelten nicht für Hecken, die in beidseitigem Einverständnis auf die Grenze gepflanzt werden.

Ausnahmeregelungen wie in Hessen.

Anspruch auf Beseitigung: Bäume, Sträucher oder Hecken mit weniger als 0,25 m Grenzabstand sind auf Verlangen des Nachbarn zu beseitigen. Er muß dem Eigentümer die Wahl lassen, die Pflanzen entweder zu beseitigen oder sie durch Zurückschneiden auf einer Höhe bis zu 1,20 m zu halten; Zeitraum: 1. Oktober bis 15. März. Es gilt hier eine Art Verjährungsfrist von 5 Jahren nach der Anpflanzung!

### Nordrhein-Westfalen

Hecken: Grenzabstände bei über 2 m Höhe 1 m, darunter 0,50 m; stark wachsende Bäume 4 m Abstand, insbesondere Rotbuche, Linde, Platane, Eiche und Pappel, alle übrigen Bäume 2 m.

Stark wachsende Ziersträucher (Artenangaben siehe „Hessen") 1 m Abstand, alle übrigen 0,50 m; stark wachsende Obstgehölze 2 m, mittelstark wachsende 1,50 m und schwach wachsende Arten beziehungsweise Unterlagen 1 m; Brombeersträucher 1 m Abstand, alle übrigen Beerenobststräucher 0,50 m.

Ziersträucher und Beerensträucher dürfen in ihrer Höhe das Dreifache ihres Abstandes zum Nachbargrundstück nicht überschreiten. Strauchtriebe, die in einem geringeren als der Hälfte des vorgeschriebenen Abstandes aus dem Boden austreten, sind zu entfernen.

Ausnahmeregelungen ähnlich wie in Hessen.

### TIPS & HINWEISE

**Überfall nach § 911 BGB**

„Früchte, die von einem Baume oder Strauche auf ein Nachbargrundstück hinüberfallen, gelten als Früchte dieses Grundstücks. Diese Vorschrift findet keine Anwendung, wenn das Nachbargrundstück dem öffentlichen Gebrauche dient."

### Rheinland-Pfalz

Abstände für Hecken, damit sind Schnitt- und Formhecken gemeint, und zwar auch dann, wenn sie im Einzelfall nicht geschnitten werden:

mit Hecken über 1,50 m Höhe 0,75 m,

mit Hecken bis zu 1,50 m Höhe 0,50 m,

mit Hecken bis zu 1 m Höhe 0,25 m.

Abstand 4 m für Bäume sehr stark wachsender Arten mit artgemäß ähnlicher Ausdehnung wie Bergahorn, Sommerlinde, Pappel, Platane, Roßkastanie, Stieleiche, Douglasfichte, Fichte, Osterreichische Schwarzkiefer.

Stark wachsende Bäume ähnlich wie Hainbuche, Vogelbeere, Weißbirke, Zierkirsche, Kiefer (Pinus sylvestris) und Lebensbaum 2 m Abstand, alle übrigen 1,50 m; bei Weihnachtsbaumpflanzungen ist 1 m Abstand einzuhalten, wobei die Gehölze dann nicht höher als 2 m sein dürfen.

Bei Obstbäumen, Sträuchern und Beerenobst gelten die gleichen Bestimmungen wie in Hessen.

### Saarland

Die Vorschriften gleichen im wesentlichen dem Nachbarrechtsgesetz von Rheinland-Pfalz. Ausnahmen bilden Anpflanzungen hinter einer undurchsichtigen Einfriedung, wenn sie diese nicht überragen, und Pflanzungen an den Grenzen zu öffentlichen Verkehrsflächen, Grünflächen und Gewässern.

### Schleswig-Holstein

Der Eigentümer und der Nutzungsberechtigte eines Grundstücks haben mit Bäumen, Sträuchern und Hecken von über 1,20 m Höhe einen solchen Abstand zum Nachbargrundstück einzuhalten, daß für jeden Teil der Anpflanzung der Abstand mindstens ein Drittel seiner Höhe über dem Erdboden beträgt. Der Abstand wird waagrecht und rechtwinkelig zur Grenze gemessen. Anpflanzungen, die über die zulässige Höhe oder den zulässigen Abstand hinausgewachsen sind, sind auf Verlangen des Eigentümers des Nachbargrundstücks auf die zulässige Höhe oder den zulässigen Abstand zurückzuschneiden, wenn der Eigentümer oder der Nutzungsberechtigte sie nicht beseitigen will (Verpflichtung nur vom 1. 10. bis 15. 3.). Der Anspruch auf Zurückschneiden von Anpflanzungen wie oben beschrieben gilt nur innerhalb von zwei Kalenderjahren.

---

### TIPS & HINWEISE

**Überhang nach § 910 BGB**

„Der Eigentümer eines Grundstücks kann Wurzeln eines Baumes oder eines Strauches, die von einem Nachbargrundstück eingedrungen sind, abschneiden und behalten. Das gleiche gilt von herüberragenden Zweigen, wenn der Eigentümer dem Besitzer des Nachbargrundstücks eine angemessene Frist zur Beseitigung bestimmt hat und die Beseitigung nicht innerhalb der Frist erfolgt. Dem Eigentümer steht dieses Recht nicht zu, wenn die Wurzeln oder Zweige die Benutzung des Grundstücks nicht beeinträchtigen."

---

### Thüringen

Die Grenzabstände für Bäume und Sträucher sind in weiten Teilen ähnlich geregelt wie in Rheinland-Pfalz.

Grenzabstände für Hecken:
Hecken bis zu 1 m Höhe 0,25 m,
Hecken bis zu 1,50 m Höhe 0,50 m,
Hecken bis zu 2 m Höhe 0,75 m,
mit über 2 m hohen Hecken ein um das Maß der Mehrhöhe größerer Abstand.

Hecken in diesem Sinne sind Schnitt- und Formhecken, und zwar auch dann, wenn sie im Einzelfall nicht geschnitten werden. Anpflanzungen, die über die zulässige Höhe hinausgewachsen sind oder den zulässigen Abstand nicht einhalten, sind auf Verlangen des Nachbarn zu beseitigen oder zurückzuschneiden (Verpflichtung nur vom 1. 10. bis 15. 3.). Der Beseitigungsanspruch erlischt nach 5 Jahren.

Die Länder Brandenburg, Bremen, Hamburg, Mecklenburg-Vorpommern, Sachsen und Sachsen-Anhalt verfügen derzeit noch nicht über ein Nachbarrechtsgesetz.

# Adressen

## Deutschland

**Bezugsquellen für Pflanzen**

Ahornblatt GmbH
Gehölze
Postfach 11 25
55001 Mainz

Appel, Conrad
Baumschule
Brandschneise 1
64295 Darmstadt

Blauetikett Bornträger GmbH
Samen und Pflanzen
67591 Offstein

Dittrich, Bernd
Syringia Versand
Blumenwiesen, Duftpflanzen
Postfach 11 47
78245 Hilzingen

Effner, Georg
Stauden und Aromapflanzen
Handwerk 1
84339 Unterdietfurt

Hof Berggarten
Stauden und Samen
79737 Großherrischwand

Hofstetter Mühle
Stauden, Dachbegrünungspflanzen
88633 Heiligenberg am Bodensee

Kayser und Seibert
Odenwälder Pflanzenkulturen
Gehölze und Stauden
Wilhelm-Leuschner-Straße 85
64380 Roßdorf/Darmstadt

Naturwuchs
Pflanzen und Samen
Bardenhorst 15
33739 Bielefeld

Re Natur GmbH
Gehölze und Stauden,
Dachbegrünungspflanzen
Postfach 60
24601 Ruhwinkel
(auch Zweigstellen in den
neuen Bundesländern)

Schäfer, Gärtnerei
Gehölze
01665 Naustadt

Simon, Werner
Stauden
Staudenweg 2
97828 Marktheidenfeld

Storchennest GmbH
Wildobst
Heideweg 9
19288 Ludwigslust

Strickler, Monika
Stauden und Gehölze
Lochgasse 1
55232 Alzey-Heimersheim

**Organisationen, Verbände, Vereine**

BUND Bundesgeschäftsstelle
Im Rheingarten 7
53225 Bonn

Naturgarten e.V.
Verein für naturnahe Garten-
und Landschaftsgestaltung
Postfach 43 09 06
80739 München

*232*

Naturschutzbund Deutschland
Postfach 30 10 54
53190 Bonn

Promologen-Verein
(Erhaltung alter Obstarten
und -sorten)
Meierkamp 1
49406 Eydelstedt-Gothel

Querbeet
Gesellschaft für naturnahen
Garten- und Landschaftsbau mbH
Sanderstraße 26
12047 Berlin

Wolfgang-Philipp-Gesellschaft
Ausschuß für naturnahen
Gartenbau
Postfach 43 66
55033 Mainz

## Österreich

**Bezugsquellen für Pflanzen**

Biotop & Co., Weidlinger
Wasserpflanzen u. a.
Hauptstraße 285
A-3411 Weidling

Institut für Ökopädagogik
Beratung, Gehölze und Stauden
Postfach 47
A-8016 Graz

Fa. Lechner Stauden
Mozartgasse 59
A-2241 Schönkirchen

Praskac Pflanzenland
Stauden, Gehölze
Praskacstraße 101–108
A-3430 Tulln

Rosenstöckl
Stauden und Gehölze
Im Bäckerfeld 2
A-4060 Leonding

Voitsauer Wildblumensamen
A-3623 Voitsau 8

## Schweiz

**Bezugsquellen für Pflanzen**

Aebi Hus, Maison Blanche
Ursula Albrecht
Wildstauden
CH-2533 Leubringen

Frei, Hans
Wildstauden und Gehölze
Breite Straße 5
CH-8465 Wildensbuch

Gärtnerei am Hirtenweg,
Plantago GmbH
Stauden und Gehölze
Hirtenweg 30
CH-4125 Riehen

Knecht, Robert
Naturnahe Gärten, Stauden
und Gehölze
Badhaus
CH-3615 Heimenschwand

Muff, Konrad
Wildstauden und Samen
Im Schilf
CH-6246 Altishofen

Willi, Patricia und Durrer, Margrit
Wildstaudengärtnerei
CH-6274 Eschenbach

Winkler und Richard AG
Wildstaudengärtnerei
Zur Schmiede
CH-9506 Lommis

**Vereine und Verbände**

VNG Verein für naturnahe
Garten- und Landschaftsgestaltung
Postfach
CH-4805 Brittnau

233

# Register

**Halbfette** Seitenzahlen verweisen auf eine ausführliche
Erläuterung des Begriffs, *kursive* auf Abbildungen.

**A**bendpfauenauge  24
Absenker  58
Acaena
– buchananii  97
– microphylla  97
Acer
– campestre  *37*, 38, 78, 183
– platanoides  170
Achillea
– millefolium  19, *99*
– nobilis  98
– ptarmica  155, 156
Ackerbegleitflora  87
Ackerglockenblume  134
Ackerkratzdistel  19
Ackerschachtelhalm  19, 43
Ackerschachtelhalmbrühe  122
Ackerwinde  19
Aconitum  60
– napellus  117
– vulparia  69, 70
Acorus calamus  209
Adonis aestivalis  87
Adonisröschen  87
Agrostemma githago  87
Ähriger Ehrenpreis  192
Ajuga
– genevensis  85
– reptans  19, 86
Akelei  44, 117
Alant  108, 201
Alcea rosea  114, 177
Alchemilla
– mollis  69, 107, 137, 138, 171
– vulgaris  108, 186
Alhambra  88
Alisma plantago-aquatica  209
Alliaria petiolata  76, *77*
Allium
– cepa var. viviparum  113
– fistulosum  113
– schoenoprasum  160, 162, 180, 195
– ursinum  70
Alnus
– incana  75
– viridis  38
Alpenaster  116
Alpenheckenrose  137, 138, 141, 202, 207
Alpenjohannisbeere  76
Alpenrose  140, 141
Alpenveilchen  70
Alpenwaldrebe  174
Alpinum  41, 45
Althaea officinalis  98
Alyssum saxatile  108, 116
Amaranthus cruentus  114
Amelanchier

– canadensis  *36*
– canadensis 'Compactum'  97
– ovalis  38, 58, 189, 210
amphibische Pflanzen  45
Andromeda polifolia  79
Anemone
– hupehensis  137, 138, 171
– nemorosa  *40*, 70
– sylvestris  70
Anethum graveolens  113, 195
Antennaria dioica  108, 191
Anthemis
– cotula  19
– tinctoria  85
Anthericum liliago  85
Anthriscus
– cerefolium  180
– sylvestris  83
Antirrhinum majus  114
Apfel  119, 120, 202, 207, 210, 216
Apfelbaum  *122*
Apfelminze  199
Apfelrose  131
Aquilegia vulgaris  117
Armeria
– alliacea  *44*
– maritima  98, 108, 116, 131, 177
Artemisia dracunculus  180
Arum maculatum  70
Aruncus
– dioicus  *40*, 60, 69, 70, 137, 138, 143, 144, 171
– sylvestris  117
Asarum europaeum  69, 70, 143, 144
Asplenium
– ruta-muraria  108
– trichomanes  69, 107, 108
Aster  57
– alpinus  116
– amellus  78, *79*, 117, 144
– linosyris  85, 107, 108, 117
Astlose Graslilie  85
Athyrium filix-femina  70, 137, 138, 143, 144
Atropa belladonna  143, 144
Aubrieta-Hybriden  108
Aufgeblasenes Leimkraut  192
auf Stock setzen  *56*, *75*
Ausläufer  **58**
Auslichtungsschnitt  *56*
Aussaat  **59**, **60–61**, *61*

**B**achnelkenwurz  83
Baldrian  83, 88
Ballenpflanzen  54
Bärenfellgras  140, 141
Bärenfellschwingel  138
Bärlauch  70
Bartnelke  114
Basilikum  180, 192, 198, 201
Baskenstorchschnabel  155, 156, 158
Bauernhortensie  170, 175

Bauernpfingstrose  117
Baumaterial  21
Bäume  36–39
– Großbäume  36
– kleine Bäume  36
Baumwürger  46, 47, *47*
Beetstaude  40, 43
Beifuß  180, 192
Beinwell  61, 69, 70, 83, 113, 201
Beläge  22
Bellis perennis  86, 97, 114
Benjeshecke  76
Berberis  97
– vulgaris  38, 58, 78, 125, 126, 137, 138, 177, 183, 189, 207, 210
Berberitze  38, 58, 72, 75, 78, 79, 125, 126, 137, 138, 140, 141, 177, 178, 180, 181, 183, 187, 189, 193, 207, 210, 215, 216
Bergahorn  19
Bergaster  78, *79*, 117, 134, 144, 192
Bergbohnenkraut  113
Bergflockenblume  117, 192
Berghauswurz  160, 162
Bergklee  86
Berg-Kronwicke  *42*
Bergsegge  98
Besenginster  75, 79, 144, 187
Besenheide  67, 79
Beton  21
Betonstein  21
Betula
– humilis  156
– nana  38, 92
– pendula  *36*, 149
– pendula 'Youngii'  137, 138
Bibernellrose  131, 132, 177, 183, 184, *186*, 202, 207
Bienenfreund  193
Bindigkeit  17
Binse  92, 158
Birke  75
Birne  120, 210, 216
Birnenhalbstamm  119
Bitterlupine  87, 193
Blähschiefer  164
Blasenstrauch  38, 144
Blaukissen  108
Blauregen  46, 47
Blauschwingel  108
Bleiche Weide  92
Blickachse  30
Blumenwiese  26, 80, *87*, *181*
Blutauge  91
Blutstorchschnabel  134
Blutweiderich  19, *44*, 92, 93, *93*, 155, 156, 158, 179, 180, 209
Boden  16–17
– leichter  16
– mittelschwerer  17
– schwerer  17
Bodenarten

– Lehmboden 53
– Nährstoffgehalt 53
– pH-Wert 53
– Sandboden 53
– Tonboden 53
Bodendeckerrose 24
Bodenprobe **52–53**, *52*
Bodenvorbereitung 53
Bohnenkraut 180, 192, 198, 201
Borago officinalis 113
Borretsch 113, 180, 192, 201
Braunelle 69, *71*
Brennende Liebe 117
Briza
– maxima 114
– media 19, 85
Brombeere 46, 47, 71, 120, 125, 127, 195, 197, 210
Bromus ramosus 69, 70, 143, 144
Brunnenkresse 90
Bryonia dioica 19
Buche 145
Buchsbaum 37, 38, *39*, 57, 58, 72, 97, 113, 131, 132, 149, 152, 170, 174, 192, 196–197, 205, 207, 210, 213, 216
Buchsbaumhecke 78
Buchsbaumkugeln *96*
Buddleja davidii 38, 137, 138, 177, 210
Bunte Kronwicke 70, 144
Buschwindröschen *40*, 67, 70
Butomus umbellatus 209
Buxus 38, *39*, 58, 97, 113, 149, 207, 210
– sempervirens 'Suffruticosa' 131
– sempervirens var. arborescens 131, 132, 170

**C**alendula officinalis 114
Calluna vulgaris 38, 79
Caltha palustris 92, *93*, 155, 156, 209
Campanula
– cochleariifolia 107, 108
– glomerata 76, *77*, 117, 137, 138
– persicifolia 78, 186
– rotundifolia 86
Cardamine pratensis 83, 86
Carex
– caryophyllea 191
– grayi 92, *93*
– montana 98
– pendula 70, 171
– sylvatica 69
Carpinus betulus 38, 75, 195, 202, 207
Celastrus orbiculatus 46, *47*
Centaurea
– cyanus 87
– jacea 186
– montana 117
Centranthus ruber 117
Cheiranthus cheiri 114
Christrose 57, 60, 69, 70, 137, 138, 140, 143, 144
Chrysanthemum
– leucanthemum 117, 186
– segetum 87
– vulgare 117
Cichorium intybus 98, *99*
Cirsium
– arvense 19
– oleraceum 83, 155, 156
Clematis
– alpina 46, *47*, 171
– montana 207
– vitalba 46, 76, 207
– viticella 46
Colutea arborescens 38, 144
Containerpflanzen 54
Convallaria majalis *40*, 70, *71*
Convolvulus arvensis 19
Cornus
– mas 38, 75, 78, 79, 125, 126, 149, 177, 183, 189
– sanguinea 38, 58, 156, 183, 202
Coronilla
– emerus 97
– varia 70, 144
Corydalis
– cava *40*, 69, 70

– lutea 108
Corylus avellana 75, 76, 125, 126, 137, 138, 170, 202, 210
Corynephorus canescens 85
Cotoneaster
– integerrimus 38
– tomentosus 210
Cotula 97
Crataegus 75
– laevigata 38
– monogyna 58, 125, 126
Crepis aurea 186
Crocus 86, *87*
– chrysanthus 186
Cyclamen purpurascens 70
Cymbalaria muralis 108
Cytisus
– nigricans 38, 79, 97, 177, 189, 196
– scoparius 79, 144, 183

**D**achbegrünung *165*
– Arbeitsschritte 163–165
Dachgarten *43*, 45, 96
Dachhauswurz 107, 108
Dactylorhiza maculata 155, 156
Damaszenerrose 131, 132, 202, 204, 207
Daphne mezereum 38, *39*, 70, *71*, 144, 170, 183, 195, 202
Daucus carota 79, 186
Dauerlein 60
Delphinium 117
Dianthus
– barbatus 114
– carthusianorum 107, 108, 160, 162
– deltoides 60, 79, 86, 108, 162
Dicentra spectabilis 117
Dictamnus albus 60, 195
Digitalis
– grandiflora 70
– lutea 70
– purpurea *40*, 70, 114, 143, 144
Dill 113, 180, 192, 195, 200, 201
Diptam 60, 195, 198
Dorniger Hauhechel 98
Doronicum caucasicum 117
Dost 78, 85, 98, 113, 122, 192, 199, 201
Dryopteris filix-mas 69, 171
Duftstaude 40
Duftsteinrich 114
Duftthymian 199
Duftveilchen 69, 70, 117
Duftwicke 114
Dunkelkeimer 61

**E**beresche 24, 36, 75, 125, 126, 202, 207, 210, 216
Echium vulgare *71*, 98
Echte Kamille 114, 180
Echte Mispel 125, 126, 195, 197
Echte Nelkenwurz 69
Echter Alant 98
Echter Hauswurz 160, 162
Echter Wein 46, 47, 195, 198, 205
Echte Schlüsselblume 122
Echtes Geißblatt 174, 195, 197
Echtes Labkraut 78, *79*
Echtes Seifenkraut 60
Efeu 46, 47, *47*, 67, 69, 143, 144, 174, 183, 187, 189, 190
– bodendeckender 171
Ehrenpreis 78, *79*, 86, *87*, 117, *181*
Eibe 37, 38, 58, 72, 75, *77*, 116, 131, 132, 177, 180, 196, 206, 207
Eibisch 98
Einbürgerungsgrad 12
Einfache Margerite *134*
Eingriffeliger Weißdorn 125, 126, 128
Einjährige Kamille 87
Eisenhut 44, 60, 117
Empetrum nigrum 144
Englische Rose 24
Enzian 201
Epilobium angustifolium 70, 144

Equisetum arvense 19
Erdbeerfingerkraut 178
Erica carnea 38
Esche 38, 75, 145
Eselsdistel 42, 98, *99*
Essigrose 128, 131, 132, *134*, 183, 184
Estragon 180, 201
Etagenzwiebel 113
Euonymus
– alata *39*
– alata 'Compactus' 170
– europaea 38, 75, 156, 183, 202
– fortunei 46
– fortunei var. radicans 171
Eupatorium cannabinum 92, *93*
Euphorbia polychroma 116
Europäische Lärche *36*

**F**agus sylvatica 207
Fallopia aubertii 46
Falsche Kamille 155, 158
Färberginster 38, 97
Färberkamille 85
Farbharmonie 31
Farbkreis 31
Fassadenbegrünung 46
Faulbaum 38, 75, 156
Federgras 98
Feldahorn 37, *37*, 38, 55, 72, 78, 183, 187
Feldgehölz *74*, 75
Feldrose 132
Feldthymian 42
Felsenbirne 37, 38, 58, 189, 193, 215, 216
Felsengarten 96
Felsenjohannisbeere 144
Felsenmispel 38
Felssteppe 41
Festuca
– glauca 108
– ovina 85, 117
– scoparia 137, 138
– vivipara 160, 162
Fetthenne 42, 117, *134*, 160, 162, 163, 192
Feuchtgraben 19
Feuchtwiese 88, *88*
Fichte 37, 55, 57
Filipendula
– ulmaria 83, 92, *93*, 155, 156, 209
– vulgaris 85
Filzige Felsenmispel 210, 214
Filzrose 131, 132
Fingerhut 67, 74, 114
– mehrjähriger 70
– zweijähriger 70, 143, 144
Flechtzaun 153, *153*
Flieder *11*, 19, 37, 193
Flockenblume 61
Formhecke *74*, 39, **72**
Fragaria vesca 69
Frangula alnus 38, 156
Frauenfarn 70, 137, 138, 140, 141, 143, 144
Frauenmantel *67*, 69, 107, 108, 137, 138, 140, 171, 174, 175, 199
Fraxinus excelsior 38, 75
Fritillaria meleagris 186
Froschlöffel 88, 209
Frühlingsaster 45, 192
Frühlingsblühender Thymian 191
Frühlingskrokus 186
Frühlingsplatterbse 74, 143, 144
Frühlingssegge 191, 215
Fuchsschwanz 114
Füllstauden 42

**G**alanthus nivalis 186
Galium
– aparine 19
– mollugo 79, 186
– odoratum *40*, 69, 70, 143, 144
– verum 78, *79*
Gamander 85, 108, 191
Gänseblümchen 86, 97, 114, 178, *181*
Gartengestaltung 28–31

Gartenplan 28
– Maßstab 28
Gauklerblume *44*
Gedenkemein 43
Gefleckte Kuckucksblume 155, 156, 158
Gefleckter Aronstab 70
Geflecktes Knabenkraut 82, 91, 92
Gefleckte Taubnessel 76
Gefüllte Apfelrose 132
Gehölze **36–39**
Gehölzrandpflanzung *14*
Geißbart *40*, 60, 68
Geißblatt 46, 47, *47*, 137, 138, 140, 141, 149, 171, 204, 207
Geländefaktor 14
Geländeform 18
Gelber Eisenhut 69, 70
Gelber Enzian 113
Gelber Fingerhut 44
Gelbes Sonnenröschen 60
Gelbe Sumpfschwertlilie 92
Gelbklee 193
Gelbsenf 193
Gemeine Berberitze 125, 128
Gemeine Felsenbirne 210
Gemeiner Flieder 78, 189
Gemeiner Frauenmantel 186
Gemeiner Schneeball 19, 38, 75, 76
Gemeiner Wacholder 38, 78, *79*, 125, 126, 128, 177, 189
Gemeine Scharfgarbe *99*
Gemeine Waldrebe 76
Gemswurz 117
Genfer Günsel 85
Genista tinctoria 38, 97
Gentiana
– acaulis 107, 108
– lutea 113
Geranium
– endressii 155, 156
– pratense 60, 83, 186
– robertianum 70
– sanguineum 69, 171
Gerüststauden 42
Gestaltung 28–31
– Farben 31
– Gartenstil 30–31
– Konzept 14
Gesteinsmehl 122
Geum
– rivale 83
– urbanum 69
Gewässer
– fließende 88
– stehende 88
Gewöhnliche Kugelblume 191
Giersch 43, 68
Ginster 37, 57, 183, 200
Glatthafer 83
Glechoma hederacea 70
Globularia punctata 191
Glockenblume 78, 86, 108, 214
Goldaster 98, 108
Goldener Schnitt 28
Golderdbeere 43
Goldfelberich 117, 171, 175
Goldhaaraster 85, 107, 117
Goldlack 114, 201
Goldnessel 69, 70, 143, 144
Goldrute 36, 40, 42, 98, *99*
Gräben, feuchte 88, **90**
Granitpflaster 22
Grasnelke 98, 108, 116, 131, 132, 134, 177, 180, 192
Grasschwertlilie 85
Grauerle 75
Greiskraut 144
Grenzen **19**
Großbäume 36
Große Bibernelle 186
Großer Fuchs 24
Großer Schillerfalter 24
Großer Wegerich 97
Große Scharfgarbe 42

Große Schlüsselblume 69, 83, 122
Großklima 18
Grundwasserstand 17
Grünerle 38
Gruppenstauden 42
Gundermann 70
Günsel 86
Gypsophila repens 108

**H**agebutte *129*
Hahnenfuß 90
Hainbuche 19, 38, 55, 72, 75, 116, 195, 198, 202, 206, 207
Hänge, trockene 96
Hängebirke 140, 141, 149, 151
Hängekätzchenweide 177, 178, 179, 180, 210, 213
Hängende Gärten der Semiramis 88
Hartriegel 58, 74, 183, 187
Haselnuß 37, 74, 75, 76, 119, 120, 125, 126, 128, 137, 138, 140, 141, 170, 174, 202, 204, 207, 210
Haselwurz 69, 70, 143, 144
Hauswurz 98
Hauswurzarten 85
Hechtrose 131, 132, 177, 202, 207
Hecke 24, 39
– geschnittene 26
Heckenkirsche 37, 38, *39*, 58
Heckenpflanzung **55**, *55*
Hedera
– helix 46, *47*, 69, 143, 144, 171, 183, 189
– helix 'Arborescens' 76
Heidekraut 38, 57, 61
Heidelbeere 67
Heidenelke 60, 79, 86, 108, 162
Helenium 117
Helianthemum nummularium 60, 98
Helianthus annuus 114
Helleborus
– foetidus 60, 70, 137, 138, 143, 144
– viridis 69, 70
Hemerocallis 117
Heracleum sphondylium 83
Herbstanemone 74, 137, 138, 140, 171, 175
Herbstaster 79
Herbstfetthenne 132, 178, 181
Herbstsedum 131, 160, 162, 177
Herkulesstaude 12
Himbeere 71, 119, 120, 125, 127, 185, 195, 197, 210
Hippophaë
– rhamnoides 38, 125, 126, 209
– rhamnoides ssp. fluviatilis 183
Hippuris vulgaris 209
Hohe Glockenblume 43
Hoher Ehrenpreis 42
Hohe Schlüsselblume 186
Hohler Lerchensporn 69, 70
Holunder 57, 113, 116, 183, 187, 198
Holunderhecke 72
Holzapfel 76, 125, 126
Holzbirne 125, 126, 127
Holzhäcksel 23, 68, 69
Holzwespe 67
Hopfen 46, 47, 177, 181, 195, 198
Hornklee 79, 85, 86
Huflattich 98, *99*, 155, 158
Humulus lupulus 46, *47*, 177, 195
Hundskamille 19
Hundsrose 125, 126, 127, 128, 131, 132, 183, 184, 202, 207
Hybridzüchtung 47
Hydrangea 149
– macrophylla 170
– petiolaris 207, 210
Hypericum perforatum 60, 98, *99*
Hyssopus officinalis 160, 162, 195

**I**beris saxatilis 108
Igelschlauch 91
Ilex aquifolium 38, 58, 70, *71*, 76, 137, 138, 144, 149, 170, 202, 210
Immergrün **37**, 40, 42, 43, 57, 69, 70, 137, 138, 141, 187
Immergrüner Schneeball 19

Indianernessel 201
Inula ensifolia 98, 108
Iris 31, 60
– barbata nana 177
– graminea 85
– pseudacorus *44*, 92, 209
– pumila 107, 108, 131
– sibirica 83

**J**akobsleiter 137, 138, 140, 192
Johannisbeere 119, 120, 210
Johanniskraut 98, *99*
Juglans
– nigra 210
– regia 38
Juniperus
– communis 38, 78, *79*, 97, 125, 126, 177, 189, 207
– sabina 97

**K**ahlschläge 71
Kalmus 88, 91, 209
Kaltkeimer 61
Kamille 192, 196
Kapuzinerkresse 114, 116, 198
Karthäusernelke 107, 108, 160, 162
Kartoffelrose 24, 57, 72, 97, 131, 132, 137, 138, 140, 141, 177, 180, 189, 193, 202, 207
Katzenminze 98, 199
Katzenpfötchen 85, 108, 191
Kerbel 180
Kiefer 37, 38, 57, 202, 215
Kies 22
Kirsche 120
Kirschlorbeer 170, 174, 175
Klatschmohn 19, 87, 114
Kleine Brennessel 19
Kleine Heckenkirsche 92
Kleine Kiefer 210
Kleiner Bärenklau 83
Kleiner Spierstrauch 97
Kleines Löwenmaul 19
Kleingruppenstauden 42
Kleinklima 18
Klematis 46, 47, *47*, 173, 207
Klettenlabkraut 19
Kletterhortensie 46, 47, 149, *151*, 207, 210, 212, 214, 215
Kletterpflanzen **46-47**
Kletterrose 47
Kletterspindel 46, 47, 174
Klima 18
– kontinentales 18
Klinker 22
Knabenkraut 93, 158
Knäuelglockenblume 76, 77, *77*, *94*, 117, 137, 138, 140
Knoblauchsrauke 76, 77, *77*
Knolliges Mädesüß 85
Knöterich 46, 47, 58
Koeleria glauca 79
Kohldistel 83, 155, 156, 158
Komplementärkontrast 31
Kompost 16
Königskerze 60, 61, 98
Kontrast 31
Korkflügelstrauch 37, *39*, 170, 175
Kornblume *7*, 87
Kornelkirsche 38, 75, 78, 79, 125, 126, 128, 149, 152, 177, 178, 180, 181, 183, 187, 189, 193
Kornrade 87
Krähenbeere 144
Kratzbeere 92
Kräuterrasen **80**, *87*
Kräuterspirale *200*, **201**
Kriecheibe 177, 179, 180
Kriechgünsel *16–17*, 19
Kriechthymian 85
Kriechweide 37, 38, 183, 187
Krokus 86, *87*
Krummholzkiefer 137, 138, 207
Küchenschelle 70, 116, *117*
Kuckucksblume 83, 122
Kuckuckslichtnelke 19, 155, 156, 158, 180
Kugeldistel *42*

# Register

Kugelige Teufelskralle 85
Kuhschelle 98, 108
Kümmel 201
Kupfer-Felsenbirne *36*

**L**abkraut 78
Lamiastrum galeobdolon 69, 70, 143, 144
Lamium
– album *77*
– maculatum 76, *77*
Lampionblume 117
Lärche 38
Larix decidua *36*, 38
Lärmschutz 19
Lathyrus
– odoratus 114
– vernus 143, 144
Latsche 38
Lauberde 68
Lava 164
Lavandula 113, 202
– angustifolia 131, 132, 177, 195
Lavendel 37, 57, 113, 131, 132, 133, 177, 180, 195, 198, 202, 204, 205, 207, 214
Lavendelheide 79
Lebensbereiche 43–45
– Beet **41, 45**
– Freifläche **41, 44–45**
– Gehölz **41, 43**
– Gehölzrand **41, 44**
– Steinanlage **41, 45**
– Wasser **41, 45**
– Wasserrand **41, 45**
Lebensgemeinschaft 27
Lehm 16
Lehmboden 53
Leitstauden 42
Lerchensporn *40*, 74, 108
Lichtkeimer 61
Lichtnelke 179
Liebstöckel 36, 180, 192, 201
Liguster 37, 38, *39*, 57, 58, 72, 74, 76, *77*, 183, 187, 190, 207
Ligustrum vulgare 38, *39*, 58, 76, *77*, 183, 207
Lilium martagon 70, 137, 138, 143, 144
Linaria vulgaris 19
Linum
– perenne 60
– usitatissimum 87
Lobularia maritima 114
Lonicera 149
– caprifolium 46, *47*, 137, 138, 171, 195, 207
– periclymenum 46, 144, 171, 207
– xylosteum 38, *39*, 79, 144
– xylosteum 'Clavey's Dwarf' 92
Lotus corniculatus 79, 85, 86
Löwenmaul 114
Löwenzahn *13*, 178
Luftzwiebel 192
Lungenkraut 67, 69, 70
Lupinus lutea 87, 193
Luzula sylvatica 69, 70
Lychnis
– chalcedonica 117
– flos-cuculi 19, 83, 155, 156
Lysimachia
– nummularia 92
– punctata 117, 171
– salicaria 155, 156
Lythrum salicaria 19, *44*, 92, *93*, 209

**M**ädesüß 42, 83, 92, 93, *93*, 155, 156, 158, 179, 181, 209
Magerrasen 84
Maggikraut 180, 201
Maianthemum bifolium 70, 143, 144
Maiglöckchen *40*, 67, 70, *71*
Majoran 78, 180, 198, 201
Malus 202, 210
– communis 126
– domestica 125, 126
– sylvestris 76, 126
Malva

– alcea 117
– moschata 60, 78
– sylvestris 113, 195
Malve 113, 195, 198
Margerite 40, 42
Märzenbecher 186, 192
Matricaria
– chamomilla 114
– inodora 87
– maritima 155
Matte 41
Matteuccia struthiopteris 70, 76, *77*
Mauer 21
Mauerpfeffer 85, 177
Mauerraute 108
Medicago lupulina 193
Mehlbeere 79
Melica
– ciliata 108
– transsilvanica 85
Melissa officinalis 113, 180, 195
Melisse 201
Mentha pulegium 86
Mespilus germanica 38, 125, 126, 195
Milchstern 86
Milder Mauerpfeffer 98, 160, 162, 191
Mimulus luteus *44*
Mirabelle 17, 120
Mispel 38, 200
Molina
– altissima 137, 138, 177, 210
– altissima 'Windspiel' 171
Moor 88, **91**
Morgensternsegge 92, *93*
Moschusmalve 60, 78, 134
Mulchen 16, *56*, **57**, 68
– mit Grasschnitt *82*, 83
Mulden, feuchte 90–91
Mutterboden 16, 18
Mutterkraut 201
Myosotis
– palustris 92, *93*, 155, 156, 209
– sylvatica 114

**N**achbarrecht 226–231
– Baden-Württemberg **227**
– Bayern **228**
– Berlin **228**
– Brandenburg 231
– Bremen 231
– Hamburg 231
– Hessen **228**
– Mecklenburg-Vorpommern 231
– Niedersachsen **230**
– Nordrhein-Westfalen **230**
– Rheinland-Pfalz **230**
– Saarland **230**
– Sachsen 231
– Sachsen-Anhalt 231
– Schleswig-Holstein **231**
– Thüringen **231**
– Überfall 230
– Überhang 231
Nachtkerze 117
Nadelerde 68
Nadelgehölz **37**, 57
Narcissus 86, *87*
– pseudonarcissus 186
Narzisse 86, *87*, 196
Natternkopf *71*, 98
Naturgarten
– Definition 10–13
Naturstein 21
Nepeta 98
– cataria 85
Nieswurz 69, 70, 137, 138, 140, 143, 144
Nuphar lutea 209
Nymphaea 209

**O**berboden 16, 18
Ochsenauge *64*
Ocimum basilicum 180
Oenothera tetragona 117

Ohrweide 156, 159
Oleander 214
Ölrettich 193
Ononis spinosa 98
Onopordum acanthium 98, *99*
Oregano 177, 180
Origanum
– majorana 180
– vulgare 78, 85, 98, 113, 180
Ornithogalum umbellatum 86
Osterglocke 78, 132, 140
Oxalis
– acetosella 70, *71*, 143, 144
– fontana 19

**P**aeonia 117
Papaver rhoeas 19, 87, 114
Parthenocissus
– quinquefolia 46, *47*, 149, 189, 195, 210
– tricuspidata 46
Pergola 23, *151*
Perlgras 85
Petersilie 180, 198, 201, 192
Petroselinum crispum ssp. crispum 180
Pfaffenhütchen 38, 75, 156, 175, 183, 187, 202, 207
Pfahlwurzel 40
Pfefferminze 180, 192, 199
Pfeifengras 137, 138, 140, 141, 171, 175, 177, 179, 210, 215
Pfeifenwinde 46, 47
Pfeilkraut 88, 91, 209
Pfennigkraut 42, 90, 92
Pfirsich 17
Pfirsichblättrige Glockenblume 44, 186
Pflanzeneinkauf 53–54
Pflanzen
– eingebürgerte 10
– gerüstbildende 26
– gestalten mit 24
– heimische 10, 12
Pflanzengruppe 34
Pflanzenschnitt *55*
Pflanztermine 53–54
Pflanzung
– Bäume 54
– Container-Gehölze *55*
– Hecken 55
– Sträucher 54
– Wiese *82*
Pflanzzeit 54
– Gehölze 54
– Stauden 54
Pflaster 22
Pflasterarbeiten *96*
Pflaume 120
Pflegearbeiten 56–57
– Gehölze 57
– Stauden 57
Phacelia tanacetifolia 193
Phlox 45, 117
– subulata 108
Physalis franchetii 117
Phyteuma orbiculare 85
Pimpinella major 186
Pimpinelle 180, 195, 200, 201
Pinus
– mugo 38
– mugo ssp. mugo 137, 138, 202, 210
Pinus sylvestris 38
Plantago
– lanceolata 19, 97
– major 97
Poleiminze 86, 91, 159
Polemonium caeruleum 137, 138
Polsterphlox 108
Polsterstaude 40
Polygonatum
– multiflorum 70, 143, 144
– odoratum *40*
Polygonum
– amphibium 209
– aubertii 58
– bistorta 19, 83

Porphyr 191
Portulak 198
Porzellanblümchen 107, 108
Potentilla cinerea 191
Prachtnelke 199
Primel 42
Primula
– elatior 69, 83, 186
– veris 70, 86
Prunella grandiflora 69, 71
Prunus
– avium 76, 210
– cerasus 210
– laurocerasus 'Barmstedt' 170
– padus 38, 79, 126, 202
– spinosa 38, 39, 75, 78, 125, 126, 183, 202
Pulmonaria
– angustifolia 70
– officinalis 69
Pulsatilla vulgaris 70, 98, 108, 116
Purpurrote Fetthenne 85
Purpurweide 58
Pyrus 210
– pyraster 125, 126

Quecke 43
Quellschweißung 164
Quercus robur 75
Quitte 119, 120

Rainfarn 117
Rankhilfe 46
Ranunculus
– acris 186
– ficaria 69, 70, 86, 87
Raphanus sativus var. oleiformis 193
Rasen 80
Reneklode 17
Rhabarber 119, 120, 210
Rheum rhaponticum 210
Rhizom 40
Ribes
– alpinum 76
– nigrum 38, 75, 156, 202, 210
– petraeum 144
– uva-crispa 126, 144, 210
Riesensegge 70, 171
Rindenmulch 23, 68
Ringelblume 114, 192, 196
Rittersporn 45, 117
Rodgersia podophylla 171
Rohrkolben 91
Römische Kamille 199
Rosa 38, 75
– arvensis 132
– canina 125, 126, 131, 132, 183, 202
– damascena 131, 132, 202
– gallica 131, 132, 135, 183
– glauca 131, 132, 177, 202
– majalis 132
– multiflora 131, 132, 202, 210
– omeiensis var. pteracantha 131, 132
– pendulina 137, 138, 202
– pimpinellifolia 132, 177, 183, 202
– pimpinellifolia repens 131
– rubiginosa 132
– rugosa 97, 131, 132, 137, 138, 177, 189, 202
– tomentosa 131, 132
– villosa 'Duplex' 131, 132
Rose 31, 46, 181
Rosmarin 113, 177, 180, 192, 205
Rosmarinus officinalis 113, 180
Rosmarinweide 192
Rotbuche 72, 206, 207
Rote Heckenkirsche 79, 144
Roter Fingerhut 40
Roter Ginster 97
Roter Hartriegel 38, 156, 202, 207
Roter Holunder 67, 71, 75, 76, 143, 144, 187
Rotes Nachtpfauenauge 24
Rote Taubnessel 77
Rot-Grün-Kontrast 31
Rubus

– caesius 92
– fruticosus 46, 125, 126, 195, 210
– idaeus 125, 126, 143, 144, 195, 210
Rückschnitt
– Ginster 56
Rudbeckia 117
Ruderalflächen 94–99
Ruderalstandort 96
Rumex acetosa 83
Ruprechtskraut 70, 71, 178
Ruta graveolens 113, 195

Saatlein 87
Saatwucherblume 87
Sagittaria sagitifolia 209
Salbei 36, 37, 57, 61, 64, 113, 177, 189, 192, 201
Salix 75
– aurita 156
– caprea 38, 76
– caprea 'Pendula' 177, 210
– hastata 92
– purpurea 58
– repens 38, 183
– starkeana 92
Salomonssiegel 40, 69, 70, 74, 143, 144
Salvia officinalis 113, 180
Salweide 38, 75, 76
Sambucus
– nigra 58, 75, 76, 113, 125, 126, 183, 195
– racemosa 75, 76, 143, 144
Sandbirke 26, 36, 137, 138
Sanddorn 38, 125, 126, 127, 128, 183, 187, 202, 207
Sandfingerkraut 191
Sandmagerrasen 84
Sandthymian 108
Sanguisorba minor 180, 195
Saponaria
– ocymoides 108
– officinalis 60
Satureja
– hortensis 180
– montana 113
Sauerampfer 159, 180
Sauerkirsche 17, 119, 210, 216
Sauerklee 19, 67, 70, 71, 143, 144, 146
Säulenwacholder 97, 180, 207
Saxifraga umbrosa 107, 108
Schachbrettblume 186
Schachtelhalm 68
Schafgarbe 98
Schafschwingel 85, 117, 122
Scharbockskraut 69, 70, 86, 87
Scharfer Hahnenfuß 186
Scharfer Mauerpfeffer 98, 107, 108, 160, 162
Scharfgarbe 19
Schattenblume 70, 143, 144
Schattenstandorte 67
Schiefer 21
Schilf 42
Schillergras 79
Schlangenknöterich 19
Schlehe 37, 38, 75, 78, 125, 126, 127, 128, 183, 187, 202, 207
Schlehenblüte 39
Schleierkraut 31, 108
Schleifenblume 45, 108
Schlinger 46
Schluffpartikel 16
Schlüsselblume 70, 86
Schmalblättriges Wollgras 91
Schmetterlingsstrauch 37, 38, 137, 138, 140, 141, 178, 180
Schneeball 58, 156, 159, 170, 175, 183, 187, 193, 210, 214
Schneeglöckchen 42, 132, 186, 192
Schneeheide 38
Schneeball 174
Schnittlauch 160, 162, 180, 195, 200
Schnittstaude 40
Schurrasen 86
Schwanenblume 88, 209
Schwarze Johannisbeere 38, 75, 156, 159, 192, 202, 207

Schwarzer Ginster 38, 79, 97, 177, 189, 193, 196
Schwarzer Holunder 37, 58, 71, 75, 76, 125, 126, 128, 187, 195
Schwarzginster 180
Schwimmblattpflanzen 45
Schwingel 160, 162
Scirpus lacustris 44, 155, 156, 209
Sedum 108, 163, 214
– acre 85, 98, 107, 108, 160, 162
– album 85, 98, 107, 108, 162
– album 'Coral Carpet' 160, 162
– cauticola 162
– floriferum 'Weihenstephaner Gold' 108, 160, 162
– reflexum 79, 85, 98, 108, 160, 162, 195
– sexangulare 98, 160, 162, 191
– spurium 'Fuldaglut' 160, 162
– telephium 85, 117, 131, 160, 162, 177
Seekanne 91
Seerose 209
Seesimse 44, 209
Segetalflora 87
Segge 174, 175
Seidelbast 37, 38, 39, 70, 71, 144, 170, 174, 175, 183, 187, 195, 198, 202, 207
Seifenkraut 93, 108, 159
Sempervivum 85, 98
– arachnoideum 44, 160, 162
– montanum 160, 162
– tectorum 107, 108, 160, 162
Senecio nemorensis ssp. fuchsii 144
Senken, feuchte 88, 90–91
Sichtachse 29
Sichtschutz 30
Sigmarswurz 117
Silberdistel 192
Silbergras 85
Silene dioica 83
Sinapis alba 193
Solidago 90, 99
Solitär 54
Sommerflieder 12, 57, 177, 210, 214
Sommerheide 38
Sommerlinde 36
Sommerstecklinge 59
Sonnenblume 114
Sonnenbraut 117
Sonnenhut 42, 117
Sonnenröschen 98
Sorbus
– aria 79
– aucuparia 125, 126, 202, 210
– domestica 202
Spalier 23, 46
Spalierobst 47
Speierling 119, 126, 202
Spießweide 92
Spindelbusch 120
Spindelstrauch 171
Spinnweb-Hauswurz 44, 160, 162
Spiraea salicifolia 97
Spitzahorn 170, 174, 175
Spitzwegerich 19, 97
Splitt 22
Spornblume 117
Spreizklimmer 46
Sproßknolle 40
Stachelbeere 119, 120, 185, 210
Stacheldrahtrose 131, 132
Stachelnüßchen 97
Stauden 40–45
– bodendeckende 42
Staudenteilung 61
Staudenwicke 34, 35
Stechpalme 19, 37, 38, 57, 58, 70, 71, 76, 137, 138, 141, 144, 149, 152, 170, 174, 202, 207, 210, 214
Steckhölzer 59
Stecklinge 61
Steinbrech 45
Steinfuge 41
Steingarten 96
Steinkraut 45, 108, 116, 192
Stengelloser Enzian 107, 108
Steppenheidencharakter 41

# Register

Stieleiche  75
Stipa pulcherrima  98
Stockmalve  114, 177, 180
Stockrose  114, 177, 180
Storchschnabel  31, 44, 60, *67*, 69, 158, 171, 174
Strauchbirke  156, 159
Straucheifeu  37, 76
Sträucher  36–39
– Großsträucher  37
– Kleinsträucher  37
– Zwergsträucher  37
Sträucher, wurzelnackte  54
Strauchhecke  39, **74**, *74*, **76–79**
Strauchrose  24, 37
Strauchwicke  97
Straußfarn  70, 76, 77, *77*
Streifenfarn  69, 107, 108, 178
Studentenblume  114
Stufen  23
Substratsperre  164
Sumpfbaldrian  155, 156, 158
Sumpfbinsen  155, 156
Sumpfdotterblume  82, 92, *93*, 155, 156, 158, 209
Sumpfiris  92
Sumpfschachtelhalm  91
Sumpfschafgarbe  155, 156, 158
Sumpfschwertlilie  *44*, 209
Sumpfveilchen  88
Sumpfvergißmeinnicht  92, *93*, 155, 156, 158, 209
Süßkirsche  17, 119, 126, 210, 216
Symphytum
– officinale  70, 83, 113
– tuberosum  69, 70
Syringa vulgaris  78, 189

**T**afelblatt  31, 171, 174, 175
Tagetes  114
Taglichtnelke  83
Taglilie  117
Tannenwedel  209
Taubnessel  77
Taxus
– baccata  38, 58, *77*, 131, 132, 177, 207
– baccata 'Repandens'  177
Teich  88, *103*
Teichbau  **222**, *222*
Teichmummel  88, 209
Teichrose  209
Teilung  60
Teppichthymian  160, 162, 198
Teucrium chamaedrys  85, 108, 191
Thalictrum flavum  83
Thermoschweißung  164
Thymian  45, 61, 122, 177, 180, 192, 201
Thymus
– praecox  191
– serpyllum  85, 97, 108, 160, 162, 191, 195
– vulgaris  180
Tollkirsche  71, 143, 144
Tonboden  53
Tonmehl  16
Tragopogon pratensis  186
Tränendes Herz  117
Traubenholunder  187
Traubenhyazinthe  42, 78, 132, 192
Traubenkirsche  38, 75, 79, 126, 202, 207
Trauermantel  24
Treppen  23
Trifolium montanum  86
Tripmadam  *10*, 79, 85, 98, 108, 160, 162, 195, 198
Trittplattenweg  *21*
Trockenmauer  *22*, 24, 26, 96, *96*, **106**
– Bau  109–110
Trockenrasen  84
Trockenstandorte  94–99
Trockenwiese  *80*
Trollblume  83
Trollius europaeus  83
Tropaeolum  114

Tulipa sylvestris  78, *79*, 186
Tulpe  196
Tüpfeljohanniskraut  60
Türkenbundlilie  70, 137, 138, 140, 141, 143, 144
Türkenmohn  45
Tussilago farfara  98, *99*, 155

**Ü**berschwemmungsgebiet  88, **91**
Überwinterungsknospe  40
Uferbepflanzung  90, 92–93
Uferhahnenfuß  91
Ufer von fließenden Gewässern  90
Uferzone  88, **88**
Unterpflanzung
– von Bäumen  68
Unterwasserpflanzen  45
Urtica urens  19

**V**aleriana officinalis  83, 155, 156
Vegetationszeit  54
Verbascum  60, 98
– phoeniceum  85
Vergißmeinnicht  92, 114
Vermehrung
– Gehölze  58–59
– Kleingehölze  60–61
– Stauden  60–61
Veronica  178
– filiformis  86
– longifolia  117
– officinalis  143, 144
– spicata  78, *79*
– teucrium  *87*
Viburnum
– lantana  38, 78, *79*, 183, 189, 202
– opulus  38, 58, 76, 156, 170, 210
– opulus 'Nanum'  92
Vielblütige Rose  131, 132, 202, 210
Vinca minor  69, 70, 137, 138
Viola odorata  69, 70, 117
Violette Königskerze  85
Vitis vinifera  46, 195

**W**acholder  37, 72, 127, 178, 193
Waldanemone  70
Waldehrenpreis  143, 144
Walderdbeere  69
Waldgeißbart  42, 43, 57, 69, 70, 71, 74, 117, 137, 138, 140, 143, 144, 171, 215
Waldgeißblatt  144, 175
Waldglockenblume  74
Waldhimbeere  143, 144
Waldkiefer  38
Waldmarbel  69, 70
Waldmeister  *40*, 43, 67, 68, 69, 70, 143, 144
Waldrebe  61, 77, 171
Waldsegge  69
Waldtrespe  69, 70, 143, 144
Waldweidenröschen  67, 144
Walnuß  36, 38, 210, 215
Wasserbecken  88, **91**
Wasserdost  93, *93*
Wasserehrenpreis  91
Wasser im Garten  88–93
Wasserknöterich  209
Wasserpest  88
Wasserschlauch  40
Wasserstelle  88
Wegerich-Grasnelke  *44*
Wegwarte  98, *99*
Weide  24, 57
Weidenblättriges Ochsenauge  64
Weidenröschen  70
Wein  116
Weinraute  113, 180, 192, 195, 200
Weinrebe  46
Weinrose  132
Weißdorn  75, 125
Weiße Fetthenne  162

Weißer Mauerpfeffer  98, 107, 108
Weißes Labkraut  79
Weiße Taubnessel  *77*
Wermut  180, 201
Wicke  116
Wiese  80
– einjährige Blumenwiese  87
– feuchte  82–83
– Kräuterrasen  86
– Mähen  **86**
– trockene  84
– Wildblumenbeet  87
Wiesenalant  159
Wiesenansaat  *84*
Wiesenbocksbart  186
Wiesenflockenblume  186
Wiesenkerbel  83
Wiesenknöterich  83
Wiesenlabkraut  186
Wiesenmargerite  117, 186, 192
Wiesenpippau  186
Wiesenraute  83
Wiesensauerampfer  83
Wiesenschaumkraut  83, 86, 122
Wiesenschwertlilie  83
Wiesenstorchschnabel  83, 186
Wildblumenbeet  80
Wilde Brombeere  126
Wilde Himbeere  126
Wilde Johannisbeere  128
Wilde Möhre  79, 186
Wilder Thymian  97, 191
Wilder Wein  46, 47, *47*, 149, 152, 189, 190, 195, 197, 210, 212, 214
Wilde Stachelbeere  126, 128, 144
Wilde Tulpe  78, *79*
Wildgarten  10
Wildkirsche  76, 126
Wildnarzisse  186, 192
Wildrose  38, *72*, 75, *102*
Wildstaude  43, 57
Wildtulpe  42, 132, 140, 186, 192
Wimperperlgras  108
Windschutz  30
Winterheckzwiebel  113, 192, 200
Winterjasmin  46
Winterschutz  *56*
Wolfsmilch  116, 192
Wollgras  88
Wolliger Schneeball  38, 78, 79, *79*, 189, 202, 207
Wurmfarn  69, 71, 74, 171, 175
Wurzelschutzbahn  163

**Y**sop  134, 160, 162, 192, 195, 200

**Z**aun  **23**, *168*
Zaunrübe  19
Zaunwinde  43
Zeigerpflanzen  17, **19**
Ziegel  21
Zierwein  46
Zimbelkraut  108
Zimtrose  132
Zitronenmelisse  113, 180, 192, 195, 198
Zittergras  19, 85, 114
Zweigriffeliger Weißdorn  38
Zwergberberitze  97
Zwergbirke  38, 92
Zwergfelsenbirne  97
Zwergglockenblume  107
Zwergiris  107, 132, 177, 178, 180
Zwergrose  97
Zwergschneeball  92, 192
Zwergschwertlilie  108, 131, 134
Zwergwacholder  97
Zwetschge  17, 120, 216
Zwiebel  40

Im FALKEN Verlag sind zahlreiche Titel zum Thema „Garten" erschienen.
Bitte fragen Sie in Ihrer Buchhandlung.

Dieses Buch wurde auf chlorfrei gebleichtem und säurefreiem Papier gedruckt.

Die Deutsche Bibliothek – CIP-Einheitsaufnahme

**Korz, Jutta:**
Naturgärten : wirkungsvoll gestalten und richtig pflegen /
Jutta Korz. – Niedernhausen/Ts. : FALKEN, 1997
ISBN 3-8068-4967-6

ISBN 3 8068 4967 6

© 1997 by FALKEN Verlag, 65527 Niedernhausen/Ts.
Die Verwertung der Texte und Bilder, auch auszugsweise, ist ohne Zustimmung des Verlags urheberrechtswidrig und strafbar.
Dies gilt auch für Vervielfältigungen, Übersetzungen, Mikroverfilmung und für die Verarbeitung mit elektronischen Systemen.

**Umschlaggestaltung:** Peter Udo Pinzer
**Redaktion:** Lars Iffland
**Herstellung:** Wilfried Sindt
**Bildbeschaffung:** Marlene Daniel
**Umschlagbilder:** Reinhard-Tierfoto, Heiligkreuzsteinach-Eiterbach (Vorderseite, Rücken, Rückseite links und rechts),
Manfred Ruckszio, Taunusstein (Rückseite Mitte)
**Fotos: Ursel Borstell,** Essen: 8/9, 11, 16/17, 25, 48/49, 62/63, 100/101, 181
**Senator Burda Verlag, Mein schöner Garten,** Offenburg: / **G. Fischer:** 12/13 / **R. Krieg:** 7 / **Mönch:** 166/167
**IBIS Bildarchiv,** Bergisch-Gladbach: / **M. Ruckszio:** 165
**Bildagentur IPO,** Linsengericht-Altenhaßlau: 109
**Jutta Korz,** Birstein: 10, 21, 27, 34, 36 (3x), 37, 39 Nr. 1, 2, 4, 6, 40 Nr. 2, 4, 5, 42 (3x), 43, 44 Nr. 1–4, 47 Nr. 1–4, 6,
50, 64, 65, 66, 71 Nr. 3, 5, 77 Nr. 1, 4, 79 Nr. 2, 5, 81, 87 (6x), 89, 93 Nr. 3, 5, 6, 99 (6x), 102, 111, 150/151, 186, 220, 221
**Eberhard Morell,** Dreieich: 71 Nr. 1
**Wolfgang Redeleit,** Bienenbüttel: 22, 79 Nr. 4, 169, 222 (3x), 223
**Reinhard-Tierfoto,** Heiligkreuzsteinach-Eiterbach: 2/3, 4, 15, 26/27, 35, 39 Nr. 3, 5, 40 Nr. 6, 47 Nr. 5, 79 Nr. 1, 3, 6,
95, 97, 135, 147, 168, 216/217, 229
**Bildarchiv Reupert,** Hamburg: 3, 5, 18, 44 Nr. 5, 6, 93 Nr. 1, 4, 116/117
**Manfred Ruckszio,** Taunusstein: 1, 12, 17, 40 Nr. 1, 3, 51, 71 Nr. 2, 4, 6, 73, 77 Nr. 5, 93 Nr. 2, 115, 117, 123, 127, 129, 133, 139,
157, 163, 208/209, 232, 233
**Gitte und Siegfried Stein,** Vastorf: 103, 200, 218/219
**Margrit Stüber,** Niedernhausen: 225
**TiliA GmbH,** Grünwald: 153
**Max F. Wetterwald,** Offenburg: 32/33, 77 Nr. 2, 3, 6
**Zeichnungen: FALKEN Archiv/Scholz:** 52 (5x), 55 (5x), 56 (6x), 59 Nr. 1–5, 61 (6x) / **Stegeman:** 59 Nr. 6
**Ulrike Hoffmann,** Bodenheim: 68 (3x), 69, 74 (3x), 75, 82 (6x), 84 (6x), 90 (3x), 96 (6x)
**Gerd Ohnesorge,** Halle (Saale): 106/107 (2x), 112/113 (2x), 118/119 (2x), 124/125 (2x), 130/131 (2x), 136/137 (2x), 140,
142/143 (2x), 148/149 (2x), 154/155 (2x), 158, 160/161 (2x), 170/171 (2x), 172, 175, 176/177 (2x), 182/183 (2x), 185,
188/189 (2x), 190, 194/195 (2x), 196, 199, 202/203 (2x), 205, 206, 210/211 (2x), 213, 214

Die Ratschläge in diesem Buch sind von der Autorin und vom Verlag sorgfältig erwogen und geprüft, dennoch kann eine
Garantie nicht übernommen werden. Eine Haftung der Autorin bzw. des Verlags und seiner Beauftragten für Personen-,
Sach- und Vermögensschäden ist ausgeschlossen.

**Satz und Lithografie:** Grunewald Satz & Repro GmbH, Kassel
**Druck:** Offizin Andersen Nexö Leipzig
ein Betrieb der INTERDRUCK Graphischer Großbetrieb GmbH, Leipzig

817 2635 4453 6271